U0446420

国家社科基金重大项目"我国边疆治理体系与治理能力现代化的系统理论及指数化研究"(项目号:16ZDA058)

教育扶贫政策绩效评估

以云南省为考察对象

Performance Evaluation of Educational Poverty Alleviation Policy
—— Taking Yunnan Province as the Object of Investigation

陈 然 著

中国社会科学出版社

图书在版编目（CIP）数据

教育扶贫政策绩效评估：以云南省为考察对象/陈然著 .—北京：中国社会科学出版社，2021.11
ISBN 978 - 7 - 5203 - 8952 - 5

Ⅰ.①教⋯ Ⅱ.①陈⋯ Ⅲ.①地方教育—扶贫—教育政策—研究—云南 Ⅳ.①G527.74

中国版本图书馆 CIP 数据核字（2021）第 169421 号

出 版 人	赵剑英
责任编辑	刘晓红
责任校对	周晓东
责任印制	戴 宽

出　　版	中国社会科学出版社
社　　址	北京鼓楼西大街甲 158 号
邮　　编	100720
网　　址	http：//www.csspw.cn
发 行 部	010 - 84083685
门 市 部	010 - 84029450
经　　销	新华书店及其他书店
印　　刷	北京君升印刷有限公司
装　　订	廊坊市广阳区广增装订厂
版　　次	2021 年 11 月第 1 版
印　　次	2021 年 11 月第 1 次印刷
开　　本	710×1000　1/16
印　　张	18
插　　页	2
字　　数	286 千字
定　　价	99.00 元

凡购买中国社会科学出版社图书，如有质量问题请与本社营销中心联系调换
电话：010 - 84083683
版权所有　侵权必究

目 录

第一章 导论 1

第一节 选题背景及意义 1
第二节 文献综述 4
第三节 核心概念与理论基础 24
第四节 研究思路与内容 30
第五节 研究方法与技术路线 33
第六节 本书的创新与不足之处 37

第二章 西部贫困地区教育扶贫政策的历史沿革 39

第一节 西部地区贫困治理历程 39
第二节 西部贫困地区教育扶贫政策的发展演化 44
第三节 云南省教育扶贫政策的发展演变 49

第三章 完善西部贫困地区教育扶贫政策的依据 55

第一节 西部贫困地区教育扶贫政策的战略规划分析 55
第二节 西部贫困地区教育扶贫政策的价值导向分析 59
第三节 西部贫困地区教育扶贫政策的政治系统分析 63

第四章 西部贫困地区教育扶贫政策绩效评估体系构建 80

第一节 教育扶贫政策绩效评估体系构建的理论框架 80
第二节 教育扶贫政策绩效评估体系构建的具体流程 96

第五章　西部贫困地区教育扶贫政策绩效评估体系的实证检验…… 142

 第一节　实证检验的基本方法……………………………………… 142

 第二节　云南省七个贫困县教育扶贫政策绩效评估的

     数据统计………………………………………………………… 152

 第三节　云南省七个贫困县教育扶贫政策绩效评估的

     结果分析………………………………………………………… 161

第六章　西部贫困地区教育扶贫政策的问题诊断…………………… 209

 第一节　教育扶贫"全面系统性"发展理念不足………………… 210

 第二节　教育扶贫"高质量内涵式"发展规划不足……………… 215

 第三节　教育扶贫"需求导向式"发展模式不足………………… 220

 第四节　教育与就业"立交桥"未完全贯通……………………… 226

 第五节　教育扶贫信息化程度不足………………………………… 229

 第六节　教育扶贫运行机制不健全………………………………… 233

 第七节　教育扶贫制度体系不完善………………………………… 240

第七章　西部贫困地区教育扶贫政策体系的完善…………………… 243

 第一节　构建教育扶贫政策的功能体系…………………………… 243

 第二节　完善教育扶贫政策的管理体系…………………………… 251

 第三节　健全教育扶贫政策的资源保障体系……………………… 255

第八章　结论………………………………………………………………… 260

参考文献………………………………………………………………………… 263

第一章

导　论

第一节　选题背景及意义

教育扶贫是阻断贫困代际传递的关键举措，是实现脱贫攻坚的重要环节。经过几十年的发展，我国的教育扶贫政策逐步得到完善，政策体系初步形成，显现出一系列重要的政策成果，在脱贫攻坚的关键时期，在国家长远战略规划的大背景下，教育扶贫政策的实施受到越来越多的关注，凸显着与日俱增的重要性。教育扶贫是一项系统性的活动，包含了政策制定、政策执行、政策评估、政策巩固、政策延续等重要的环节和步骤，需要健全完善的政策体系来发挥其功能，实现其价值追求和目标定位。新时期教育扶贫面临着更多样化的需求、更复杂的环境，充满了机遇和挑战，如何以教育扶贫政策的评估为切入点，不断推进教育扶贫政策体系的完善，提升教育扶贫政策的绩效，成为了当前学界和实践界关注的重点。

一　选题背景

党的十八大以来，以习近平同志为核心的党中央对扶贫开发做出了一系列重要的内涵解读和战略规划。自2013年11月起，习近平总书记就提出了精准扶贫的概念，至2015年4月，"大力发展贫困地区教育"的工作部署在中央全面深化改革领导小组第十一次会议上提出，至此，发展贫困地区教育成为了精准扶贫战略的重要举措之一。2015年11月，中央扶贫开发工作会议明确把"发展教育脱贫一批"列入"五个一批"脱贫计划中，提出"治贫先治愚，扶贫先扶智，国家教育经费要继续向贫困地区倾斜、向基础教育倾斜、向职业教育倾斜,帮助贫困地区改善办学条件,对农村贫困家庭幼儿特别是留守儿童给予特殊关爱"①。随着扶贫工作的不断深入,教育扶贫作为阻断贫困代际传递的重要途径,其重要性和战略地位日益凸显,在脱贫攻坚、全面小康的战略部署中发挥着越来越重要的作用。

我国西部贫困地区相对于经济发达地区,处于政治和经济中心的外围,交通体系不够完善,经济基础较为薄弱,社会发展能力不足,再加上自然地理条件恶劣,民族成分复杂,受宗教影响深厚,文化多样性突出,长期受制于区位条件、文化因素、历史积淀、治理体系、治理能力等多重障碍,发展基础薄弱,发展速度缓慢,贫困覆盖面更广。在全球化的今天,市场经济对地区传统文化产生了巨大的冲击,引发了西部地区开发和建设、国家安全、民族与宗教、政治认同、中华文化认同等特殊问题,使西部贫困地区在经济发展、民生保障、收入水平、基础设施、教育资源、公共服务等方面与国家核心区域的差距日益明显。就当前西部地区社会发展形势而言,贫穷是很多问题产生的重要原因,我国西部贫困地区的扶贫战略实施情况成为了我国经济社会可持续发展的关键和根基。因此,及时调整治理思路,加快西部贫困地区的开发和建设,实现贫困治理由"稳定取向"向"发展取向"的转换,才能从根源上对西部贫困地区的诸多问题予以施治。西部贫困治理不应该仅仅依靠外力帮贫困地区的群众找项目、兴产业、改善基础设施建设,更重要的是培养群众谋求自我发展的意识和能力。我国的扶贫战略取向从"以物为本"向"以人为本"转变,实质就是要推动贫困地区人口的全面发展,从给贫困人口"输血"模式,转化为培植贫困对象自我发展的"造血"功能,通过教育扶贫来求得提高和发展生产力、增加生产中的科技含量的良性变迁,提高贫困地区和贫困人口的自我积累和自我发展能力,逐步增强贫困地区可持续发展能力,使教育与经济发展形成良性循环系统,实现经济的可持续发展。

同时,从全世界范围来看,评价型国家的重要性逐步提升,公共政

---

① 吴霓、王学男:《党的十八大以来教育扶贫政策的发展特征》,《教育研究》2017年第6期。

策评估在理论研究和政府实践中都受到了更高的关注,政策评估的重点包含了政策输入、政策过程、政策结果等各方面、各环节、各阶段,源自于管理学中的绩效评估理论和方法也随之被更多地运用于公共政策评估中,针对教育扶贫政策的评估也不例外。因此,教育扶贫政策绩效评估成为了教育扶贫政策动态运行中必不可少的环节,加强对教育扶贫政策绩效评价体系的研究成为了时代和现实的内需。

二 研究意义

西部贫困地区教育扶贫政策绩效评估无论是在理论层面还是实践层面都具有一定的研究价值。在理论层面,为教育扶贫政策绩效评估的理论发展提供了崭新的研究视角;在实践层面,对于西部贫困地区教育发展具有重要的指导价值。

1. 理论意义

本书基于对当前我国西部贫困地区教育扶贫的历史沿革和现实基础的分析,综合运用政治学、公共管理学、社会学、教育学、统计学等学科理论,详细探讨了教育扶贫政策绩效评估的主要维度,并在此基础上,构建了西部贫困地区教育扶贫政策绩效评估体系,丰富了对贫困地区教育扶贫理念的内涵解读,也充实了教育扶贫政策绩效评估相关研究理论和框架的内容,有利于拓展贫困治理和贫困地区教育发展等学科的研究视野,丰富贫困地区教育发展的研究成果,为地区教育研究提供新的理论视角和思维方式。同时,本书的内容中包含了对西部贫困地区教育扶贫政策绩效评估体系的实证检验,遵循了社会科学研究的原则和要求,即科学命题不仅仅要用逻辑思辨来解决,还必须由实证经验来验证,这对于推动社会科学研究的科学性和客观性起到了积极的促进作用。本书在构建教育扶贫政策绩效评估指标体系时,运用理论分析进行体系构建,运用计量方法进行指标设计、指标筛选、权重分配和评估计分,并选取大量研究样本进行实证检验,试图在教育扶贫政策绩效评估和探索西部贫困地区教育扶贫发展困境和思路等方面取得成效,所有研究过程并不是基于主观推测,从而极大地推动了政策评估理论知识和研究的科学化发展。

2. 现实意义

本书以中央扶贫工作会议精神为指导,紧扣时代脉搏,把握当前实际，为西部贫困地区贫困治理和教育发展提供了实践指导。随着国家发展战略的不断深入，提高地区治理能力、帮助贫困人口减贫脱贫、阻断贫困代际传递、实现共同富裕和全面建成小康社会成为了国家治理和发展的重大课题。西部贫困地区教育扶贫政策绩效评估体系的构建和实证研究对于推动贫困治理现代化具有十分重要的作用，一方面为西部贫困地区的教育发展厘清了发展方向和工作重心，另一方面对当前西部贫困地区教育扶贫存在的问题和未来的发展思路进行了深入全面的剖析和梳理，为我国西部贫困地区实施教育扶贫政策及其绩效评价提供了经验借鉴和实践指导，为西部贫困地区进行教育扶贫的制度设计、政府和教育主管部门制定教育扶贫相关政策提供了参考，为贫困地区人口实现脱贫致富和可持续发展提供了可操作性较强的方案指导。

第二节 文献综述

教育扶贫政策的绩效评估是许多学科关注的研究领域和重点，目前学界已有不少关于教育扶贫政策绩效评估的研究成果，宏观研究的成果主要包括贫困的内涵、贫困治理的机制和逻辑、教育扶贫的概念内涵解析和发展方向定位等，中观和微观的研究主要集中在政策体系构建、运行机制完善、制度优化建议等方面。本书结合研究的重点，在梳理、分析和总结国内外相关研究的成果和研究不足之后，将国内外相关研究的成果分类梳理并呈现如下。

一 教育扶贫相关研究综述

1. 贫困

（1）国外研究。世界银行在《1981年世界发展报告》中对贫困下的定义为，贫困是指某些群体没有足够的资源去获取他们那个社会公认的、一般都能享受到的衣食、生活条件、舒适和参加某些活动的机会[①]。联合国开发计划署《人类发展报告》和《贫困报告》中有关贫困的定义认为，贫困指的是缺乏人类发展最基本的机会和选择——长

---

① 程漱兰：《世界银行发展报告20年回顾（1978—1997年）》，中国经济出版社1999年版。

寿、健康、体面的生活、自由、社会地位、自尊和他人的尊重，包括收入水平、人类和社会发展基本状况、教育和卫生条件、妇女和男人的社会地位和福利、全体公民参与发展过程的能力①。阿玛蒂亚·森提出了能力匮乏贫困的观点，认为收入和消费水平低实际上是贫困的一种表现和结果，不能作为衡量和界定贫困的标准。应该采用个人福祉来衡量贫困，福祉的概念不仅包含了收入水平，也充分考虑了个人的健康条件等因素②。由此，森进一步提出，个人福祉的保障来自其能力，森所理解的能力是由包括免于饥饿、免于疾病、享受教育等一系列功能构成，这些功能的丧失即是能力的匮乏，既是贫困产生的原因，又是贫困的重要表现。英国人口学家托马斯·马尔萨斯从经济学角度提出了人口陷阱理论，该理论的主要观点是：人口增长快于生活资料的增长，故社会总会达到人口饱和状态并陷入发展停滞③。西方经济学者一般把处于贫困状态的个人、家庭、群体、区域等主体贫困而不断产生出贫困、长期处于贫困的恶性循环中无法自拔的状况称为贫困陷阱。美国经济学家、哥伦比亚大学教授拉格纳·纳克斯在1953年出版的《不发达国家的资本形成问题》一书中提出了著名的"贫困恶性循环"理论。纳克斯认为，发展中国家长期存在的贫困，是由若干个相互联系和相互作用的恶性循环系列造成的，其中贫困的恶性循环居于支配地位，资本形成不充分是产生贫困和恶性循环的关键因素④。

（2）国内研究。贫困一直以来都是伴随着人类社会发展的重大问题，它存在于社会发展的整个进程之中，具有很强的普遍性，因贫困涉及的群体多样，成因各异，不同的区域具有不同的特征，使贫困同时具有相当的复杂性。我国学者对于贫困本质属性和深层次探析从未中断过，随着社会的不断发展和研究的不断深入，学者的研究视角主要聚焦于致贫因素研究、贫困类型研究、贫困标准、贫困发生率和多维贫困等方面。

针对贫困的发生及影响贫困发生的因素，我国学者的研究主要集中

---

① 吕怀玉：《边疆民族地区减贫战略研究》，博士学位论文，云南大学，2013年。
② 阿马蒂亚·森：《贫困与饥荒——论权利与剥削》，商务印书馆2001年版。
③ 托马斯·马尔萨斯：《人口原理》，商务印书馆1992年版。
④ 拉格纳·纳克斯：《不发达国家的资本形成问题》，商务印书馆1966年版。

在四个方面,即家庭因素、劳动力因素、人力资本因素和综合因素。我国农村地区分布着大量贫困人口,农村地区的贫困呈现着与城市地区不同的特征,郭熙保、周强在研究中发现,我国农村家庭的多维贫困发生率比城市家庭更高,随着贫困状态维持时间延长,城市贫困家庭的贫困程度更加严重,家庭户主特征、社会关系、家庭规模与结构、户籍制度等因素是显著的致贫因素;同时,家庭养老、医疗和教育负担重也对贫困现状产生影响[1]。朱洪革分析了中国东北、内蒙古重点国有林区的贫困状况,发现重点林区仍存在较为严重的贫富差距,养老、教育和医疗负担是重点国有林区贫困的影响因素,而当地发展的农业生产显著有利于降低贫困;职工开垦的土地所发展起来的农业生产显著促进了家庭收入的提高,而国有林地面积对职工增收或脱贫没有贡献[2]。宋扬、赵君的研究认为,劳动收入对于一个家庭摆脱贫困状态具有非常重要的意义,家中劳动力就业的数量和质量越高,贫困的概率就越低[3]。曾国彪、姜凌利用面板数据回归模型和DID方法研究发现,我国的贸易开放扩大了城市和农村地区的收入差距,降低了城市贫困,但对农村贫困的影响不显著,在劳动力要素流动较高的地区,对外开放和贸易有利于降低贫困,但是劳动力流动障碍限制了贸易开放的减贫作用[4]。吕怀玉认为,基于贫困地区的实际,将就业优先的劳动密集型经济和提高社会公共服务水平相结合,实现双重目标,既提高了贫困人口就业率,又提高了贫困人口自我发展能力[5]。同时,提高贫困人口人力资本而进行的教育计划等具体措施同样是目标精准型减贫战略研究的重要组成部分。薛宝生在《公共管理视野中的发展与贫困免除》一书中把贫困定义为反映人对资源的占有和利用受限制导致生活水平低下的状况[6]。郭宏

---

[1] 郭熙保、周强:《长期多维贫困、不平等与致贫因素》,《经济研究》2016年第6期。
[2] 朱洪革:《重点国有林区贫困:测度、特征及影响因素》,《中国农村经济》2013年第1期。
[3] 宋扬、赵君:《中国的贫困现状与特征:基于等值规模调整后的再分析》,《管理世界》2015年第10期。
[4] 曾国彪、姜凌:《贸易开放、地区收入差距与贫困:基于CHNS数据的经验研究》,《国际贸易问题》2014年第3期。
[5] 吕怀玉:《边疆民族地区减贫战略研究》,博士学位论文,云南大学,2013年。
[6] 薛宝生:《公共管理视野中的发展与贫困免除》,中国经济出版社2006年版。

宝、仇伟杰运用边际收益递减规律和海塞行列式，分析了农村财政投资结构对脱贫的影响，认为贫困人口素质低下、自然环境约束、生产方式落后、基础设施薄弱以及市场经济意识不强和资源配置效率低下是造成财政投资脱贫效应递减的五个主要原因，并指出必须改变传统的财政投资方式，加大对教育、科研、农村基础设施等的投资，才能提高财政投资的脱贫效率①。李文、汪三贵对中央扶贫资金的分配进行了分析，认为中央扶贫资金虽然对重点贫困县有所倾斜，但不同贫困县之间差异还是比较明显，人口较多的贫困县往往在中央扶贫资金分配上处于不利地位②。

2. 教育扶贫

（1）国外研究。针对教育扶贫的意义和价值，约翰·罗尔斯在《正义论》中提出了著名的正义原则，一是"平等自由原则"，即平等对待所有人，是一种横向的平均性的公平，二是"差别原则"和"机会公平原则"，主要用于处理有关社会和经济利益的问题，他认为教育扶贫的主要功能是为贫困者提供受教育的机会，是一种改变现状的手段，经济落后地区的学生在享受受教育机会时，无法与富足地区的学生获得同等的机会和权力，必须依靠教育扶贫政策，对贫困学生进行帮扶和补助，形成对这一学生群体的补偿机制，最大限度地实现教育公平③。美国社会学家马丁·特罗主要把高等教育分为精英、大众和普及三个阶段，通过他的分析可知，教育是大众教育，不应属于某一个群体或某一类组织，这也是教育扶贫体现其意义和价值的一个重要方面④。美国学者 Oscar Lewis 提出了教育的重要性，他指出，贫困将导致一种屈从感，内化为习惯，人的文化素质让人安于现状，造成恶性循环⑤。

---

① 郭宏宝、仇伟杰：《财政投资对农村脱贫效应的边际递减趋势及对策》，《当代经济科学》2005 年第 9 期。

② 李文、汪三贵：《中央扶贫资金的分配及影响因素分析》，《中国农村经济》2004 年第 8 期。

③ 约翰·罗尔斯：《正义论》，中国社会科学出版社 2001 年版。

④ Martin Trow, "Problems in the Transition from Elite to Mass Higher Education", In Policies for Higher Education, from the General Report on the Conference on Future Structures of Post – Secondary Education, Paris: Organisation for Economic Co – operation and Development, 1974: 55 – 101.

⑤ Oscar Lewis, "The Culture of Poverty", *Scientific American*, 1966 (4).

(2) 国内研究。我国目前针对教育扶贫的研究较少，何丕洁在《对职业教育精准扶贫问题的思考》一文中认为，与普通教育类型相比，职业教育的专业技能性更强，它是让贫困地区人民直接脱贫的根本途径。因此在进行教育扶贫时，应集中力量发展中等职业教育，并且指责政府唯GDP考核指标的弊端，认为教育是一个长期投入的过程，很多地方会偏向选择立竿见影的投入，不愿意去做教育，不能从根本上解决贫困问题①。李倩的《和田市教育扶贫研究》主要结合和田市的贫困特征及其背后的原因进行分析，找到了当地在人才储备、社会和经济基础等方面存在的制约因素，并提出，教育扶贫工作十分重要，要解决存在的问题，需从人才发展、政策完善、加大财政输入和提升民众素质等方面做出努力②。李伟、丁延庆在《教育扶贫效益巨大》一文中指出，教育应是输出大于投入的，教育所产生的效益不仅仅是提高受教育者的收入水平，还在于整体提升人口素质和社会文明程度，同时也可带来就业岗位的增加等效益，长期发展教育，可形成良性循环，使教育的受益作用于受教育对象本身，减少贫困发生③。奂平清、王等等两位学者认为，教育扶贫的核心是要提升人口的能力和素质，斩断贫困代际传递④。杨定玉认为，教育精准扶贫是国家精准扶贫战略的重要组成部分，实施教育精准扶贫对于解决贫困地区农户减贫脱贫，阻断贫困代际传递，实现共同富裕和全面建成小康社会的宏伟目标等具有极其重要的意义和价值。同时提出，山地民族地区教育精准扶贫研究的主要思路为：全面总结以往中国扶贫经验，形成可行的基本规律；深入调查研究，对贫困人口精确识别；制定教育精准帮扶方案，实施教育精准脱贫；规范管理制度，实施监督考核⑤。缪坤和等针对云南省临沧地区云县教育扶贫新模式开展研究。研究表明，云县是临沧地区的"窗口"和"门户"，资源极其丰富，然而，目前仍未摆脱贫困，可见其资源优

---

① 何丕洁：《对职业教育精准扶贫问题的思考》，《教育与职业》2015年第30期。
② 李倩：《和田市教育扶贫研究》，硕士学位论文，新疆农业大学，2012年。
③ 李伟、丁延庆：《教育扶贫效益巨大》，《人民日报》，2016年。
④ 奂平清、王等等：《农村贫困地区教育扶贫及其对策探析》，《西北成人教育学报》2001年第1期。
⑤ 杨定玉：《精准扶贫视角下的中国山地民族教育发展问题》，《贵州师范学院学报》2016年第2期。

势并未能转化为经济优势。究其原因，不乏有资源开发不够、经济基础薄弱等因素，但从根本上而言，人力资本的差距、劳动者素质和能力的差距等内生动力不足的问题才是掣肘贫困地区可持续发展的决定性因素，而教育扶贫政策的实施正是解决问题的核心举措和重要方式①。

二 教育政策绩效评估相关研究综述

1. 政策绩效评估

（1）国外研究。国外针对公共政策的研究大部分是针对政策过程的研究，在相关理论中，大多数学者认为政策实践作为一个系统性工程，包含了多个阶段和环节。因此，政策研究最适宜也是最科学的研究起点和途径即是过程研究。在学界，政策过程研究起源于拉斯韦尔，之后经过 C. Jones、J. Anderson、G. D. Brewer 和 P. Deleon 等多位学者的研究，在1970年之后逐渐受到关注和认可。公共政策的过程研究一般是将政策过程分为政策议程、政策规划和合法化、执行、评估和终结等阶段，同时，国外学者对每一个阶段中对政策过程会产生影响的基本因素进行了研究和讨论。林德布洛姆在《决策过程》中，把决策过程划分为情报、建议、规定、行使、应用、终结、评价七个阶段②。布鲁尔在此基础上，提出了政策过程的六阶段说，包括创议、估计、选择、执行、评估、终结。安德森在《公共决策》中，把政策过程的功能活动划分为五个范畴，即问题的形成、政策方案的制定、政策方案的通过、政策的实施、政策的评价③。此外，针对政策过程中阶段的相关研究引发了政策议程、政策执行、政策评估和政策终结的深入研究，其中包括克伦巴的《政策评估的改革之路》、《评估研究：方案效果的评估方法》、费希尔的《公共政策评估》、帕顿的《实验性评估》、库巴和林肯的《第四代评估》等。1980年以前，公共政策评估的研究重点聚焦于技术的运用和事实的阐释，注重政策效率，即政策投入与产出的关系研究。之后，在后行为主义的引导下，公共政策的评估研究开始注重价值取向的研究，政策评估重点也更加重视政策对象的考量，正如古贝和林

---

① 缪坤和等：《实用型教育：边疆贫困地区经济平稳跨越的保障》，《西部发展评论》2005年第1期。
② 林德布洛姆：《决策过程》，上海译文出版社1988年版。
③ 詹姆斯·E. 安德森：《公共决策》，华夏出版社1990年版。

肯所提出的，政策绩效的评估如果舍弃了价值追求、公平正义和对社会产生的影响的评估，也就失去其开展理论研究的现实意义[①]。在评估范式上，政策评估研究经历了从实证方法论到规范方法论的演变。实证方法论主要从事实的角度，运用政策实验法、社会指标法、效用分析等数理的方法和模型，对政策效果进行相对精确的测量；规范方法论注重辩论和批判的诠释方法，运用定性研究方法来测评政策产出和影响[②]。美国学者费希尔强调实证评估和规范评估的统一，认为要把事实评估和价值评估进行有效的结合，推进了政策评估的研究[③]。学者邓恩提出了政策评估的系统分类，即效果模式、经济模式和职业化模式[④]。

绩效评估的起源是企业的绩效考核，它的现世可追溯到被称为"科学管理之父"的泰勒所开创的"工作与动机研究"（time and motion study）中，之后随着研究的深入及其他学者对研究外延的扩展，研究领域逐渐从企业管理转向公共管理领域，实践中用于提高政府部门的工作效率。目前的研究成果主要包括以下几个方面。一是关于绩效的含义。国外学者的研究将绩效描述为任务或实践结果的体现方式。约翰·贝尔纳丹认为，绩效是针对一定的时间，通过进行一定的实践，完成一定的任务所体现出来的[⑤]。唐·埃尔格认为，绩效是采取一系列复杂的行动去整合技能和知识以产生有价值的结果[⑥]。迈克尔·阿姆斯特朗认为，绩效的定义应该与工作产生的结果相关，工作结果实质上是与一个集体目标的实现、与工作对象的感受息息相关的[⑦]。另外一些学者认为绩效是一种行为，是人们实际行为的表现，并能通过观察得到。尼尔·坎贝尔认为，绩效与行为是相似的，它们与结果不同，它们是可以通过了解人们的具体活动和行为而分析出来的，这些具体活动是指与工作任

[①] 古贝、林肯：《第四代评估》，中国人民大学出版社2008年版。
[②] 高庆蓬：《教育政策评估研究》，博士学位论文，东北师范大学，2008年。
[③] 弗兰克·费希尔：《公共政策评估》，中国人民大学出版社2003年版。
[④] 威廉·N. 邓恩：《公共政策分析导论》，中国人民大学出版社2011年版。
[⑤] John H. Bernardin, Richard W. Beatty, *Performance Appraisal: Assessing Human Behavior at Work*, Noston: Kent Publisher, 1984: 37.
[⑥] Don Elger, "Theory of Performance", *Expectations of Faculty in Higher Education*, 2007 (4): 11–14.
[⑦] Michael Armstrong, Angea Baron, *Performance Management: A Strategic and Integrated Approach to Achieve Success*, London: The Crownwell Press, 1986: 16.

务相关的活动，可以通过评价行为的成熟度来进行评估①。墨菲（1998）认为，绩效是个体与其参与工作的集体所要达到的目标相关的一系列活动。二是关于绩效的构成要素。格罗瑞妞·格里兹尔（1999）认为，绩效是一个多维度概念，它包括效率（将成本与直接产出相关联）、成本—效益（将成本与收益或影响相关联），多维度研究服务提供的质量与公正性、政府财政稳定性和政府政策的一致性。马文·邓尼特（1963）把绩效划分为八个独立的成分，即工作特定的任务熟练程度、工作非特定的任务熟练程度、书面与口头交流的任务熟练程度、努力、遵守纪律、为团体和同事提供便利、监督与领导和管理。丹尼尔·卡茨和罗伯特·卡恩提出了绩效的三维分类法，把绩效分为三个方面，即加入组织并留在组织中；达到或超过组织对员工所规定的绩效标准；自发地组织对员工规定之外的活动，如与其他成员合作，保护组织免受伤害，为组织的发展提供建议，自我发展等②。阿比·戈巴戴安认为，一个有效的绩效评估系统应该包括：由一系列绩效标准组成，这些绩效标准能满足不同层次的需要；抓住绩效的效率、效益维度的实质；提供用以保持绩效的不同维度之间的协调的方法；将定量与定性方法相结合；拥有把评估看作是前进的、发展的过程的管理哲学；明确评估标准，以免为管理者人为操纵③。

（2）国内研究。我国关于政策的研究起源于20世纪80年代，目前仍处于起步阶段。李允杰的《政策执行与评估》，对西方政策研究理论进行了述评④。厦门大学陈振明教授在《公共政策学》中归纳了政策评估面临的困难，包括政策评估的不确定性、政策效果的不确定性、政策资源的混合和政策行为的重叠、政策行动与环境改变之间的因果关系不易确定、评估信息和评估经费缺乏、有关机构和人员的抵制等⑤。

---

① 张雷：《教育政策绩效评估的理论探讨》，博士学位论文，华东师范大学，2014年。
② Daniel Kaiz, Robert L. Kahn, *The Social Psychology of Organizations*, New York: John Weley Publishers, 1978: 397 – 425.
③ Abby Ghobadian, John Ashworth, "Performance Measurement in Local Government – Concept and Practice", *International Journal of Operations & Production Management*, 1994, (14) 5: 35 – 51.
④ 李允杰：《政策执行与评估》，北京大学出版社2008年版。
⑤ 陈振明：《公共政策学》，中国人民大学出版社2004年版。

我国学者对绩效评估的研究主要集中在其本质与功能的探讨上。卓越的研究主要是以公共智能部门的行为为切入点，提出政策绩效评估的主要功能是在评估政府部门在履行其职责时，是否实现了内部管理与外部效应、数量与质量、经济因素与伦理政治因素、刚性规范与柔性机制的统一，是否实现了公共输出的最大化①。臧乃康指出，不应该把公共部门或政策的绩效理解为政绩成果，其概念内涵还应该包括政府成本、政府效率、政治稳定、社会进步、发展预期等，他提出，绩效应该有三个内涵，即经济绩效、社会绩效、政治绩效。经济绩效是最核心、最重要的内涵，在绩效评估中占据根本性的地位，社会绩效是整个体系中应该追求的价值导向②。随着经济社会的发展，人们开始更多地意识到每一个人都是存在于群体当中的，这也决定了个人的工作绩效会不同程度地被群体的制度、机制、管理、文化、方式等不同因素影响。因此，绩效评估也不应该局限于测量和观察个人的行为，而是应该更倾向于注重群体的行为，理论研究中，也应把建立在个体绩效的基础上，依赖群体的形式而体现出来的整体绩效作为研究重点和分析视角，从而评价公众对政府的政策行为满意度如何。吴建南认为，绩效评估是同时以显性和隐性的形式存在的，显性的绩效通常是正式的制度和规则中的活动结果，隐性的绩效更大程度上是通过人为因素来体现的，如决策者的能力素质，不易发现和观测，更不易实现绩效的评估，但在实践中可能会发生更大的效用③。

2. 教育政策绩效评估

（1）国外研究。早期国外教育政策评估的方法论更多的是实证主义范式，主要是用统计学计量分析方法、实验测量等量化研究工具来开展，更注重事实评估。20世纪90年代以后逐步转向了后实证主义，将评估重点投向了价值评估，强调利益相关者对政策的回应性，主张价值多元化和参与者的反馈。

关于评估类型，国外学者在教育政策绩效评估方面，注重对政策过

---

① 卓越：《公共部门绩效评估》，中国人民大学出版社2011年修订版。
② 臧乃康：《地方政府绩效评估的悖论及其消解》，《北京行政学院学报》2007年第5期。
③ 吴建南：《公共部门绩效评估》，《理论与实践》，《中国科学基金》2009年第3期。

程的测量和评价,例如,针对政策活动在实践中的内部管理与任务目标的契合度的研究和成本投入与政策结果的比较研究等[①]。对于评估结果的研究主要包括政策实施的预期效果与实际效果相符合的程度、实施效果定性评价、对政策利益相关者产生的影响及回应性分析等。此外,相比国内学者,国外学者更注重将理论融合于实践中,重视将评估结果运用于实际问题的解决之中。如学者Gross等开展了"美国联邦学校整体改革"政策的评估,其中融入了针对联邦政府资金投入和分配的评估,以及资金使用率等方面的测量[②]。在评估内容方面,国外学者的研究包含了教育政策评估的许多内容,包括经费政策、质量保证、管理体制和运行机制相关政策、人事管理政策、教师管理和培训等方面的政策。在评估标准方面,既有从社会、政治、经济和文化等视角构建的教育政策评估标准,也有从价值维度层面对教育政策的评估标准进行探讨和研究,如澳大利亚学者Perry在《民主社会教育政策的概念架构》一文中,着重分析了以公平平等、形式多样、多元参与、选择机会等为关键维度的评估体系。研究中,作者偏向于选择绩效评估和利益相关者两个模型[③]。与国内研究相比较,国外学者对利益相关者给予了更多的关注,而教师作为利益相关者之一,也被视为教育政策评估的重要参与者,Tuytens等学者在题为《走出教室:让教师参与国家特殊教育政策的绩效评估》的文章中,特别论证了教师参与教育政策评估及相关研究的重要性。关于评估方法,国外学者热衷于将教育学与法学、经济学、统计学、心理学等学科进行交叉联合研究,并且在研究时,注重于价值相关的评估研究。同时,国外学者也十分注重定性研究与定量研究的结合,其中定量研究方法包括成本—收益法、实验法、数学计量方法等,如Gary T. Henry等学者采用倾向指数技术和直接测评与间接观察相结合的方式对两种早教政策进行了科学有效的比较评估,将实验法很

[①] 白贝迩:《师范生免费教育政策评估研究》,博士学位论文,陕西师范大学,2016年。
[②] Gross B. T. K. Booker & D. Goldhaber, "Boosting Student Achievement: The Effect of Comprehensive School Reform on Student Achievement", *Educational Evaluation and Policy Analysis*, 2009, 31 (2): 111–126.
[③] 白贝迩:《师范生免费教育政策评估研究》,博士学位论文,陕西师范大学,2016年。

好地运用于教育政策评估中①。统计数学分析方法及模型建构也是国外学者常采用的方法，如多重标准决策模型、统计回归分析模型、数学最优化分析模型、模糊语义变量转换模型等。

（2）国内研究。我国的学者在教育政策评估方面所开展的研究主要集中在评估理论、测量方法、评价模式以及梳理和总结国外理论及研究成果等方面，研究逐渐由分散的局域性研究转向了系统的综合性研究，研究视角逐渐从一般性的评估转向了案例评估，将理论与实践结合。针对教育政策的绩效评估获得了许多的研究成果，包括了概念解读、评估类型分析、评估原则确立以及评估体系的构建等。如李春玲、肖远军首先阐释了教育政策评估的基本内涵，对政策进行了分类，也对评价方法进行了归类，主要包括预评估、执行过程评估和政策结果评估②。高庆蓬在《教育政策评估研究》的论文中提到，教育政策评估可以根据不同的标准来进行划分，同时教育政策的评估功能也应该是多样化的，既可以优化和完善政策，也可以为教育发展方向起到指导作用。在教育政策评估的方法中，国内的研究成果还较为单薄，虽然定性研究和定量研究方法都有所尝试，但结合度不够充分，运用系统方法而进行的体系建构还较少，规范性研究不足，大部分的研究都缺乏定量的测评，较局限于描述性的评估，对评估结果的科学性和实用性会产生较大的负面影响③。另外一个领域的研究主要是针对国外评估理论和方法的介绍。如王莉华在《美国高等教育绩效拨款政策——两个州的案例比较分析》中，通过对比，发现不同地区在很多政策实践中存在一定差异，如财政政策、资金分配即高等教育经费划拨比例等，同时提出，我国地方政府的拨款政策应学习和参考美国州政府的财政政策和拨款方式④。还有学者从统计学的角度对教育政策评估开展研究，如马国贤等

---

① Henry, G. T. & Richman, D. K., "Early Education Policy Alternative: Comparing Quality and Outcomes of Head Star and State Prekindergarten", *Educational Evaluation and Policy Analysis*, 2006, 28 (1): 77-99.

② 李春玲、肖远军：《教育政策评价的概念、类型初探》，《四川师范学院学报》1995年第6期。

③ 高庆蓬：《教育政策评估研究》，博士学位论文，东北师范大学，2008年。

④ 王莉华：《美国高等教育绩效拨款政策——两个州的案例比较分析》，《清华大学教育研究》2008年第2期。

运用统计学的方法对教育政策的结果进行了评估①。一部分学者将研究重点集中于教育政策绩效评估存在的问题,通过整理文献发现现有学术成果中,缺乏将事实评估与价值判断相融合,部分评估活动只注重事实测评,并未从政策本身的价值追求出发,且评估活动和实践较浅显,评估深度和力度都不足,偏重于描述性评估。同时,有的研究欠缺"评估"的痕迹,仅仅就政策内容、政策影响程度和对策建议进行了介绍和阐述。

三 西部贫困地区扶贫相关研究综述

1. 西部地区贫困治理

由于我国悠久而丰富的贫困治理理论研究及治理实践的积淀,涉及西部地区贫困治理问题的研究成果很多,且西部地区多属于边疆省区,大部分研究西部地区的学术成果都是从边疆研究的视域出发,研究边疆地区贫困治理所面临的特殊性问题,主要包括边疆基本问题研究、国家认同和民族认同问题研究、安全问题研究、非传统安全问题研究、社会稳定问题研究等,因此,本书在梳理西部地区贫困治理相关研究时,主要集中于边疆研究的学术成果。

(1)西部地区贫困治理问题总体研究。周平教授对我国当前边疆治理面临的三大问题进行了总结:第一,边疆发展问题,包括边疆开发问题、边疆建设问题、边疆生态和环境保护问题;第二,边疆稳定问题,包括民族关系问题、宗教问题、利益分化和利益整合问题;第三,边疆安全问题,包括边疆社会管理、边境管理、边防建设等方面②。方盛举教授提出,我国陆疆经济问题的治理需要加大开发和建设力度,政治问题的治理需要强化政治认同,安全问题的治理需要完善戍边体系,民族问题的治理需要促进民族宗教关系和谐和顺,社会问题的治理需要推进社会治理现代化③。陈霖认为,当前我国陆地边疆存在的问题包括:第一,边疆经济社会发展差距拉大;第二,边疆国家认同形势不容乐观;第三,边疆社会稳定局面遭遇挑战;第四,边疆民族团结势头受

---

① 马国贤、任晓辉:《公共政策分析与评估》,复旦大学出版社2012年版。
② 周平:《我国的边疆治理研究》,《学术探索》2008年第2期。
③ 方盛举:《对我国陆地边疆治理的再认识》,《云南师范大学学报》(哲学社会科学版)2016年第48期。

到冲击；第五，边疆地缘价值解读存在缺陷①。李庚伦提出，在"一带一路"战略背景下，我国陆地边疆问题存在以下变化：第一，国家进入全面发展阶段，边疆问题明晰化；第二，边疆安全问题日益凸显，边疆问题多样化；第三，我国周边形势发生改变，边疆问题复杂化；第四，国家边际争夺日益激烈，边疆问题常态化②。针对我国陆地边疆问题的整体研究和基础理论的创立还有很多，这为深化对边疆及边疆治理的认识和理解、陆地边疆具体问题的研究、治理模式与方式的研究等奠定了有见识的理论基础。

（2）西部贫困地区国家认同和民族认同问题研究。该领域的研究近年来已逐渐成为西部地区贫困治理研究的重要内容和热点之一。周平教授在《边疆治理视野中的认同问题》中强调，如何处理好民族认同与国家认同的关系问题，尤其是维护国家认同的地位，既是边疆治理面临的重大课题，也是边疆治理的重要任务。因此，要通过建立民族意识增长的预警机制、在宣传和管理中淡化民族身份、注重国民文化和民族文化的融合等途径，抑制民族认同的过快增长以及强化边疆少数民族的国家认同③。涉及边疆地区国家认同和民族认同方面研究的相关文章还有暨爱民的《中国边疆地区少数民族国家认同研究述评》④、夏文贵的《边疆治理视野中的国家认同问题析论》⑤、刘永刚的《全球化时代的国家认同问题与边疆治理析论》⑥、廖林燕的《云南边疆地区国家认同研究》⑦。

（3）非传统安全问题研究。徐黎丽和余潇枫等学者对我国边疆民族地区与民族问题相关联的非传统安全问题的特点，作了如下归纳：民

---

① 陈霖：《我国边疆问题与边疆治理探讨》，《社会主义研究》2009年第6期。
② 李庚伦：《"一带一路"战略与中国边疆治理》，《云南师范大学学报》（哲学社会科学版）2015年第32期。
③ 周平：《边疆治理视野中的认同问题》，《学术探索》2008年第2期。
④ 暨爱民：《中国边疆地区少数民族国家认同研究述评》，《西南民族大学学报》（人文社会科学版）2014年第3期。
⑤ 夏文贵：《边疆治理视野中的国家认同问题析论》，《黑龙江民族丛刊》（双月刊）2017年第2期。
⑥ 刘永刚：《全球化时代的国家认同问题与边疆治理析论》，《云南行政学院学报》2016年第1期。
⑦ 廖林燕：《云南边疆地区国家认同研究》，《云南行政学院学报》2017年第1期。

族成分与民族文化多样性决定了边疆民族地区非传统安全问题的多样性；多种宗教信仰并存使边疆民族地区非传统安全问题具有异质性；跨国民族的国—族关系和国家之间的关系互相重叠使边疆民族地区非传统安全问题呈现出跨境复杂性；边疆民族地区安全现状呈现出非传统安全与传统安全的相互交织性；社会变迁下产生的代际转换①。此外，张立国在《边疆非传统安全的合作治理机制建构探析》中提出，边疆非传统安全的主要特点体现在以下几点，一是问题类型的全面多样性，二是致因机制的混合复杂性，三是范围场域的流动跨域性，四是表现形式的民族宗教性，五是属性特质的相互转化性②。边疆非传统安全治理面临的挑战包括：治理体系上条块分割化的现状非常不利于边疆非传统安全的区域合作治理、治理结构上的主体碎片化不利于边疆非传统安全合作治理、治理能力上的整体滞后化不适应边疆非传统安全高发化趋势；并提出完善边疆非传统安全治理的国家间合作机制，建立边疆非传统安全合作治理的多主体联动协作机制，建立边疆非传统安全合作治理的资源整合机制，建立边疆非传统安全合作治理的制度制约机制的建议③。此外，杨四代的《非传统安全视域中的中朝边境地区安全图景：以朝鲜族为中心的分析》④、徐黎丽等学者的《论边疆与安全的关联性》、马富英的《中俄关系中的边疆安全研究》⑤、吕朝辉的《当代中国陆地边疆治理模式创新研究》⑥等研究中，都对我国陆地边疆非传统安全问题的治理进行了探析和建议。

（4）西部贫困地区治理模式研究。在知网上查阅"西部贫困地区治理模式"，得到的结果大部分是从历史的角度对我国西部的治边经验和历程进行回溯研究，内容既包括从宏观层面对治理模式和政策进行分

---

① 吕朝辉：《当代中国陆地边疆治理创新研究》，博士学位论文，云南大学，2015年。
② 张立国：《边疆非传统安全的合作治理机制建构探析》，《西北民族大学学报》（哲学社会科学版）2017年第1期。
③ 张立国：《边疆非传统安全的合作治理机制建构探析》，《西北民族大学学报》（哲学社会科学版）2017年第1期。
④ 杨四代：《非传统安全视域中的中朝边境地区安全图景：以朝鲜族为中心的分析》，硕士学位论文，中央民族大学，2013年。
⑤ 马富英：《中俄关系中的边疆安全研究》，博士学位论文，中央民族大学，2012年。
⑥ 吕朝辉：《当代中国陆地边疆治理模式创新研究》，博士学位论文，云南大学，2015年。

析研究，也有针对不同历史时期、不同区域或不同事件的治理中存在的问题和成效的研究，有从国家的角度对边疆进行的宏观性理论研究，也有针对特定的区域开展的地域性研究。如东北、西北、西南等地区进行治理特色的研究，研究涉及面广，成果丰富。一是关于古代王朝国家时期治理模式研究。云南大学方铁教授对我国古代治边模式进行了系统的研究，他提出，早在先秦时期，古人对地缘政治关系便有深刻的认识，提出了"合纵连横""远交近攻"等应用于战争的策略，在处理核心区域与边疆的关系方面，古人又提出"以藩为屏""以夷治夷"等重要的策略与思想①。在《论封建王朝治边的历史经验》一文中，还总结出古代王朝国家时期陆疆治理模式所留下的重要历史经验：妥善处理中心与边缘的关系；采取较灵活的国家结构形式；设置方便管理的边疆政区；实行有别于内地的治边政策；注重开发边疆与获取边疆的资源②。马大正在《中国古代的边疆政策与边疆治理》中对汉、唐、元、清等朝的陆疆治理作了概述③。此外，针对古代边疆治理模式的研究还有袁森坡《清朝治理蒙藏方略》④、齐清顺《我国历代中央王朝治理新疆政策的历史进程》等。二是关于近代我国边疆治理模式的研究。在《辛亥革命前后治边理念及其演变》一文中，孙宏年对晚清和民国交接时期的治理理念进行了描述，分析了以孙中山为代表的革命派"民族同化"的主张，孙宏年提出，只有回归到特定的历史环境中进行分析，才可以更加全面地评价仿"殖民"体制和"同化"等治边理念及其影响⑤。方素梅在《中华民国时期的边疆观念和治边思想》中对民国时期的边疆治理理念和相关政策作了分析。她认为，孙中山在《建国方略》中提出的开发边疆、发展边疆经济与文化的"一揽子"计划，是民国时期现代边政思想逐步形成的一个标志；国民党在六届二中全会上通过的《关于边疆问题报告之决议案》和1947年1月1日公布的《中华民国

---

① 方铁：《古代治理边疆理论与实践的研究构想》，《社会科学战线》2008年第2期。
② 方铁：《论封建王朝治边的历史经验》，《云南师范大学学报》（哲学社会科学版）2010年第2期。
③ 马大正：《中国古代的边疆政策与边疆治理》，《西域研究》2002年第4期。
④ 袁森坡：《清朝治理蒙藏方略》，《中国边疆史地研究》2010年第6期。
⑤ 孙宏年：《辛亥革命前后治边理念及其演变》，《民族研究》2011年第5期。

宪法》，对边疆地区和边疆民族的政治地位、自治权利，以及教育、文化、交通、水利、卫生及其他经济、社会事业的发展，都做出了明确的规定和保障①。此外，针对这一时期边疆治理的相关研究还有《论民国东北地方政府实行"移民实边"战略的措施》②《民国新疆地区政府对游牧民族的统治政策》③《南京国民政府蒙藏委员会治藏措施评述》④等。三是当代中国陆地边疆治理模式的研究，周平教授在《我国的边疆与边疆治理》中指出，中华人民共和国成立到"文化大革命"之前，国家开展民族工作，把统一的政权组织建立到边疆的基层实行民族区域自治制度，分阶段进行社会改革，将为完成军事任务而驻扎在边疆的军队成建制地在当地转业，从内地向边疆移民，有组织地进行垦殖，在边疆安排国家建设项目，把部分少数民族上层人士安排到中央或省级政权系统中⑤。

云南大学方盛举教授对陆地边疆模式、制度设计、治理实践和绩效评估等方面进行了深入研究。在《中国陆地边疆的软治理与硬治理》中，总结出了陆疆治理的两种模式，即软治理和硬治理，并提出将这两种治理模式进行有机融合，才是适合于当代边疆治理的模式⑥。所谓陆疆的硬治理模式，就是国家政权系统采取有效措施，在经济上增强陆地边疆地区的发展能力和发展水平，在社会政治领域明确各种社会主体的权利义务关系，严肃国家法律法规的贯彻实施，有效打击各种危害国家安全和破坏政治稳定的犯罪行为的治理过程。而陆疆软治理模式主张在经济上实施帮助、援助、照顾的倾斜政策，在政治上实施平等、团结、互助的民族政策，在文化上实施平等交流、相互尊重政策，在精神情感上坚持爱护、关心和尊重的基本准则，实现陆疆地区及其各族群众对统

---

① 方素梅：《中华民国时期的边疆观念和治边思想》，《中南民族大学学报》2008 年第 28 期。
② 崔利波：《论民国东北地方政府实行"移民实边"战略的措施》，《沈阳师范大学学报》（哲学社会科学版）2009 年第 33 期。
③ 娜拉：《民国新疆地区政府对游牧民族的统治政策》，《中国边疆史地研究》2008 年第 1 期。
④ 张子新等：《南京国民政府蒙藏委员会治藏措施评述》，《云南民族大学》（哲学社会科学版）2010 年第 4 期。
⑤ 周平：《我国的边疆与边疆治理》，《政治学研究》2008 年第 2 期。
⑥ 方盛举：《中国陆地边疆的软治理与硬治理》，《晋阳学刊》2013 年第 5 期。

一多民族国家的政治认同、情感认同和文化认同。方盛举教授在《论中国陆地边疆的软治理模式》中提出，我国陆地边疆面临着发展、民族宗教、国家安全、边民国家认同等问题的挑战，复杂而多元的问题需要多元化的治理模式①。情感型治理模式就是一种被实践证明为有效的治理模式。它强调"以人为本"的治理理念，旨在培植各族群众对党和政府的认同感、对各民族间生死与共的血脉感、对国家的忠诚感、对边疆加快发展的使命感和责任感。陆地边疆情感型治理应坚持"以人为本"，为边疆人民做好发展规划设计，弘扬爱国、敬业、诚信、友善的核心价值，为边疆各族群众创造良好的发展环境和事业平台，满足边疆群众自我成长的需求，培植边疆群众的情感认同，唤醒边疆社会的生机与活力，激发出边疆人民的积极性、主动性和创造性，支持边疆经济社会的大力发展。文化型治理的核心是推进主流政治文化的社会化，使边疆各族群众对统一多民族国家的认同和对政权系统的认同建立在理性的文化自觉的基础上。在《论我国陆地边疆的合作型治理》中，方盛举认为要实现情感认同和文化认同的有机结合，一是要争取边疆各族群众对国家和政权系统的情感认同，以获取实施有效治理的合法性及民心资源；二是要加强文化的交流和融合，推进主流政治文化的社会化，使边疆各族群众对统一多民族国家的认同和对政权系统的认同建立在理性的文化自觉的基础上，国家认同要通过情感认同和文化认同的具体内容作为载体形式表现出来，情感认同主要是对国家政权系统情感上的亲近和共鸣，文化认同则主要包括对中华民族共同体文化以及主流政治文化的赞成与归属②。在《对我国陆地边疆治理的再认识》中，方盛举教授强调一味地给予会造成强者与弱者间的不平等对话，伤害弱者的自尊心。因此，国家在制定边疆的倾斜照顾政策时，必须把切实提升边疆社会及边疆各族群众的自我变革与创新发展能力考虑进去。边疆治理必须强调科学发展理念，坚持"以人为本"价值理念，必须确立全面、协调、可持续的总体发展思路，要渐进式培育边疆社会的公民意识，表彰

---

① 方盛举：《论中国陆地边疆的软治理模式》，《云南行政学院学报》2016年第1期。
② 方盛举：《论我国陆地边疆的合作型治理》，《社会科学研究》2015年第4期。

民族团结进步事业中的先进事迹并树立典型模范,弘扬社会公平正义①。

2. 西部地区扶贫策略

目前我国专门针对西部贫困地区扶贫及其政策的研究十分少见,主要集中于西部少数民族地区贫困的研究成果,如赵晨曦在《中国西部贫困地区扶贫攻坚难点问题与战略选择研究》中提出,中国贫困程度最深的地区主要集中在西部,整体呈现出以下特点:贫困人口相对集中、地形复杂、自然条件恶劣、自然灾害严重、土地承载力较弱、生产力滞后、经济发展落后、基础设施薄弱等,一系列的问题导致了西部贫困地区贫困治理难度较高、返贫率难以降低,加之政府财政紧张、资金投入较低、管理水平落后,更严重掣肘了西部地区的贫困治理的效能②。周毅在《西部反贫困研究——迈向小康》中,集中针对如何发挥西部贫困地区的产业和资源优势来实现脱贫进行了研究③。另外一批学者针对某个区域扶贫展开了研究,如苏海红、杜清华针对藏区反贫困展开了研究,提出了藏区贫困治理的特殊性,与其他西部贫困地区相比,藏区贫困呈现出程度最深、范围最广、最典型等特征,认为藏区的贫困必须从国家层面予以施治④。李霞等学者将新疆作为研究对象,认为促进牧区脱贫致富的对策,就是要完善社会公共服务,加快牧民定居步伐,发展特色支柱产业,采用合理的投资机制,广泛动员社会各界力量参与扶贫,建立和培养农牧民自我发展组织等⑤。学者针对云南地区的贫困治理也展开了一系列研究,其中包括贫困成因、贫困类型、贫困治理中存在的问题、扶贫战略、机制与政策等。如程厚思等学者在构建"孤岛"模型的基础上,重点解释了云南省少数民族地区的贫困治理问题,认为云南省农村经济发展力不足的主要原因是其长期存在的地区封闭性,同时存在严重的经济、社会、文化、价值观、发展理念等方面的

---

① 方盛举:《对我国陆地边疆治理的再认识》,《云南师范大学学报》2016年第4期。
② 赵晨曦:《中国西部贫困地区扶贫攻坚难点问题与战略选择研究》,甘肃人民出版社2001年版。
③ 周毅:《西部反贫困研究——迈向小康》,甘肃人民出版社2001年版。
④ 苏海红、杜清华:《中国藏区反贫困战略研究》,甘肃人民出版社2008年版。
⑤ 李霞、李万民:《新疆边境地区贫困调查研究——以福海县为例》,《开发研究》2012年第2期。

封闭,落入了一个经济社会发展的孤岛陷阱。吕素芬认为,云南贫困地区难以发展的根本原因在于自然环境恶劣、社会发展速度迟缓且资金投入不足,发展建设存在较多障碍[①]。针对西部贫困地区扶贫的模式及方式,大量学者进行研究,如金俊峰认为云南山区"开发式"扶贫模式主要有整村推进、小额信贷、教育科技扶贫和打工经济等[②]。此外,对贫困地区治理研究的学者还有周惠仙、秦成逊、粟明、张淑芬、郑宝华、李强等。

四 研究简要评述

我国政策绩效评估研究起步较晚,发展还不够成熟,从目前能够检索到的文献来看,针对教育政策绩效评估的研究已逐渐丰富起来,无论从研究广度还是深度,都呈现出日渐充盈的趋势。但目前我国学者对教育政策的评估尚存在以下问题,一是教育政策评估标准和指标体系的构建不够完善,当前的研究成果中,大部分评估并没有构建一套有理论支撑且具可操作性的评估指标体系,仅仅从主观和经验的角度对教育政策实施效果进行现状和问题描述,缺乏系统性和科学性。二是一部分学者仅关注到教育政策评估的理论分析层面,提出了评估的标准、原则和模式等,但并未在此基础上进行评估实证,未将理论运用于实践,导致评估理论不曾得到实践证实,更无从服务于提升政策质量的实践当中。笔者认为,对任何一项教育政策进行评估,理论的支撑作用必不可少,评估理论中又以评估标准和指标体系的构建最为重要,在评估指标体系构建完成的基础上,进行实证分析,对当前正在实施的教育政策进行评估实证,探究政策存在的问题,提升政策质量,优化政策实施效果,才是政策评估的意义和价值所在。

梳理目前国内对西部地区贫困治理的相关研究可以发现,研究主要涉及以下几个方面:一是历史典籍的梳理与分析,二是从地方政府治理的角度进行研究分析,三是从宏观层面进行边疆观及边疆治理观的研究。从研究学科从属来看,目前的研究从政治学的角度入手以宏观的视

[①] 吕素芬:《云南省特殊贫困原因分析及对策研究》,《学术探索》2007年第5期。
[②] 金俊峰:《云南山区"开发式"扶贫模式研究》,硕士学位论文,华东师范大学,2006年。

角而开展的研究居多，而从公共管理的技术方法层面来开展的研究和成果还十分欠缺，尤其是对当代贫困治理实践层面的制度设计、法规政策、治理方式方法的创新研究特别不足。而针对西部地区的贫困治理，专家学者的研究主要集中在贫困形成的原因分析、贫困地区的特征及类型分析、扶贫过程中的障碍和制约因素分析、扶贫战略分析以及具体的扶贫政策分析等。在推进国家治理体系和治理能力现代化的大背景下，在我国西部地区贫困问题日益呈现复杂化、特殊化的情况下，如果只是聚焦于宏观的贫困治理研究和一般化的贫困治理研究，必将在我国西部地区贫困治理的实践中出现理论指导不足的情况。当前我国贫困治理相关研究应该更加注重以公共管理理论和方法为指导，从政策分析的角度，深入分析陆疆扶贫政策中存在的问题，探寻可操作性强并且促进可持续发展的政策分析工具，以政策绩效评估作为切入点，深入探析贫困治理中政策应该具备的价值和功能，为贫困治理提供中微观的理论指导，以此来回应目前我国贫困治理研究现状的不足，更好地指导实践，这正是本书的研究目的所在，也是今后该领域研究发展的方向所在。

结合教育扶贫政策和西部地区扶贫两方面的研究成果来看，大量学者虽已从理论和实践角度对西部贫困地区教育扶贫及其政策的重要性、必要性、价值与功能等进行了充分的分析和论证，但鲜有学者聚焦西部贫困地区教育扶贫政策的评估和实践中存在的问题的分析，笔者认为，西部贫困地区开展教育扶贫对于其贫困治理及发展的重要程度已显而易见，但究竟如何开展教育扶贫？现行教育扶贫政策的绩效如何？西部贫困地区教育扶贫政策绩效评估的理论指导、运行逻辑、价值指导何在？这一系列理论和实践问题，都应引起学界的重视，并付诸研究实践。

综上所述，面对当前教育扶贫政策绩效评估缺乏体系性和综合性研究，评估理论与实践存在鸿沟、欠缺结合，西部地区扶贫研究以宏观为主，缺乏从政策分析视角对微观层面的政策工具进行探析等问题，理论研究和实践层面都亟待加强对西部贫困地区教育扶贫政策绩效评估的理论体系、评估框架、评估内容、评估标准等各个层面和环节予以深入研究及探析，并对现行政策进行实证评估，深究其存在问题，在国家发展战略的指导下提出西部地区贫困治理的方向和路径。

第三节　核心概念与理论基础

构建西部贫困地区教育扶贫政策绩效评估指标体系首先要明确研究内容所包含的核心概念，并对其进行深入的剖析，同时在指标体系构建之初明确开展研究的理论基础。只有明确地界定了核心概念和理论基础，才能进一步明确研究的基本问题、逻辑基础和主要内容。因此，本书将首先对贫困、教育政策、教育扶贫政策、教育扶贫政策的绩效评估等相关概念进行解析和阐述，并对"软治理"理论、人力资本理论、第四代公共政策评估理论和"三圈"理论等支撑本书研究开展的理论基础进行详细的介绍。

一　核心概念

1. 贫困

绝对贫困又叫生存贫困，是指在一定的社会生产方式和生活方式下，个人和家庭依靠其劳动所得和其他合法收入不能维持其基本的生存需要，这样的个人或家庭就称为贫困人口或贫困户。[①] 在生产上，贫困人口的能力和素质缺乏条件，难以实现再生产，生产者被迫选择萎缩生产；在消费上，贫困人口的基本生存条件如衣食住行等难以得到满足。按照国际标准来计算，日收入达不到 1 美元的群体即绝对贫困群体，其他国家的标准与此略有不同，按照我国的标准，日收入不足 0.7 美元的群体就属于绝对贫困群体。1976 年，经济合作与发展组织在对成员国进行了大量调研后制定了国际贫困的标准，即以一个国家或地区社会中位收入或平均收入的 50% 作为这个国家或地区的贫困线。世界银行则制定了两条贫困线，每天收入 2 美元是一条贫困县，普遍运用于小康社会的界定，另一条贫困线是每天收入 1.25 美元，被称为绝对贫困线或极端贫困线，在非洲等世界上最贫穷的国家中使用。针对发达国家，世界银行将贫困线界定为每天收入 14.4 美元。世界银行基本上是用人均消费或人均支出来衡量贫困人口，而我国从 1998 年起，国家统计局就使用人均收入和人均消费两个指标对贫困人口来进行衡量，即人均可支

[①] 曾勇：《中国东西扶贫协作绩效研究》，博士学位论文，华东师范大学，2017 年。

配收入或人均消费支出中的一项低于贫困标准，而另一项低于某一较高标准，比如1.5倍贫困标准，就为贫困户。因此，我国将贫困人口归为三类：第一类是人均收入和人均消费均低于贫困标准则认定为贫困人口；第二类是收入水平低于贫困标准，但消费水平高于贫困标准但低于某一较高标准的群体，这一类人口收入水平较低，从消费水平来看虽超出了贫困线，但由于收入水平过低，仍然被认定为贫困人口；第三类是消费水平低于贫困标准，但收入水平高于贫困标准且低于某一较高标准的群体，这一类人口消费水平普遍偏低，足以说明其收入水平很可能只是偶然高于贫困标准，没有储蓄能力，因此也被认定为贫困人口。1985年，我国规定的农村贫困人口标准是每人每年206元人民币，每天尚不足1元，与国际水平相比存在一定的差距，世界银行提出的最低贫困人口标准是每人每天1美元，贫困人口标准是每人每天2美元。2005年，我国农村贫困人口标准提高到652元。2007年，标准调整为1067元。2008年，中国绝对贫困线标准为人均纯收入785元以下，低收入贫困线标准为人均纯收入786—1067元。2009年，将贫困线提高至人均年收入1196元。2011年11月29日，中央扶贫开发工作会议宣布，中央决定将农民人均纯收入2300元作为新的国家扶贫标准。许多学者和专家估计，按照新的标准，至少有上亿低收入人口将享受到国家的扶贫优惠政策，这极大地帮助了我国贫困人口的自身发展及地区经济社会的发展。[①]

与绝对贫困对应的是相对贫困，它是指与社会平均水平相比其收入水平少到一定程度时维持的那种社会生活状况，各个社会阶层之间和各阶层内部的收入差异。通常是把人口的一定比例确定生活在相对的贫困之中。比如，有些国家把低于平均收入40%的人口归于相对贫困组别；世界银行的看法是收入为（或少于）平均收入的1/3的社会成员便可以视为相对贫困。[②]

我国学术界对于贫困的含义解读是多方面的，总的来说，地区的贫困不仅仅是指经济上的贫乏，同时也体现在教育、卫生、文化、体育等

[①] 新华网，www.news.cn。
[②] 中国网，www.china.com.cn/news。

社会事业发展滞后和人权保障缺失等方面。理论研究和实践经验都表明，对于贫困地区的帮扶仅仅依靠完善基础设施、提供资金援助、保障资源供给等外部援助是远远不够的，反而容易滋生贫困地区人口"等靠要"的依赖思想，不利于贫困地区可持续发展，而支持和发挥贫困人口的主观能动性，提升地区人力资本才是贫困人口脱贫致富的根本性路径。

2. 教育政策与教育扶贫政策

美国著名的经济学家舒尔茨提出，贫困地区发展滞后的很大原因不是物质资本的缺失，而是人力资本的匮乏，人力资本的提高对经济的增长作用，远比物质资源的供给更加重要。这充分说明了教育扶贫在贫困治理中的特殊地位，与其他扶贫战略相比，教育扶贫直接从贫困地区的根源性问题出发，对贫困地区的人口进行教育资源的投入和供给，让贫困人口领悟依靠自身努力实现脱贫致富的思维观念，获得摆脱贫困实现自我发展的知识能力，并推动贫困地区的经济社会发展。教育扶贫的实质是将国家的公共教育资源进行重新优化配置，对贫困地区予以政策帮扶和倾斜，实现与经济发达地区的优质教育资源共享。

教育扶贫是国家教育事业发展的重要组成部分，教育扶贫政策也是国家教育政策的核心内容之一。学界关于"教育政策"的论述已有很多，如认为教育政策是国家和政党总体政策的一个分支，是其在教育领域的具体体现，有学者认为教育政策是教育领域静态"文件"的组合，也有学者认为教育政策是政策对教育利益进行分配的过程和工具。总体来看，教育政策的内涵主要包括4个方面，一是教育政策的政策主体是具有公共权威的政府部门；二是教育政策是政府对教育利益进行分配的过程；三是教育政策具有价值选择功能，它并不是"价值中立"的，在政策实践中需要"价值涉入"；四是教育政策是静态与动态的统一，即政策文本的设计、制定与政策的执行过程的统一。

教育扶贫政策作为教育政策的一部分，有着与教育政策以上4个内涵同样的共性含义，但也具有其特殊含义。从实践中来看，国家和地区并未出台专门的教育扶贫政策，大部门政策内容和要求都是出现在教育政策的文本之中，以教育政策中针对贫困地区或贫困人口特殊性规划的形式存在。另外一部分教育扶贫的政策规划一般出现在国家扶贫战略的总体规划中，针对国家设定的贫困县或贫困地区提出脱贫攻坚战略在教育领域的发展目标和任务。因此，经过笔者梳理，本书将教育扶贫政策的内涵界定为针对国家贫困县和集中连片特困地区而制定和实施的教育政策。

3. 教育扶贫政策绩效评估

本书所涉及的教育扶贫政策绩效评估是结合理论分析、定量统计与实证运行而开展的。在构建政策绩效评估指标体系前，本书对体系构建的理论基础进行了全面的分析，通过梳理全世界范围内公共政策评估研究的范式和发展脉络，明确本书构建的指标体系是基于第四代价值导向下的建构式评估，其次对教育扶贫政策绩效评估体系的标准进行了省思，确定评估标准中应包括价值标准和事实标准，其中事实标准中包括效率指标、效果指标和效能指标。在此基础上，对教育扶贫政策绩效评估体系进行了价值定位，并根据价值追求设计了指标体系所包含的其中三个维度，即"公平性"维度、"发展性"维度和"人本性"维度，再结合"三圈理论"，设计了指标体系的第四个维度，即"回应性"维度。基于以上理论分析，构建了西部地区教育扶贫政策绩效评估体系的评估框架，明确了评估目的、评估内容、评估范式和评估机制，为后续指标体系建构提供了理论支撑。之后确定了政策绩效评估指标体系构建的原则，包括价值指导原则、系统性原则、科学性原则和全面性原则，并根据此原则对指标进行了初步设计，其中，主要流程包括基于"CIPP评价模式"确定指标类型，基于评估维度设计一级指标，分析每一个评估维度的内涵设计二级指标，分析每一项二级指标的具体内容设计三级指标，采用德尔菲法和统计学计量分析法筛选初步设计的指标，最后采用层次分析法确定了筛选后的指标权重。

二　理论基础

1. "软治理"理论

方盛举教授（2013）提出，软治理就是指政权系统综合运用情感治理方式和文化治理方式对边疆地区及其各族群众在经济上实施帮助援助照顾的倾斜政策，在政治上实施平等、团结、互助的民族政策，在精神情感上坚持爱护、关心和尊重的基本准则，以此争取边疆地区及其各族群众对党和政权系统的情感认同，对中华民族文化和社会主义主流政治文化的文化认同，对统一多民族国家的政治认同，最终达到组织和动员边疆各族群众自觉维护边疆和谐稳定，实现繁荣发展的治理过程①。

方盛举教授指出，我国陆地边疆面临着发展、民族宗教、国家安全、边民国家认同等问题的挑战，复杂而多元的问题需要多元化的治理模式。情感型治理模式就是一种被实践证明为有效的治理模式。它强调"以人为本"的治理理念，旨在培植各族群众对党和政府的认同感、对各民族间生死与共的血脉感、对国家的忠诚感、对边疆加快发展的使命感和责任感②。研究表明，陆地边疆情感型治理应坚持"以人为本"，为边疆人民做好发展规划设计，弘扬爱国、敬业、诚信、友善的核心价值，为边疆各族群众创造良好的发展环境和事业平台，满足边疆群众自我成长的需求，培植边疆群众的情感认同，唤醒边疆社会的生机与活力，激发出边疆人民的积极性、主动性和创造性，支持边疆经济社会的大力发展。文化型治理的核心是推进主流政治文化的社会化，使边疆各族群众对统一多民族国家的认同和对政权系统的认同建立在理性的文化自觉的基础上。

方盛举教授提出，要实现情感认同和文化认同的有机结合，一是要争取边疆各族群众对国家和政权系统的情感认同，以获取实施有效治理的合法性及民心资源；二是要加强文化的交流和融合，推进主流政治文化的社会化，使边疆各族群众对统一多民族国家的认同和对政权系统的认同建立在理性的文化自觉的基础上，国家认同要通过情感认同和文化认同的具体内容作为载体形式表现出来，情感认同主要是对国家政权系统情感上的亲近和共鸣，文化认同则主要包括对中华民族共同体文化以及主流政治文化的赞成与归属。③

同时，方盛举教授强调，一味的给予会造成强者与弱者间的不平等对话，伤害弱者的自尊心。因此，国家在制定边疆的倾斜照顾政策时，必须把切实提升边疆社会及边疆各族群众的自我变革与创新发展能力考虑进去。边疆治理必须强调科学发展理念，坚持"以人为本"价值理

---

① 方盛举：《中国陆地边疆的软治理与硬治理》，《晋阳学刊》2013年第5期。
② 方盛举：《论中国陆地边疆的软治理模式》，《云南行政学院学报》2016年第1期。
③ 方盛举：《论我国陆地边疆的合作型治理》，《社会科学研究》2015年第4期。

念，必须确立全面、协调、可持续的总体发展思路，要渐进式培育边疆社会的公民意识，表彰民族团结进步事业中的先进事迹并树立典型模范，弘扬社会公平正义。①

边疆软治理理论与依靠教育扶贫提高西部地区贫困治理效能的理念相同，两者的核心都是要"以人为本"，把党和政府"输血型"特殊关怀与照顾，转化为自力更生的"造血型"的持续发展活力的主动意识和行动能力，帮助边疆人民脱贫致富，谋求发展。

2. 人力资本理论

舒尔茨的人力资本理论认为，贫困产生的根本原因在于人力资本的匮乏。在现代社会发展中，发展质量和增速的核心在于人力资源的质量，而非自然的储备和资本的存量，人力资本的知识储备、能力素质、专业技能、健康状况才是发展的关键因素。舒尔茨的人力资本理论主要有两个观点。其一，人力资本的积累是社会经济增长的源泉。舒尔茨认为，现代经济发展已经不能单纯依靠自然资源和人的体力劳动，生产中必须提高体力劳动者的智力水平，增加脑力劳动者的成分，以此来代替原有的生产要素。因此，由教育形成的人力资本在经济增长中会更多地代替其他生产要素。其二，要实现收入的均等化分配，教育作为工具和手段，也起着十分重要的作用。舒尔茨提出，教育能够提高人力资本的知识技能、文化素质，通过专业技能的传授和培训，综合提高个人和地方生产生活的能力，从而实现良性循环，增加个体和家庭的收入，实现社会薪资结构的变化，减少社会资本分配不均的现象。因此，教育作为提高人力资本的手段，可以使受教育对象的水平得到提高，从而改善地区发展状况，最终实现全民享受社会发展的福利。

3. 公共政策评估理论

（1）第四代政策评估理论。第四代评估理论即响应式建构主义评估，其主张采纳多元价值观，要求评估中要充分考量各方利益相关者的诉求，并通过互动和协商的过程来实现②。在评估过程中，应为政策涉及的所有群体，即所有利益相关者提供平台和空间，充分表达其诉求、

---

① 方盛举：《对我国陆地边疆治理的再认识》，《云南师范大学学报》2016年第4期。
② 古贝、林肯：《第四代评估》，中国人民大学出版社2008年版。

要求、焦虑，处理其中存在的争议，充分了解利益相关者所提出的与评估相关的想法和意见，包括对评估有利的和不利的方案，明确需通过沟通和协商予以解决的问题和方案，评估者作为政策评估活动的"主持人"，应最大限度地了解这些问题。评估过程也同时包含了测量、描述、评判，此时评估者同时扮演着技术员、描述者、仲裁者、建构者等角色，要全面考虑政策利益相关者政治方面、社会方面、个人方面及其他相关因素，重视对利益相关者的了解和回应。本书将运用第四代政策评估理论进行西部贫困地区教育扶贫政策绩效评估指标体系的概念框架构建。

（2）"三圈"理论。"三圈理论"是美国哈佛大学肯尼迪政府学院研究提出的政策分析工具。该理论构建了包含"价值""能力""支持"三个要素的政策分析框架[1]。其中，"价值"要素的内涵是指公共政策的终极目的就是为社会创造公共价值，好的公共政策要以实现公共价值为目标；"能力"要素的内涵是指政策的执行系统和执行主体应该具备一定的能力，为实现公共政策的目标而提供相应的支持、管理和服务等；"支持"要素的内涵是指相关政策需得到政策作用的对象或民众的支持。只有"三圈"即三要素有所重叠、互相包含，政策才能得以有效执行，达到预期效果。反之，缺少任何一个圈，政策都无法实施。"三圈理论"强调价值、能力、支持三者的相关性，三个要素应密切联系、相互作用。公共政策的核心目标实质就是要对政策的价值追求予以判断，检验其价值定位的合理性，通过评估过程，找到问题所在，从而提高管理能力，优化政策，获得利益相关群体的支持，尽可能地使三个圈重合，实现最高的政策效能。本书将运用"三圈"理论进行西部贫困地区教育扶贫政策绩效评估指标体系的维度设计。

第四节 研究思路与内容

明确本书的主要思路和内容是开展西部贫困地区教育扶贫政策绩效评估研究的逻辑起点，在整个研究过程中起到了指导研究逻辑、研究走

---

[1] 刘晓东：《机构信息化评估与评价研究》，《科研信息化技术与应用》2018年第4期。

向和研究重点的作用。

一 研究思路

本书按照"研究背景—问题提出—历史与现实分析—理论分析—模型构建—模型修正—实证检验—对策研究"的基本逻辑思路，采用规范分析与实证分析结合，定量分析与定性分析结合的系统性方法，对西部贫困地区教育扶贫政策绩效评估指标体系进行了构建、修正和实证检验，在此基础上对西部贫困地区教育扶贫的问题进行了诊断，并提出了未来发展的理性路径。本书研究的逻辑思路如图1-1所示。

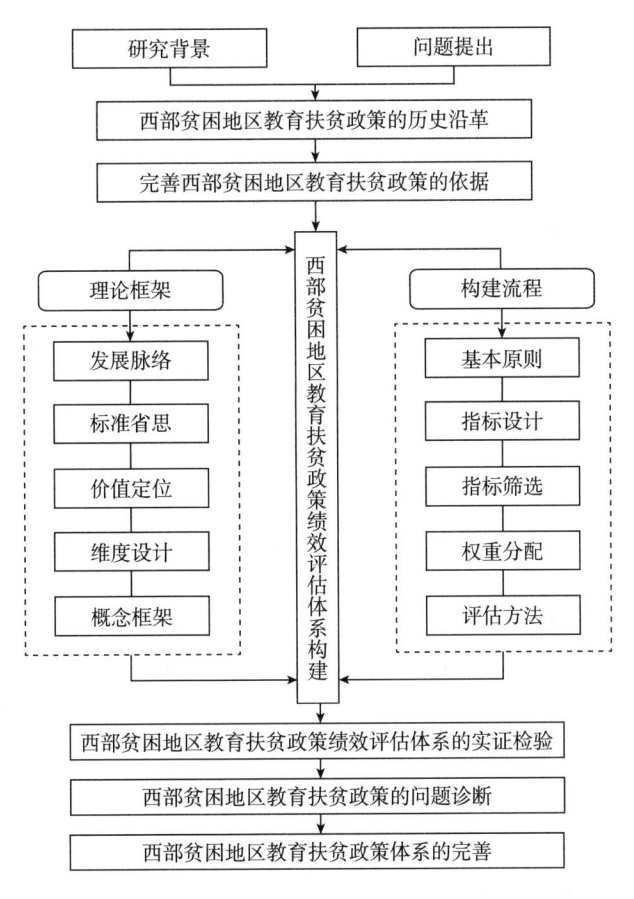

图1-1 本书研究的逻辑思路

二 研究内容

本书的主要研究内容包括四个方面：一是明确西部贫困地区教育扶

贫政策绩效评估的理论基础，构建评估的概念框架；二是在评估框架的基础上构建西部贫困地区教育扶贫政策绩效评估指标体系，并确定评估方法；三是选择一定范围的样本贫困县/区对指标体系进行实证检验；四是探寻掣肘西部贫困地区教育扶贫政策绩效提升的主要问题，并提出完善教育扶贫政策体系的对策建议。

1. 西部贫困地区教育扶贫政策绩效评估的理论研究

在构建政策绩效评估指标体系前，本书对西部贫困地区教育扶贫政策的历史沿革和完善依据进行了系统的梳理，在此基础上对指标体系构建的理论基础进行了全面的分析。首先梳理了全世界范围内公共政策评估研究的范式和发展脉络，明确本书构建的指标体系是基于第四代价值导向下的建构式评估，其次对教育扶贫政策绩效评估体系的标准进行了省思，确定评估标准中应包括价值标准和事实标准，其中事实标准中包括效率指标、效果指标和效能指标。在此基础上，对教育扶贫政策绩效评估体系进行了价值定位，并根据价值追求设计了指标体系所包含的其中三个维度，即"公平性"维度、"发展性"维度和"人本性"维度，再结合"三圈理论"，设计了指标体系的第四个维度，即"回应性"维度。基于以上理论分析，构建了西部地区教育扶贫政策绩效评估体系的评估框架，明确了评估目的、评估内容、评估范式和评估机制，为后续指标体系建构提供了理论支撑。

2. 西部贫困地区教育扶贫政策绩效评估指标体系的构建研究

本书首先确定了政策绩效评估指标体系构建的原则，包括价值指导原则、系统性原则、科学性原则和全面性原则，并根据这些原则对指标进行了初步设计，其中，主要流程包括基于"CIPP评价模式"确定指标类型，基于评估维度设计一级指标，分析每一个评估维度的内涵设计二级指标，分析每一项二级指标的具体内容设计三级指标，采用德尔菲法和统计学计量分析法筛选初步设计的指标，最后采用层次分析法确定了筛选后的指标权重。

3. 西部贫困地区教育扶贫政策绩效评估指标体系的运行研究

在理论分析基础上构建的教育扶贫政策绩效评估体系虽具有一定的科学性，但其在现实运行中的可操作性如何，必须通过实践和运行加以检验。本书选取了云南省7个贫困县/区作为评估的样本，对已构建的指标体系进行了实证检验，运用标杆法，对样本县/区的教育扶贫政策绩效进行了评估，得到了评估得分结果及样本县/区教育扶贫政策绩效等级划分，根据结果进行了每一个样本县/区教育扶贫政策绩效的微观分析及所有样本县/区的对比分析，不仅操作运行了政策绩效评估指标体系，验证了其可行性，也深入探究了各评估对象教育扶贫发展的优势和劣势所在。

4. 西部贫困地区教育扶贫政策的问题诊断与政策体系完善研究

在对样本县/区教育扶贫政策绩效进行全面评估和充分剖析的基础上，本书结合评估结果对西部贫困地区教育扶贫发展存在的问题进行了深入诊断，总结出了发展理念、发展规划、发展模式、教育与就业衔接机制、信息化程度、运行机制和制度体系7个方面存在的问题，并提出了完善教育扶贫政策体系的建议，包括构建教育扶贫政策功能体系、完善教育扶贫政策管理体系和健全教育扶贫政策资源保障体系。

第五节 研究方法与技术路线

科学的研究方法是将理论研究运用于实践的桥梁，社会科学的研究方法中包括基本方法论、基本研究方式和具体研究技术三个层次，各层次方法的选择是否正确和得当直接决定了研究结果的科学性和准确性，是研究成败的关键。因此，西部贫困地区教育扶贫政策绩效评估指标体系的构建需要明确适宜的研究方法和技术路线，研究目的才能得以实现。

一 研究方法

1. 文献分析法

文献分析法是通过对已有文献进行搜索分析来提取研究对象所需信息的一种研究方法，在设计政策评估指标体系的研究中被广泛使用，是研究者在研究过程中获取丰富文献参考的科学方法。本书在使用文献分析法时主要采用了以下两种文献来源。一是国家和地方出台的重大政策文件；二是相关研究领域的学术成果。

2. 理论分析法

理论分析法是通过理性思维认识事物本质及其运行规律的分析方

法，通过分析事物的组成、特征、属性、内部逻辑关系等对事物的本质进行分析和认知，从而掌握其规律。西部教育扶贫政策绩效评估指标体系的构建是一项系统性、综合性的复杂工程，其逻辑、内涵和重要组成部分的分析和确立必须在理论的指导下展开。本书在理论分析的基础上对西部教育扶贫政策的评估标准、价值定位、评估目的、评估内容、评估机制、评估范式等进行了分析和构建，并对"CIPP评价模型"进行了改良，设计了教育扶贫政策评估模型，在此基础上确定了指标类型，同时结合西部地区教育扶贫政策的价值定位，在"三圈理论"的分析框架下，设计了评估维度，即一级指标，并逐级分解为二级指标和三级指标，最终完成指标的初步设计。

3. 德尔菲法

德尔菲法，也叫专家咨询法，是一种反馈匿名函询法。在使用德尔菲法时，主要的步骤包括：制作问卷调查表或专家咨询表，向相关领域的专家咨询意见，并将其汇总、归类、分析，得到结果后，针对不确定的问题，继续开展新一轮的专家咨询，再次请专家提出意见，并再次汇总、归类、统计、分析，直到所有问题不再存疑。在构建教育扶贫政策绩效评估指标体系的过程中，除了以理论研究和政策文本为基础设计指标外，还需要广泛听取和科学分析相关专家的意见。本书将选取相关领域具有长期丰富理论研究和实践经验的人员作为问卷调查对象，收集专家对初步设计的指标的重要性和必要性评价数据，在数据整理的基础上运用统计方法对专家意见进行分析，进行指标筛选，最终形成西部地区教育扶贫政策绩效评估指标体系。

4. 层次分析法

层次分析法是一种层次权重决策方法，主要是将一个复杂的多目标决策问题看作一个系统，将总目标分解为多个目标或准则，再分解为多个指标的若干层次，通过定性的模糊量化方法计算出层次单排序（权重）和总排序，以此作为目标（多指标）多方案优化决策的系统方法。[1] 本书将运用层次分析法，分析教育扶贫政策评估的若干层级和要素，构建西部地区教育扶贫政策绩效评估指标体系的层次结构模型，构建同一层

---

[1] 范柏乃：《政府绩效管理》，复旦大学出版社2012年版。

级各指标两两比较的判断矩阵，得到其相对重要性的结论和判断，从而确定各指标的权重分配。

5. 标杆管理法

标杆管理法，也称基准管理法，其具体方法是寻找一个先进榜样，解剖其各个先进指标，以此为基准与本企业进行比较、分析、判断，研究标杆企业背后的成功要素，向其对标学习，不断寻找和研究一流公司的最佳实践，发现并解决企业自身的问题，从而使自己的企业得到不断改进，最终赶上和超越标杆，进入一个持续渐进的学习、变革和创新，赶超一流企业创造优秀业绩的良性循环过程。在政策评估分析研究领域，本书认为标杆管理法是指一个地区把另一个比自己政策执行效果更好的地区确立为标杆，并将自己的评估指标数据与其进行比较分析，从宏观和微观角度进行问题分析和诊断，从而对自己的政策制定和执行等环节进行误差纠正及措施调整，提升本地区的政策执行效果。因此，本书通过对西部各地区的政策进行深入研究，并结合实际调研的结果，选取了云南省大理州祥云县作为标杆，将其他样本县/区的教育扶贫政策绩效评估指标与其进行对比分析，并按照计算公式得到各指标评估得分，计算总分，得到各样本县/区的评估结果和评价等级，并据此探究各县/区教育扶贫政策绩效的高低差别和优势劣势所在。

6. 实证研究法和个案研究法

本书在进行西部贫困地区教育扶贫政策绩效评估指标体系的实证检验时，选取了云南省1个个案作为参照系，7个个案作为评估样本，通过实地调研、发放电子问卷和纸质问卷、开展实地访谈等实证研究的方法，对所选取的研究个案一一进行了深入的调查和了解。个案研究法强调案例的代表性以及研究者对每一个个案研究的深度，不强调个案数量的多少。因此，本书对研究对象进行了分类，即一般贫困县和深度贫困县，在此基础上各选取了3—4个具有代表性的县/区作为评估样本，既深入探析了每一个个案教育扶贫政策的具体实践情况，又从宏观角度对个案进行了横向对比，有助于为完善西部贫困地区教育扶贫政策绩效评估指标体系和提升政策绩效提供参考借鉴。

二　技术路线

本书在西部贫困地区教育扶贫发展的历史沿革和现实基础分析中运

用了文献分析法和理论分析法,在西部贫困地区教育扶贫绩效评估体系构建时运用了理论分析法、问卷调查法、德尔菲法、层次分析法等研究方法,在指标体系的实证检验中运用了个案研究法和实证研究法,在针对西部贫困地区教育扶贫发展的问题和发展路径分析中运用了文献分析法、理论分析法和因果分析法等。根据不同研究内容对研究方法和技术的不同要求,本书制定了技术路线图,如图1-2所示。

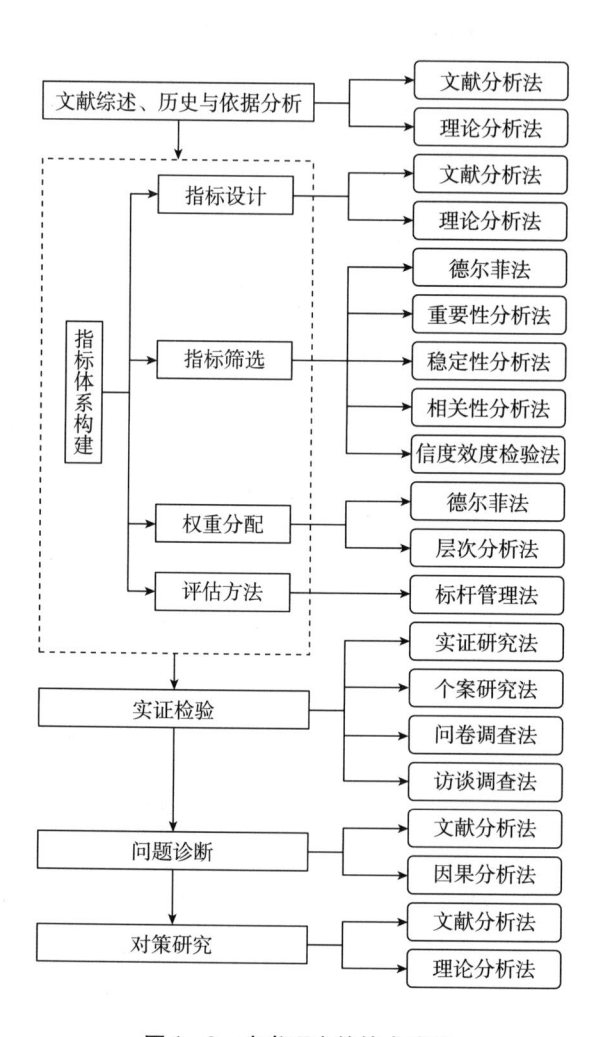

图1-2 本书研究的技术路线

第六节 本书的创新与不足之处

本书在借鉴参考现有学术成果的基础上，力求有新的发现和突破，但受到主观和客观因素的限制，本书的研究还存在很多不足的地方。

（一）本书的创新之处

1. 本书研究视角创新

本书从贫困治理理论和人力资本理论出发，落脚于教育扶贫政策绩效评估体系的构建，基于当代前沿贫困地区"软治理"理论，即情感型与文化型治理理论，以及人力资本理论，从触发西部贫困地区治理和发展问题的核心和本质出发，在量化分析事实数据的基础上，深入研究如何通过教育扶贫政策绩效的手段，有效推行贫困地区各项教育扶贫政策，将贫困治理由"稳定取向"向"发展取向"转换，扶贫政策由"输血型"向"造血型"转换，实现我国西部贫困地区真正脱贫致富，实现可持续发展。

2. 本书研究方法创新

本书综合运用了质化和量化结合的研究方法进行政策绩效评估体系的构建，在进行西部贫困地区教育扶贫政策绩效评估体系的构建时，运用了德尔菲法、文献分析法和理论分析法等质化研究方法进行指标的初步设计，运用了隶属度分析法、相关性分析法和信度效度检验法、层次分析法和标杆管理法等量化研究方法进行指标的筛选、指标权重的分配和指标体系评估方法的确定，有效增强了教育扶贫政策绩效评估指标体系的系统性、全面性和科学性。

3. 研究对象创新

基于本书研究国内外文献综述和广泛的调查研究可知，目前国内外学者对我国贫困治理问题和教育扶贫问题的研究，多局限于对单独的行政区域所展开的个案研究，鲜有针对多个典型个案进行比较研究和综合分析、挖掘其内部存在的一般规律、使其具有普遍推广意义的研究。本书选取了我国西部贫困地区 7 个个案作为样本展开指标体系的运行检验及实证调查研究，寻找各贫困地区教育扶贫政策实践存在的共性问题和特性问题，增强了教育扶贫政策绩效评估指标体系的可操作性，使研究结果在西部贫困地区具有普遍推广意义。

（二）本书的不足之处

虽然本书在构建西部贫困地区教育扶贫政策绩效评估指标体系方面实现了一些具有创新性的研究目标，但是由于教育贫困治理的复杂性和问题的多样性，导致本书还存在很多的不足之处。

1. 本书研究样本的广泛性不足

本书虽然选取了西部地区 7 个贫困县/区作为研究样本，进行教育扶贫政策绩效评估指标体系的验证，但是由于时间、人力等因素的限制，所有研究样本都位于云南省，尚缺乏对西部其他省/区开展深入研究，无从发现其他地区内部存在的特性问题，也无法实现西部各省/区的横向对比，导致对政策绩效评估指标体系的验证、西部贫困地区教育贫困治理存在问题的诊断和发展思路框架的构建存在一定的局限性。

2. 研究数据的全面性和可靠性不足

一方面，本书在运用文献分析法时，存在政策文本收集不全面的问题，由于我国从"十三五"时期开始大力推行政务公开，此前的教育政策和教育扶贫政策完整文本的搜集对笔者来说具有一定困难，导致本书对西部贫困地区教育贫困治理的历史和现状梳理存在缺漏，全面性不足；另一方面，笔者选择了 7 个样本县/区作为评估对象，虽然一一开展了深度调研，但评估中发现各地区各部门都存在数据不全面或不统一等问题，为此笔者多次进行沟通以获得准确的指标数据值，但仍然存在数据值不够可靠和真实的隐患和风险，对评估结果的准确性造成了一定程度的影响。

3. 评估指标体系的动态性不足

本书构建的教育扶贫政策绩效评估指标体系存在动态性不足的缺陷，由于贫困地区经济社会处于不断发展和变化的过程中，国家和地区的治理理念和治理能力、扶贫战略的实施阶段、政府制定和执行的政策、公共部门内部管理体系和技术、市场格局、公众需求等各方各面都呈现出动态性发展的特点，其变化也会对政策评估指标体系的标准和重心产生重大影响，目前构建的指标体系与当前的发展状况相一致，具有一定的时效性，但随着贫困地区教育扶贫的不断深入，教育扶贫政策评估指标体系不可避免地需要不断加以修正和调整，这也是后续研究需特别重视的问题。

第二章

西部贫困地区教育扶贫政策的历史沿革

贫困是人类历史上长期面临的重大挑战,全世界的国家都为贫困治理付出了无数探索和努力。梳理我国的贫困治理历程、教育发展历程以及教育政策和扶贫政策的演变历史可以发现,我国自中华人民共和国成立以来,教育扶贫政策受到环境变迁、观念意识变化、国家治理能力提升等的深刻影响,经历了制度改革、体系健全、政策完善、效能提升等各方面的变化,历史永远是最好的教科书和行动指南,勾勒中华人民共和国成立以来西部地区贫困治理历程、西部贫困地区教育扶贫政策的发展演化以及区域性的教育扶贫政策发展演变,对于当前和未来西部贫困地区教育系统的发展和教育扶贫政策体系的优化具有极其重要的指导意义。

第一节 西部地区贫困治理历程

自中华人民共和国成立以来,我国因基础设施和科技程度落后,加之长时期的战乱以及政治动荡,西部地区一直呈现大规模的贫困现象,经济恢复和重建相当困难,面临巨大挑战,从国家到地方都存在投入不足、生产机械化程度偏低等问题。在当时的社会环境下,党和政府高度重视扶贫开发工作,采取了一系列的所有制改造措施,推翻土地私有制,开展土地改革,将农民纳入人民公社体系。为改善贫困人口的生存和发展问题,国家以"依赖于集体、依赖于群众,通过生产来自给自足，同时国家提供必要的福利救助"为原则，逐步构建了较为完善的社会救助体系。[①] 长期以来，国家大力推行贫困治理方略，在不同的时期提出了不同的扶贫目标和任务，笔者经过梳理归纳，主要经历了四个阶段，分别为大规模缓解贫困的制度性改革阶段、政府主导区域性扶贫开发阶段、政府主导型全面扶贫攻坚阶段以及全面建设小康社会新时期的瞄准扶贫开发阶段。纵观我国扶贫历程，各个阶段并无割裂，而是有所传承，相互交织，相互影响的。

一 制度性改革阶段

1979年，国家发布了《中共中央关于加强农业发展若干问题的决定》，标志着中国农村经济改革与发展步入了一个崭新的历史阶段，这一阶段的主要特征是通过制度改革推动经济增长，从而缓解大规模贫困。1978年年底，根据中央政府确定的国家贫困标准，全国农村贫困人口达2.5亿人以上，占农村总人口的30%左右[②]。具体来看，导致农村贫穷的因素中，"三级所有、队为基础"的人民公社制度是制约农村生产力发展和农业发展的主要因素。因此，当时中国农村贫困治理的主要任务就是通过制度改革来解放生产力，刺激经济增长。农村体制改革的主要做法包括：一是由家庭联产承包责任制取代人民公社集体经营制，将土地的经营权归还农民，同时农民也可以享有农产品的自主处理权，从而调动了农民生产的积极性；二是农产品交易方式实行市场化，同时政府大幅提高了农产品的收购价格，有效改善了农业市场的交易条件；三是农村乡镇企业步步崛起，打破了农村单一的农业投资和就业格局，推进了农村经济结构优化，促进富余农业劳动力向非农业产业转移，从而推动了我国的农业化进程。一系列的制度改革，使农产品产量增加，而政策对农产品收购架构的倾斜帮扶，又进一步促进了农村经济发展，农民收入也随之提高，贫困发生率全面减少。

二 区域性扶贫开发阶段

20世纪80年代中期，我国农村体制改革推动经济发展的边际效

[①] 卢云辉：《社会治理创新视域下的农村扶贫开发研究》，博士学位论文，武汉大学，2016年。

[②] 王洪涛：《中国西部地区农村反贫困问题研究》，博士学位论文，中央民族大学，2013年。

应逐渐消失，国家改革重点也从农村逐渐转为城市，从农业转为工商业，在这样的社会环境下，虽然贫困人口数量在大量减少，但贫困人口数绝对量依然庞大，贫困人口主要集中在经济发展相对落后的中西部山区、少数民族地区等边远地区。可以说，西部大规模的区域性扶贫是中国政府的扶贫政策实施的开端。1982年，国家将全国连片贫困最严重的甘肃定西、河西和宁夏回族自治区西海列入"三西"专项建设国家计划，提出"3年停止破坏，5年解决温饱，2年巩固提高"的总体目标，以"项目为中心，政府主导，扶贫要素投入力度大，在贫困地区集中力量建设大中型农田水利设施等项目，发展支柱产业，解决制约贫困地区经济发展的瓶颈问题，为当地农民脱贫致富奠定基础"为主要内容，计划为期10年，每年给予2亿元专项经费支持；1985年年初，国务院发布了《关于贫困地区尽快改变面貌的通知》，国家扶贫力度逐渐加大，由"输血式"扶贫转向"开发式"扶贫，政府实行了一系列加大经费支持、减免税费、自由买卖等优惠政策支持贫困地区发展。1986年，国务院贫困地区经济开发领导小组成立，《国民经济和社会发展第七个五年计划》开始实施，国家确立了开发式扶贫的方针和措施，进一步减轻西部贫困地区的税收负担，组织发达地区和城市对西部贫困地区实行对口支援，并制定贫困县标准，即1985年人均纯收入低于150元的县和年人均纯收入低于200元的少数民族自治县，并对民主革命时期做出重大贡献、在海内外有较大影响的老区县给予倾斜照顾，将人均纯收入放宽到300元。1986年以后，该扶贫模式在西北、西南乃至全国范围内全面推行，同时借助农村经济体制改革，市场化建立，扶贫效果显著，农村贫困地区经济状况得到了一定程度的改善。1989年，国务院颁布了《关于少数民族地区扶贫开发工作有关政策问题》的规定，促进少数民族地区农、林、牧、矿等产品销售，帮扶少数民族地区优势产业开发，从国家至省、自治区鼓励在贫困地区兴办大中型企业。1992年，国务院决定将计划延长10年，并将政策对象范围扩大至甘肃南部10个县；通过一系列倾斜照顾政策，截至1993年年底，全国农村未解决温饱的贫困人口数量从1.25亿人减少到8000万人，贫困发生率从

14.8%下降至8.7%。①

三 全面扶贫攻坚阶段

随着农村改革的深入和反贫困工作的持续开展，我国绝对贫困人口的数量不断下降，同时贫困特征也在逐渐变化，贫困人口向自然条件恶劣的西部和中部地区集中，呈现地缘性特征，贫困地区普遍存在生产生活条件极其恶劣，交通不便利，生态失调，经济发展缓慢，教育水平落后，人畜饮水困难等共同特征。1994年，国务院开始实行"国家八七扶贫攻坚计划（1994—2000年）"，整体目标是力争用七年时间，集中社会各界力量，解决剩余的8000万绝对贫困人口的温饱问题。在计划中，国家重新制定了贫困县标准：以县为单位，凡是1992年年人均收入低于400元的全部纳入国家贫困县扶贫范围，凡是1992年年人均收入高于700元的原定国家扶贫县，一律退出国家扶贫范围。

同时，由于集中连片贫困县主要集中于西部地区，国家有关部门协同合作，在西部地区广泛开展了"温饱工程"，采取资金支持，给予良种、地膜、化肥等综合帮扶，重点在云南、广西、贵州、宁夏、甘肃等17省的贫困地区推广杂交玉米和地膜覆盖增产技术，选派副县长、副乡长到贫困地区挂职，给予技术培训支持，组织西部地区与东部发达省份实行干部交流，学习先进地区经验，明确"对口帮扶"的省、区、市，要求沿海地区以多种形式帮扶西部地区贫困省、区、市。

2000年，"国家八七扶贫攻坚计划（1994—2000年）"完成，2001年，国家开始实施《中国农村扶贫开发纲要（2001—2010）》，继续坚持开发式扶贫，并出台惠农减贫政策，形成了多部门参与、多政策实施的大扶贫格局，加大对西部贫困地区的扶贫力度，扩大扶贫范围，增加资金支持，加大社会帮扶力度，部署国家机关定点扶贫任务，制定扶贫开发规划，截至2010年，全国共14.9个扶贫工作重点村实施了脱贫致富规划。同时，国家大力推行科技扶贫，国务院扶贫办与财政部联合设立了科技扶贫专项基金，完善科技扶贫运作机制，加快科技成果推广运用。此外，国家进一步借助东西部协作扶贫的方式，通过财政援

---

① 国家统计局农村社会经济调查司：《2005年中国农村贫困检测报告》，中国统计出版社2006年版。

助、社会捐款等渠道,提高西部地区扶贫资金支持,加强西部地区干部培训。

四 全面建成小康社会阶段

2011年,国家发布《国民经济和社会发展第十二个五年规划纲要》并开始实施第二个《中国农村扶贫开发纲要(2011—2020)》,明确指出加大扶贫投入,逐步提高扶贫标准,推进扶贫开发攻坚工程,实施互助、对口支援、以工代赈以及异地搬迁等政策。自此,我国开发式扶贫方略由瞄准贫困县向瞄准贫困村转变,大范围推行"整村推进"项目,以"参与式村级扶贫开发规划"为工作理念和方法,使扶贫项目和资金等资源到村到户,更加贴近贫困人口。国家实施西部大开发战略,通过发展西部地区经济来推动扶贫工作,发挥综合效益,加快贫困地区脱贫致富。同时,从国家到地区推行了一系列惠农政策,包括农村税费改革、义务教育"两免一补"、新型农村合作医疗与贫困人口医疗救助等政策。这一阶段扶贫工作的另一显著特征是增加了促进西部贫困地区和贫困人口自身素质和技能提高的项目,主要表现为对教育扶贫的投入支持和对劳动力的技能培训等。在惠民减贫政策和开发式扶贫相辅相成的综合作用下,贫困人口的数量逐步下降,个体和家庭的收入都得到了一定程度的提高,贫困地区的基础设施建设进步飞快,最低生活保障制度得到了完善,贫困人口的生存生活问题得到了有效的解决,为促进我国经济发展和社会和谐发挥了重要作用。

目前,我国扶贫工作要满足"服务服从于全面建成小康社会"的需要,扶贫开发已经从以解决温饱为主要任务的阶段转入巩固温饱成果、加快脱贫致富、改善生态环境、提高发展能力、缩小发展差距的新阶段。因此,国家将坚持开发式扶贫方针,实行扶贫开发和农村最低生活保障制度有效衔接,把扶贫开发作为脱贫致富的主要途径,鼓励和帮助有劳动能力的扶贫对象通过自身努力摆脱贫困,把社会保障作为解决温饱问题的基本手段,逐步完善社会保障体系。到2020年,稳定实现扶贫对象不愁吃、不愁穿,保障其义务教育、基本医疗和住房。贫困地区农民人均纯收入增长幅度高于全国平均水平,基本公共服务主要领域指标接近全国平均水平,扭转发展差距扩大趋势,力争实现7000万绝对贫困人口脱贫,让贫困人口共享改革开放和经济社会发展的成果。①

第二节　西部贫困地区教育扶贫政策的发展演化

随着国家教育体系的不断健全、教育能力的不断提升,缩小东西部、发达与欠发达地区的教育体系发展水平逐步成为了国家和地区关注的重点,国家针对西部贫困地区教育发展的政策倾斜和帮扶与日俱增,越来越多的西部贫困地区人口可以享受到教育扶贫政策的福利。梳理西部贫困地区教育扶贫政策的发展演化,可以厘清西部贫困地区教育体系的发展现状和未来的发展思路,从而指导当前西部贫困地区教育扶贫政策评估指标体系的构建和运行。总的来说,西部贫困地区教育扶贫政策主要经历了萌芽、形成和发展三个阶段。

一　萌芽阶段

中华人民共和国成立以前,我国教育体系极不完善,既缺乏有效的体制保障,也没有统一的学制年限等政策要求。中华人民共和国成立初期,国家政治经济不稳定,国家将统一教学学制和教学秩序设定为教育体系建设的重要任务,国家开始重视兴办教育事业,相关教育政策纷纷萌芽。

1951年,政务院发布了《关于改革学制的决定》,标志着我国开始实行新学制,规定我国农村地区统一实行小学五年制教育,建立工农速成初等学校和业余学校、识字学校等,中等教育规定对学生开展全面知识普及,加快师范教育和技术职业化教育发展等。1952年3月18日,教育主管部门发布《小学暂行规程(草案)》,同年11月,教育主管部门发文要求全国小学从1952年秋季开始一律实行"五年一贯制",但由于中小学教材和师资等严重匮乏,政务院于1953年提出,全国范围内停止推行"五年一贯制",恢复实行"小学四二制"②。1958年,国务院发布了《关于教育工作的指示》,要求所有学校必须把生产劳动列为正式课程,学生需按照规定参加一定时间的劳动,按照国家要求,各

---

① 中共中央国务院:《中国农村扶贫开发纲要(2011—2020年)》。
② 尤让:《我国西部地区农村教育政策分析》,硕士学位论文,山西大学,2011年。

地区的学校都积极筹办工厂、农场、基地等，向学校提供生产原料和产品，输送技术指导人员，负责技术培训和管理，同时，工厂和农业合作社也积极兴办学校，大部分地区都将此列为了生产计划和商业计划。一时间掀起了全国的办学高潮，但此阶段的办学理念过分强调教育服务生产劳动，从而忽视了文化知识的教育和传授。之后，20世纪60年代，国家先后颁布了《高等学校暂行工作条例》《中学暂行工作条例》《小学工作暂行条例》等一系列政策法规，促使我国教育事业开始走上了健康良性发展和稳步提高的轨道。1978年，国务院转发教育部《关于加强中小学教师队伍管理工作的意见》，教育部发布《全日制中学暂行工作条例（试行草案）》《全日制小学暂行工作条例（试行草案）》，1978年9月，教育部印发了《关于加强和发展师范教育的意见》和《关于中等教育结构改革的报告》，着力补充农村教师资源，国家开始重新整顿中小学的教育秩序，我国西部地区教育秩序也逐步恢复正常，教学网络布局得到适当优化，教育观念开始慢慢转变。

这一阶段我国的教育扶贫政策成效初显，在财政投入方面，国家投入力度较小，东西部地区投入差距较大，农村地区大部分依靠农村集资和农民资金摊派等方式进行教育资助；在发展侧重点方面，国家政策向师范教育倾斜，注重教师资源的数量扩大和质量提高，着力于满足城市和农村地区对教师资源的需求，充分考虑了未来教育的发展规划。

二 形成阶段

改革开放以后，随着经济社会的飞速发展，我国西部贫困地区的教育也得到了空前的发展，教育扶贫政策逐步得到完善，教育扶贫的政策体系逐渐形成。1980年，学前教育（3—5岁）毛入学率为17%，小学净入学率为93.9%，中等教育毛入学率为46%，高等教育毛入学率为1.2%，与之前的入学率相比有明显提高，教育政策初见成效[①]。同时，针对教师资源极度匮乏的状况，国家先后颁布了《关于扫除文盲的指示》和《关于普及小学教育若干问题的决定》，加强了对农村教育的关注力度和发展扶持。基于贫困地区办学条件滞后，教育投资严重缺乏，教师待遇普遍偏低等问题，贫困地区的教育发展依然面临着严重的阻

---

① 尤让：《我国西部地区农村教育政策分析》，硕士学位论文，山西大学，2011年。

碍。1981年10月，教育部发布了《关于调整中小学教职工工资中若干具体政策问题的处理意见》，1983年，教育部颁布了《关于普及初等教育基本要求的暂行规定》，对基础教育的各项指标予以了明确；1984年，国务院发布了《关于筹措农村学校办学经费的通知》，加大力度提高教师待遇，吸引人才到农村贫困地区任教。1985年，国家颁布了《中共中央关于教育体制改革的决定》（以下简称《决定》），力图解决政府部门对学校管理僵化，使学校教育扼制了学生的创造力和活力的问题，《决定》以"简政放权、分级管理"为原则，将发展基础教育的责任分摊到地方，并逐步推行九年制义务教育。1986年，《中华人民共和国义务教育法》（以下简称《义务教育法》）颁布，我国正式从法律上保障了适龄儿童和少年接受义务教育的权利。1989年，国家教委批准各地区实施因地制宜的教育方针，根据当地教育发展状况和特色编写教材。

20世纪90年代后，我国西部贫困地区教育事业随着经济社会的发展，质量和发展速度都得到了明显提升。1992年，国家颁布了《九年义务教育全日制小学、初级中学课程计划（试行）》，统一要求由各地政府负责编写中小学的课程计划与教学大纲，统一课程，教材实行"一纲多本"方案，意味着我国教育事业开始转向内涵式发展。1993年2月，国家颁布的《中国教育改革和发展纲要》提出："基础教育是提高民族素质的基础工程，必须大力加强，中小学教育要由'应试教育'转向全面提高国民素质的轨道，全面提高学生的思想道德、文化科学、劳动技能和身体心理素质，促进学生生动活泼地发展，办出各自的特色。"1994年3月，国家颁布的《国家"八七"扶贫攻坚计划》，对当时全国农村8000万贫困人口的温饱问题，力争用7年左右的时间（从1994年到2000年）基本解决。① 以该计划的公布实施为标志，我国的扶贫开发进入攻坚阶段。其中，大力发展教育、缩小东西部间教育发展的差距，是西部大开发教育战略的重要任务。1995年以后，国家部署实施了两期"国家贫困地区义务教育工程"，大力支持各贫困县改善办

---

① 牛宁宁：《共享发展理念视角下教育精准扶贫的路径研究》，《长沙民政职业技术学院学报》2018年第12期。

学条件,其中西部地区贫困县数量高达469个,占国家扶持贫困县总数的90%。[①] 1996年,国家出台的《中共中央、国务院关于尽快解决农村贫困人口温饱问题的决定》中提出,"要把扶贫开发转移到依靠科技进步、提高农民素质的轨道上来",1999年6月,第三次全国教育工作会议提出:"各级政府都要确保农村教育的投入,并不断加大投入力度。国务院要继续对贫困地区发展农村义务教育给予必要的资助。"国家越来越重视教育在扶贫工作中的重要地位和作用。

进入新世纪,我国开始实施西部大开发战略,这项决策是我国的一项重大系统工程,对于加快西部农村地区发展,具有重大意义,战略涉及政治、经济、文化、民生等诸多方面,教育也是其中极为重要的核心内容,国家和地区政府部门已经充分认识到西部地区教育落后于东部地区的现实状况,也意识到优先加快发展西部贫困地区教育事业发展的重要性。2000年,教育部下拨专项资金用于支持我国西部尤其是偏远山区启动现代远程教育工程。2001年以来,国家实施了"中小学危房改造工程"和"农村中小学危房改造工程",中央在资金方面重点向西部地区给予较大的倾斜力度。2001年5月,国家发布《关于基础教育改革与发展的决定》,指出要进一步完善农村义务教育体制,实行在国务院领导下,由地方政府负责、分级管理、以县为主的管理体制。同年,国家开始对农村义务教育阶段贫困家庭学生就学实施了"两免一补"政策,对农村义务教育阶段贫困家庭学生"免杂费、免书本费、逐步补助寄宿生生活费",其中,中央财政负责提供免费教科书,地方财政负责免杂费和补助寄宿生生活费。2002年,国务院发布《关于深化改革,加快发展民族教育的决定》,要求把中央财政扶持教育的重点区域放在少数民族地区、边远农牧地区、边境地区以及发展落后的民族聚居区。2003年,国务院颁布《进一步加强农村教育工作的决定》,明确了农村教育的重要地位,并对如何加强农村教育做出了较为系统全面的部署,同时开始实施农村中小学现代远程教育工程,着力缩小城乡教育质量差异,共享优质教育资源。2004年,国家颁布《国家西部地区"两

---

① 袁利平、丁雅施:《我国教育扶贫政策的演进逻辑及未来展望——基于历史制度主义的视角》,《湖南师范大学教育科学学报》2019年第1期。

基"攻坚计划（2004—2007年）》，同时实施《国家西部地区农村寄宿制学校建设工程实施方案》，中央和西部省级教育主管部门投入资金共计200亿元。2005年，教育部发布《进一步推进义务教育均衡发展的若干意见》，要求用5年时间，构建我国农村贫困地区义务教育的经费保障机制。2007年，中央财政划拨92亿元，用于免除学杂费，提高公用经费的保障水平。

我国西部贫困地区的教育事业发展到这个阶段，国家和地方都从政策方面给予了重视和支持，开始注重内涵培养，基础教育内容得到了夯实，地方负责编制的教材能够更加符合当地的文化水平和地方特色，但大部分的农村地区基础教育经费投入仍然不足，教育质量仍然低下，贫困地区人口仍然面临着教育负担过重的状况，在西部贫困地区表现尤为突出。同时，免费教育虽然在一定程度上得到了推行，但相比付费教育，仍存在巨大的教学质量和空间时间上的局限。

三　发展阶段

西部贫困地区教育扶贫政策的增速发展期可以2010年《国家中长期人才发展规划纲要（2010—2020年）》颁布为起点，其中，继续大力发展贫困地区教育成为十分突出的政策内容与政策要求，为新时期贫困地区教育发展提供了更有利的政策支持和保障，教育扶贫开始受到前所未有的重视，西部地区教育扶贫政策正式进入到发展阶段。2013年7月，国务院转发了《关于实施教育扶贫工程的意见》，将六盘山区、秦巴地区、武陵山区等14个集中连片特困地区作为一段时期内扶贫工作的主要地区，集中力量提升该地区的义务教育普及程度和办学质量，同时也通过职业教育、高等教育与继续教育等渠道来提高贫困人口的创业就业能力。2013年11月，习近平总书记提出了精准扶贫的概念，2015年4月，"大力发展贫困地区教育"的工作部署在中央全面深化改革领导小组第十一次会议上提出，至此，发展贫困地区教育成为了精准扶贫战略的重要举措之一。2015年11月，中央扶贫开发工作会议明确把"发展教育脱贫一批"列入"五个一批"脱贫计划中，提出"治贫先治愚，扶贫先扶智，国家教育经费要继续向贫困地区倾斜、向基础教育倾斜、向职业教育倾斜，帮助贫困地区改善办学条件，对农村贫困家庭幼儿特别是留守儿童给予特殊关爱"①。2016年12月，国家六部委联合印发了《教育脱贫攻坚"十三五"规划》，将"发展学前教育，巩固提高义务教育，普及高中阶段教育"作为新时期教育扶贫工作的要点，重点提出夯实教育脱贫根基的重要性，拓宽教育脱贫渠道，有效保障了贫困家庭适龄儿童入学的机会和权利，让劳动力能够通过职业教育或高等教育实现就业创业，帮助家庭摆脱贫困，以此实现教育发展服务于经济社会发展。

随着扶贫工作的不断深入，教育扶贫作为阻断贫困代际传递的重要途径，其重要性和战略地位日益凸显，在脱贫攻坚、全面小康的战略部署中发挥着越来越重要的作用。在这一时期，贫困地区的公用经费保障、学前教育发展、高中阶段教育多样化发展和特殊教育、少数民族地区双语教育、教师赴贫困地区支教等方面都取得了十分显著的成效。近十年来，中央和地方政府对教育在脱贫工作中的特殊地位和作用给予了更高的认可并相应制定了一系列教育发展规划和政策，加大了对西部地区教育发展的支持力度，通过实施乡村教育资助政策，开展农村中小学危房改造，支持县级职业教育中心、中专和技校等的建设，推进高校基础设施建设，开展优质普通高中及中小学现代远程教育试点示范工程，实施高校招生倾斜政策，完善就学就业资助服务体系，加大各级财政支持力度，实施教育结对帮扶，运用信息化手段，鼓励社会力量参与等方式，大大促进了西部贫困地区教育事业增速发展，提高了西部贫困地区的教育质量和水平，借助政策手段使教育对贫困的帮扶作用得以推广。

第三节　云南省教育扶贫政策的发展演变

云南是一个多民族、多山区的西部边疆省份，全省总面积39.4万平方公里。全省辖16个州（市）、129个县（市、区），有8个民族自治州，29个民族自治县，民族自治地方面积占全省面积的70%，有25个边境县。人口超过5000人的世居少数民族有25个，其中，白、哈

---

① 吴霓、王学男：《党的十八大以来教育扶贫政策的发展特征》，《教育研究》2017年第6期。

尼、傣、傈僳、佤、拉祜、纳西、景颇、布朗、普米、阿昌、基诺、怒、德昂、独龙15个民族为云南独有的少数民族，还有16个民族跨境而居。2005年全省人口4415万人，农业人口占76%，少数民族人口1500万人，占总人口的33.4%。由于历史和地理的原因，云南省地区与地区之间、民族与民族之间的发展极不平衡。贫困面大、贫困程度深等因素，仍然困扰着全省经济和社会的发展。云南的教育事业就是在这样的背景和基础上发展起来的①。总结起来，云南省教育事业发展主要分为以下几个阶段。

一 恢复整顿期

1980年以前，云南省的教育发展十分落后，尤其是边境地区、少数民族地区和高山地区，可以说是教育的盲区，几乎没有学校，适龄受教育者无法在居住地附近接受教育，对于年龄较小的儿童来说，到离家很远的地区上学也很不现实，加之大部分家庭十分贫困，政府缺乏经费对贫困人口提供教育资助，大部分家庭根本无力承担子女的教育成本。全省范围内，入学率普遍很低，在校生人数不足全省总人口数的4%，全省85%以上人口是文盲。改革开放以后，云南省教育事业跟随国家的脚步，制定和出台了一系列政策措施，才使云南省教育逐步发展起来。1976—1980年，云南教育界经过拨乱反正，贯彻落实中共中央关于"调整、改革、整顿、提高"的方针，在发展教育事业方面做了许多工作。省委省政府要求各地区将教育工作列为县、社、队干部岗位责任制的一项重要内容，要求教育经费必须随同全省财政收入的增长而增长。同时，努力调整教育结构，加强小学，整顿初中，控制压缩普通高中，积极发展职业技术教育。1977年全省初中有557所，而小学即初中班却有7544所，经过整顿，到1970年，初中增为1073所，只有少数小学仍保留初中班，还设立了44所寄宿制民族中小学，大中专招生中实行定向招生和降分录取，培养少数民族人才，推动民族地区的发展。与此同时，职业技术教育开始起步。1977年中等职业技术学校只有88所，1983年增加为226所。在此期间，云南省为加强师资队伍建设，增办了一批师范学校，各地积极开办教师进修学校，为教师提供进

---

① 云南省人民政府官网，http://www.yn.gov.cn/。

修的条件。

二 增速发展期

从1980年起，云南省教育事业在调整恢复的基础上开始了新的发展和改革。全省各级各类学校本着联系实际、量力而行的原则，开展了许多探索性的改革，主要有以下几个方面：一是调整改革教育结构。高等教育增加政法、财经和应用科学方面的学校和专业，改善过去高等院校重理轻文和轻视应用科学的状况，并加大中等职业技术教育在整个教育中的比重。二是实施以简政放权为内容的管理体制改革。从1984年开始，扩大云南大学、云南师范大学的办学权、人事权、经费使用权、毕业学生分配权，学校后勤工作开始实行企业化、半企业化管理。根据中央关于把基础教育交给地方负责的决定，普通中小学和职业技术学校实行分级管理。调整从省到县（区）、乡管理教育的职能，明确各自职责，充分发挥各级和各方面的办学积极性。三是改革大中专学校招生和分配制度，逐步扩大对边远地区和贫困地区的定向招生和定向分配，建立健全普通高中和中师优秀毕业生保荐升学，以及大中专院校招收走读自费生的制度。四是在职称评定的基础上，大专院校实行职务聘任制度，在中小学实行岗位责任制。五是在课程设置、教学内容和教学方法上，进行一些有突破、有创新的改革，主要是在普通中学中开始增设综合技术课或社会实践课，在部分小学课堂教学中试行"注音识字，提前读写"的教学方法。

经过多年的恢复和发展，到1999年，全省共有普通中学2033所（其中高完中503所），在校学生123.94万人（其中高中20593人）。普通中等专业学校123所（含中师），在校生73779人。农业、职业中学222所（其中高中26所），在校学生123.94万人。1977年恢复招生考试制度以来，培养本科毕业生5.7万人，成人高校毕业生4.77万人，中等技术学校毕业生6.35万人，中等师范学校毕业生6.65万人，农职业中学毕业生6.6万人，高中毕业生66.4万人，初中毕业生254万人，高小毕业生570.7万人。

"八五"时期，云南省认真贯彻落实全国教育工作会议精神和《中国教育改革和发展纲要》，颁布云南省《贯彻实施〈中国教育改革和发展纲要〉的意见》、《贯彻落实〈中共中央关于进一步加强和改进学校德育工作的若干意见〉的意见》等政策文件，加大教育改革的力度，增加教育投入，促进教育事业迅速发展。"两基"实施步伐加快。其间，小学适龄儿童入学率从1999年的94.64%提高到97.42%，小学升学率从60.53%提高到79.62%，初中升学率从44.66%提高到46.69%。初中后"3+2"职业技术培训班达到900个，培训3.6万人。各县还利用职业高中对未升学的高中毕业生进行职业技术培训，职业技术教育正在由中等向高等延伸。农村成人教育把学文化与发展实用技术培训结合起来，培训人数达到447万人（次），报考成人高校的人数持续增长，到1956年达到43364人。同时，高等教育坚持走内涵发展的道路，在提高教育质量和办学效益等方面做出了很多努力。

三 良性发展期

"九五"时期至"十三五"时期，云南省教育事业开始迈向良性健康的发展阶段。截至2000年，全省128个县（市、区）实现基本普及六年义务教育，完成了"两基"目标，小学学龄儿童入学率达99.02%，比1995年增加1.0个百分点；初中学龄人口入学率达72.1%，比1995年增加23.1个百分点。地方教育立法工作也加快推进，先后颁布了《云南省实施〈教师法〉的若干规定》、《云南省职业教育条例》、《贯彻扫除文盲工作实施办法》、《云南省中小学教师继续教育规定》、《贯彻〈中共中央国务院关于深化教育改革全面推进素质教育的决定〉的意见》、《云南省实施〈面向21世纪教育振兴行动计划〉的意见》、《关于加快社会力量办学若干问题的意见》等。1997年，省政府转发《云南省中小学素质教育实施意见》，要求全省中小学从9个方面实施素质教育。通过深化教学改革，改进和加强德育工作，改革招生制度和办学体制，减轻中小学生过重课业负担，加强体育卫生艺术、国防教育，在中小学逐步进行信息技术教育等途径，积极推进素质教育，取得了初步成效。在教育改革方面，基础教育分级办学、分级管理的体制进一步完善；农村智力开发、城市教育综合改革全面开展，促进了经济、科技、教育的结合。为优化学校布局，全省有步骤地进行调整，逐渐收缩了小学校点。同时，多渠道筹措教育经费，学校办学条件明显改善。学校管理体制、办学体制改革也取得较大进展，长期存在的条块分割、规模小效益低、重复建设的现象得到改善。随着改革的深入、社会的发展，全省教育事业存在的问题也随之凸显出来：教育发展不均衡，师资水平和教育管理水平较低，总体教育质量偏低，教育投资效益较低，教育总体水平滞后，与全国，甚至与西部相比，还有较大的差距。为此，省委省政府于2003年成立云南省教育改革与发展领导小组，对教育改革发展工作采取了一系列重大举措，实施"贫困地区义务教育工程"、"农村中小学危房改造工程"、"农村寄宿制学校建设工程"、"农村中小学现代远程教育工程"、"边境学校建设工程"、邵逸夫先生赠款等一系列重大工程项目。5年中，改造中小危房337.6万平方米，新建校舍71.7万平方米。各级各类学校办学条件明显改善，办学规模和效益显著提高，促进了义务教育的均衡发展，推动了义务教育的普及与巩固，学前教育、特殊教育得到进一步发展。2005年起开始实施《关于大力推进职业教育改革与发展的意见》，普通高中和中等职业教育发展不协调的状况得到改善。同时，普通高中也保持快速发展的势头，优质教育资源进一步扩大，5年中，全省新建普通高中25所，改扩建200多所。高等教育管理体制改革和布局结构调整也取得重大进展。教师队伍的素质明显提高，2.2万名中小学校长经过省、市、县三级校长培训，持证上岗。开展民族贫困地区中小学教师综合素质培训，22多万名中小学教师参加培训。针对民族贫困地区的扶贫支教工作有序地进行，多层次的教育对口支援工作持续深入开展。坚持高校新录用教师到山区学校支教，主城区学校每年选派优秀骨干教师到民族地区支教的政策，加大了对民族贫困地区招生、助学的扶持力度。在教育信息化建设方面，建成各类卫星教学收视点2286个，教学光盘播放点2237个，计算机教室295个，初步构建了云南省远程教育体系，也建立了以省、州、县、乡和学校电化教育部门为主的教育信息化支撑服务体系。其间，民办教育也得到快速发展，截至2005年，全省有各级各类民办学校1222所，在校学生达39.33万人，以政府办学为主体、社会各界共同参与、公办与民办学校共同发展的办学格局初步形成。"十一五"时期，云南省认真实施新颁布的《义务教育法》，义务教育进一步普及和提高，全省"普九"总县数达到112个，人口覆盖率达88%。全面开展对义务教育阶段学校的督导评估工作，全省乡（镇）中心完小以上的小学和初级中学多数完成第一轮评估工作。普通高中迅速发展，优质教育资源总量增加，教学质量明显提高。中等职业教育招生规模进一步扩大，办学水平不断提高。同时，云南省发挥区位优势实施高校"走出去"战略，加大与周边国家的教育交流与合作。直至2010年，全省已实现农村地区义务教育学杂费全免，同时，各地区根据发展程度，逐步提高对贫困家庭寄宿生的生活补助，全面贯彻落实"两免一补"政策。①

在近四十年的发展历程中，云南省坚持贯彻落实中央和国家的政策，各级各类教育的投入不断增长，大大推动了全省教育事业的发展，提高了教育质量和水平，使教育扶贫政策在地区发展中起到了至关重要的作用。

---

① 云南省教育厅官网，https：//www.ynjy.cn/web。

第三章

完善西部贫困地区
教育扶贫政策的依据

西部贫困地区教育扶贫政策绩效评估指标体系的构建是一项极其复杂的系统性工程，需要对西部贫困地区教育扶贫政策的历史发展演化、当前发展现状、未来发展导向进行全面的分析，在对我国贫困治理历程、西部贫困地区教育扶贫政策发展演化和云南省教育扶贫政策发展演变进行了详细梳理的基础上，还需对完善西部贫困地区教育扶贫政策的依据进行理性思考与深入分析。本书认为，要构建西部贫困地区教育扶贫政策绩效评估指标体系、通过实证研究实际运行指标体系、寻找政策体系中存在的问题和制约因素、提出完善西部贫困地区教育扶贫政策的对策建议之前，必须首先明确完善西部贫困地区教育扶贫政策的依据，其中包括战略规划分析、价值导向分析和政治系统分析。

第一节 西部贫困地区教育扶贫
政策的战略规划分析

教育现代化是国家现代化的重要组成部分，教育扶贫作为教育发展的重点内容，也亟须得到高质量、可持续发展，实现西部贫困地区的教育现代化跨越发展，是增强贫困地区人口的内生发展动力，带动提升贫困地区经济社会发展水平，积极服务社会经济发展，融入"一带一路"和"乡村振兴"国家战略的迫切需要。

国家于2013年最早提出"一带一路"的战略构想，2015年正式发布《推动共建丝绸之路经济带和21世纪海上丝绸之路的愿景与行动》，至此"一带一路"战略正式形成并进入全面实施阶段，将中国的发展模式转变为深度融入并引领全球化的新阶段。"一带一路"的发展战略构建了一个开放包容的经济合作体，而人才培养作为"一带一路"战略的核心元素，对于提升战略实施水平，促进我国同沿线国家深层次的交流合作起到了极其重要的支撑作用。西部贫困地区在"一带一路"建设中具有重要的区位优势，只有实现这些地区的教育现代化发展、加快教育对外开放、共享全球优质教育资源，才能充分发挥其区位优势，全面提升我国教育国际化水平，更好地服务和融入国家战略。

党的十九大报告明确提出实施"乡村振兴战略"，实现到21世纪中叶乡村全面振兴，农业强、农村美、农民富的目标任务。乡村振兴战略涉及农业生产能力提升、农民增收渠道拓宽、城乡居民生活水平差距缩小、贫困人口实现脱贫、农村人居环境改善、城乡融合发展等多项具体目标的实现，归根结底都是以"人"为中心的发展。因此，当前的教育扶贫战略是实施乡村振兴战略的阶段性关键举措，教育扶贫关注贫困人口自身"造血"能力的培养，对于培育乡村贫困人口文化素质、知识技能和正确的脱贫观念极其重要，是为乡村振兴战略提供人力资源存量和知识存量的重要阶段。

具体来说，西部贫困地区教育扶贫政策在国家战略规划中有三个方面的功能体系，即"人才蓄水池""知识内存云"和"制度储备库"。

一 教育扶贫是国家现代化发展的"人才蓄水池"

2015年，国家正式开始实施"脱贫攻坚"战略，要求到2020年现行标准下农村贫困人口实现脱贫，解决区域性整体贫困，所有贫困地区和贫困人口迈入全面小康社会。国家发展战略不断深入，以人才需求为导向的特性越来越明显，对各地区各级教育都提出了新的要求，西部贫困地区作为国家现代化发展的难点也是重点，同样亟须创新教育培养路径，培育人才，服务于国家战略建设。我国多年的扶贫经验表明，贫困地区之所以贫困，不仅在于环境封闭和交通、信息不畅通，更在于人们思想观念落后、知识水平较低、科技意识不强。人才建设与国家战略发展之间是相互促进、互为补充、联动发展的关系，而教育扶贫是缓解贫困地区人才缺失严重的治本之策，也是解决城乡发展不平衡这对矛盾的关键之举，其核心价值在于通过改变贫困地区人口落后的思维意识，摆脱根植于心的"等靠要"的落后思想，唤醒其自身摆脱贫困的觉悟和热情，并提升贫困人口的文化素养、知识水平和职业技能，提升贫困人口的知识含量，促进贫困地区人力资本增值，激发贫困地区发展的内生动力，缩小城乡差距，推动城乡融合发展。现阶段以及今后一段时期内，西部贫困地区教育发展都要坚持对外开放的发展思路，缩小与经济发达地区的差距，积极促进服务国家发展战略的人才培养，探索人才培养的新机制和新方法，提升贫困人口的基本知识技能和综合素质，促进其人力资本、心理资本、发展资本、竞争资本的提升。因此，教育扶贫战略与国家发展战略最明显的衔接即是作为"人才蓄水池"，为国家发展战略提供高质量高素质的人才储备。

二　教育扶贫是国家现代化发展的"知识内存云"

人才培养是西部贫困地区教育扶贫政策的显性功能，知识内存的增量是西部贫困地区教育扶贫政策的隐性成效，教育扶贫过程中所积累的优质教育资源及培养的人才资源，都会促进贫困地区知识和经验内存的增量和增质，以云储存的方式保留在西部贫困地区，成为西部贫困地区下一步发展的隐藏资源和能力。一方面，教育扶贫政策的实施，破解了西部贫困地区人才紧缺的制约因素，积极促进了西部贫困地区教育能力的提升，如实现了优质师资及其附带的知识和经验的积累和储备，教学模式和教学方法等提升教育质量的能力蓄积，为当地的教育发展提供了更为长效的资源基础，有利于西部贫困地区在发展中内生出知识的外溢效应和传播效应，促进西部贫困地区知识、技能和经验的扩散。另一方面，教育扶贫不但能够扩大西部贫困地区优质人力资源的储备，也能提高西部贫困地区经济社会发展知识水平和技术水平，提高当地产业发展质量，创新经济发展思维模式，进而促进西部贫困地区对外开放水平的不断提升。通过教育扶贫战略的规划和政策的实施，培养出一批专业强、技术硬的复合型人才，实现了西部贫困人口的个人发展，同时也为西部贫困地区的长期发展奠定了坚实的知识和技术基础。同时，从西部贫困地区"走出去"的人才，会在一定时期内对家乡予以回报，将知识、技术和能力等带回西部贫困地区，提升西部贫困地区的知识技能水平和自我发展能力，形成技术优势和竞争优势，在国家发展战略的背景下掌握更多的主动权，更好地融入和参与国家战略建设。乡村振兴战略中强调"人"的现代化，即是农村劳动力的现代化，教育扶贫政策中对农村劳动力知识和技能的提升也是为国家实现乡村现代化发展蓄力，提升农村劳动力发展技能、农民就业质量，实现农民增收，建设新型职业农民队伍，增强农民适应生产力发展和市场竞争力，提升贫困人口发展生产和务工经商的基本技能等一系列政策功能和成效的体现，都是推动农村现代化建设的必由之路。因此，教育扶贫实质上也在为国家的战略发展提供知识内存。

三　教育扶贫是国家现代化发展的"制度储备库"

制度是指建立在一定社会生产力发展水平基础上，反映该社会的价值判断和价值取向，由行为主体（国家或国家机关）所建立的调整交往活动主体之间以及社会关系的具有正式形式和强制性的规范体系。政策是指国家政权机关、政党组织和其他社会政治集团为了实现自己所代表的阶级、阶层的利益与意志，以权威形式标准化地规定在一定的历史时期内，应该达到的奋斗目标、遵循的行动原则、完成的明确任务、实行的工作方式、采取的一般步骤和具体措施。政策的实质是制度的实践化反映，相对于制度的长期性和稳定性来说，政策具有阶段性和灵活性的特征，是制度的实验和过渡。

《中共中央国务院关于实施乡村振兴战略的意见》指出，要强化乡村振兴的人才支撑，优先发展农村的教育事业。在国家发展战略不断深入的背景下，教育扶贫进程也不断推进，国家对于贫困地区教育发展的关注度越来越高，越来越深刻地认识到贫困地区整体较低的知识水平限制了其自身的发展，人口素质的高度成为了我国贫困地区经济发展成功的关键，因此，国家在政策上也相应地予以了越来越多的支持，相继发布文件、政策来明确教育扶贫的任务，清除贫困地区教育发展的障碍。一系列的教育扶贫开发政策实现了部分教育扶贫制度的设计与实践，在教育扶贫能力、教育扶贫资源供给、教育扶贫基础设施建设、学校管理体系建设等方面都奠定了坚实的制度基础，为实现国家现代化治理体系建设提供了制度储备。

具体来说，当前西部贫困地区教育扶贫优化了贫困地区教育管理组织结构，提升了教育治理现代化的程度，实现了贫困地区基本公共服务体系和城乡教育一体化发展体系的初步搭建。通过教育扶贫政策的实施，也促进了公共资源向贫困地区优先配置，为教育扶贫经费投入、优质教育资源共享、优秀师资配给、学校治理体系完善、学校管理水平提升等都起到了积极的推动作用，对西部贫困地区各级教育的人才培养的制度设计和完善奠定了良好的基础。同时，也为西部贫困地区教育扶贫技术和服务能力的提升起到了积极的作用，推动了西部贫困地区教育发展的人才筹建和教育扶贫管理及监督平台的建设，扶贫管理和监督的信息化水平得到了提高，初步实现了运用信息化手段实现精准识别扶贫对象，鉴别贫困家庭成员是否有接受教育的能力、意愿和受教育程度。

因此，教育扶贫政策的制定和实施可以说是国家发展战略的"实验田"，为国家实现治理现代化提供了一定的制度储备。

第二节 西部贫困地区教育扶贫政策的价值导向分析

教育扶贫政策的价值导向应该是教育扶贫政策主体与客体价值追求的兼顾与统一，其实质是政策主体在对政策客体的价值做出分析与判断的基础上，对政策客体的部分价值进行选择、趋向与实现。[①] 杜威在《民主主义与教育》中把教育民主问题归结为两个层面的问题：一是一个社会必须给全体成员以平等和宽厚的条件求得知识的机会，人人享有受教育权，以维持和推广共同利益；二是教育成员发展个人的首创精神和适应能力，发展人的个性能力。因此，教育民主是社会中大多数教育权利和教育利益的保障和维护，从而促进个体的发展与社会公共利益的实现。[②] 教育扶贫政策是对贫困地区公共教育资源的分配，其价值分析需明确政策各方利益相关群体的价值需求与冲突，并加以调和，尽量寻找到平衡点，使教育利益实现最优化分配。在面对相互冲突的教育扶贫利益需求时，拥有公共权威的教育扶贫政策决策和执行主体应当充分平

---

① 廖其发：《多元一体：中国农村教育的价值取向》，《中国农业大学学报》（社会科学版）2015年第32期。
② 约翰·杜威：《民主主义与教育》，王承绪译，人民教育出版社1990年版。

衡和协调各方的价值倡导，以达到价值相融的目标。教育扶贫政策的利益是共同利益而非公共利益，共同利益是在公共利益的基础上逐渐形成和发展起来的一种普遍利益。教育扶贫利益既代表着个别利益和特殊利益，又代表着群体利益和社会整体利益，因而是一种共同利益。① 因此，西部贫困地区教育扶贫政策的价值定位需结合教育扶贫政策主体与客体多方的价值追求，使其在充分沟通的基础上达成共识。

一 整体性价值

西部贫困地区教育扶贫的整体性价值功能实现是与教育扶贫活动相关的主体根据自己的发展诉求，结合现实环境和社会发展趋势，通过与教育客体的利益博弈而形成基本统一的教育扶贫活动，因而教育扶贫政策整体价值的确立要建立在教育的公共价值追求之上，将其设定为统领西部贫困地区教育扶贫的根本性价值取向。

一方面，西部贫困地区教育扶贫政策的整体性价值是全面提高西部贫困地区人口素质，培育受教育者解决实际问题的能力。研究显示，西部贫困地区大部分教育扶贫工作者和教师都认同农村教育的第一位目的或第一位价值取向在于全面提高当地受教育者的整体素质或全面提高农村受教育者德、智、体、美、劳等方面的素质。② 这是教育扶贫政策的本质价值功能。在这个功能实现的过程中，政府作为教育扶贫政策执行的第一主体，是具有"公共人格"的组织，是"社会性"组织而非"自利性"组织，它的职责不是为自己谋利而是为公众服务，它具有维护社会整体利益的功能。教育扶贫的发展属于教育事业发展的一部分，应该遵循教育事业发展的普遍规律，追求教育的一般价值取向。具体来说，就是要让西部贫困地区的受教育者受到较全面、适度、充分的教育培训，提升整体智慧素养，实现西部贫困地区受教育对象广博知识的获取、综合技能的提升、全面能力的养成，同时以提高农村劳动力的生产能力和精神文明水平为主要任务，使西部贫困人口适应未来的发展需求，在参与社会活动和发展中持有更多的主动权和话语权，成为更有能

---

① 祁型雨：《教育政策价值取向的几个基本理论问题探讨》，《沈阳师范大学学报》（社会科学版）2006年第3期。

② 廖其发：《多元一体：中国农村教育的价值取向》，《中国农业大学学报》（社会科学版）2015年第32期。

力的参与者。

另一方面,西部贫困地区教育扶贫政策的整体性价值是充分满足贫困地区经济社会发展对于受教育者的合理需求,满足国家和地区政治、经济、文化、社会、人文等方面的建设对于受教育者的适度要求。通过教育扶贫,西部贫困地区可以向国家和地区输送特定类型的人才,满足经济社会发展需求。国家发展与教育发展应该是高度统一的,国家发展为教育发展提供了更优质的条件和资源,教育发展为国家发展输送更高素质的公民和能力更强的人才,两者相辅相成、相得益彰。教育扶贫作为国家教育发展的一个重要组成部分,可以培育更多掌握优质知识与先进技能的社会成员参与国家战略建设和发展,同时,人口受教育程度也会反作用于地区发展,当人口素质达到一定水平时,社会契约精神、竞争意识都会逐渐累积,社会发展成熟度提高,社会维系成本随之降低,社会治理尤其是教育扶贫效率将得到提高。

二 个体性价值

西部贫困地区教育发展被赋予了改善地区经济条件的使命和任务,有助于推动西部贫困地区教育发展,但也使西部贫困地区教育发展面临被物化的风险,教育现代化以培育人为宗旨,更应该遵循人的发展规律来引领教育的发展,才能推动其他社会活动的现代化进程。在传统发展模式中,我国教育政策常忽视教育作为社会发展原动力的作用,排斥人作为价值主体的地位。然而,如果政策试图寻求一种普遍的人文规范来统摄人的多样化的生命欲望,遮盖人的价值世界,就会出现理性与价值关系的严重失衡,导致偏颇的结论。[①] 教育扶贫政策的价值取向应实现客观自由(即普遍的实体性意志)与主观自由(即个人知识和追求特殊目的的意志)两者的统一。现代化教育理念应是人力资源、人才资源的培育与人的个性发展、自主潜能激发的结合,是教育功利性价值与非功利性价值的平衡。况且教育扶贫政策在其中具有不同于其他公共政策的特征。教育扶贫的价值是通过贫困地区的人的发展而得以体现的,因此政策价值功能的实现不仅仅取决于外部能量,还取决于受教育者的

---

① 劳凯声、刘复兴:《论教育政策的价值基础》,《北京师范大学学报》(人文社会科学版)2000年第6期。

个人选择、意愿、努力和能力，是机会与能力、资源与努力的兼容。虽然每个人都是存在于社会之中的，具有"社会人"的属性，必须按照社会的规范和要求来行动，个人的发展也必然受到社会资源和条件的制约和限制，但是任何一个个体也同时具有区别于其他个体的个性，个体之间存在差异性和独特性，因此，在社会发展的大环境中，完全忽视个人或过分强调个人都是极端的，社会发展与个人发展需要在彼此依赖的关系中寻找利益满足和价值实现的平衡点。社会是由具有不同需求的群体构成的，因此社会利益的实现最终也应表现为这些群体中的社会成员的利益实现。如果忽略个人作为独立的个体，违背其自身发展的规律和特点，无视其自身的发展需求，在教育扶贫中将个体因素排除在外，最终也无法实现教育扶贫政策的社会性功能和整体性价值。因此教育扶贫应该创造全面发展、丰富个性的教育环境，而不应该抹杀差别，贬抑个性。"以人为本"是现代教育发展的必然趋势，现代社会的发展呈现出整体性越来越强的特点，分散性和隔离性有所降低，在这个联系紧密的系统中，个体的地位和功能逐渐凸显，个体的利益表达诉求逐渐增强，个体参与社会治理的能力也逐渐提升，物质生活和精神生活都日益丰富，越来越重视个人价值的实现。人们不仅重视自己受教育权利的享有，更注重自身全面发展、丰富个性、探索新生活的教育，受教育对象需求的转变使教育活动呈现更加复杂的发展格局。在这样的情况下，西部贫困地区的教育扶贫政策更应该追求社会与个人、社会化与个性化、社会价值与个人价值的平衡。

西部贫困地区教育扶贫政策应全面考察各政策对象的诉求，根据不同群体的需求进行利益分配，协调社会关系，认识并发挥教育对于个体的潜在价值，最大限度地开发人的正面潜能，尽最大能力满足受教育个体和不同受教育群体的需求和要求。教育扶贫要起到帮助贫困人口实现自身发展和追求自我价值的积极作用，一方面是通过劳动者在接受教育培训的过程中所获取的知识技能而实现劳动生产率和个人竞争力的提升；另一方面是通过赋予受教育者更高学历来增加其职业生涯的质量。教育扶贫活动会使贫困地区人口素质不断提升，受教育对象不断得到完善，同时其自我发展的欲望、积极性和能力都会得以积累，因此教育扶贫政策应该保护其完善自我的求索意识和创新精神，充分开发贫困人口的个体潜能，给予贫困人口公平竞争或争取更高社会阶层、改变个人和家庭命运的机会，增加其生活和职业选择的广度与深度，改善他们的生存状态，使他们的生命更有个人价值感、存在感和成就感。

三 政策主体价值

西部贫困地区教育扶贫政策的价值取向应该多元化，也就是说，要兼顾各类价值主体对于贫困地区教育的价值需求，但多元的价值取向之间并不是彼此割裂或相互对立的，应该通过政策行为使之构成有机的整体，互为辅助，交互运行。在西部贫困地区教育扶贫政策主体的体系中，政策的决策与执行实质上是教育扶贫政策主体对教育利益进行整合与表达的过程，政策的价值取向支配着政策主体行为的价值选择，而政策主体行为中最重要的就是提高教育效率，这是教育质量提升的前提，教育的内部效率主要包括教育系统内部运用最精良的资源，提高教育质量，培育高素质的学生，外部效率主要是指维持各级教育、教育与职业培训、教育与就业等的良性关系。因此，本书认为，西部贫困地区教育扶贫政策的价值取向应是在全面透视教育扶贫政策客体的整体性价值和个体性价值的基础上，结合教育扶贫政策主体自身的价值追求而形成的教育扶贫政策价值取向闭环，其中，教育扶贫政策主体的价值功能实现为教育扶贫政策客体的价值追求提供了能力支撑和资源保障，包括软件和硬件两个方面，而教育扶贫政策客体在教育扶贫的实践和活动中将政策执行效果和不断更新的需求反馈输入到教育扶贫政策主体发展体系中，使其能够有针对性地得到完善和优化，进而为教育扶贫政策客体提供更好的支持和服务，以此形成教育扶贫政策主体和客体相得益彰、共同发展的良性循环。

第三节 西部贫困地区教育扶贫政策的政治系统分析

"政治系统论"是美国政治学家戴维·伊斯顿（David Easton）于1960年提出的，他将公共政策视为"政府对社会价值进行的权威性分配活动"，这种权威性分配是一种互动体系，政治系统则是指"经过互动而使社会中的政治事物得以处理的政治表现"。认为公共政策是政治系统的产出，是对周围环境所提出的要求的反应。政治生活是由国家、政党、利益集团等要素构成的行为系统。政治系统大至国际政治系统，小至地方政治现象。政治系统的整体性、综合性、动态性是基本特性。政治系统之外的社会系统是政治系统的环境。社会环境对政治系统的需要和支持形成对政治系统的输入；政治系统对输入进行变换，以政治决策和政治理论的形式形成输出。"政治系统论"分析框架如图3-1所示。

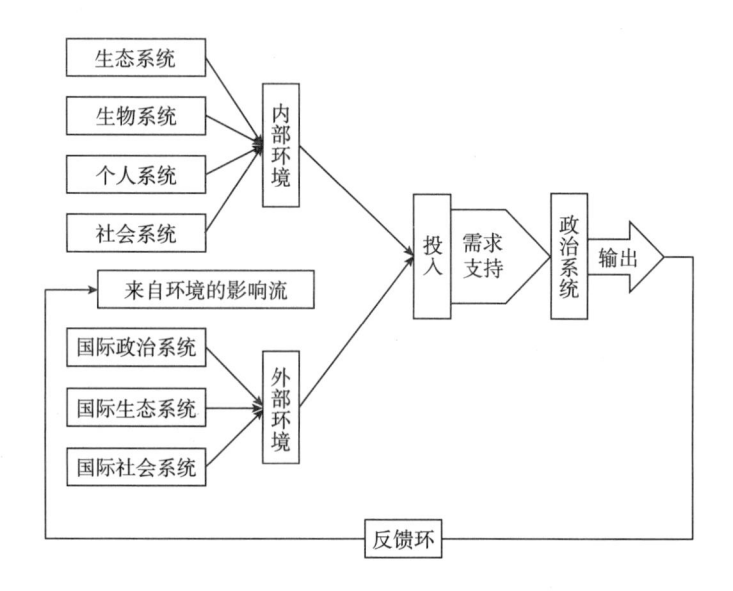

图3-1 政治系统论分析框架

政治系统论对于本书开展我国西部贫困地区教育扶贫的现实基础分析具有极强的指导意义，能够为构建西部贫困地区教育扶贫政策绩效评估指标体系厘清逻辑思路起点。西部贫困地区教育扶贫政策的设计与执行是内嵌于西部贫困地区贫困治理政治系统之中的行政实践，应基于相关地区的内部环境和外部环境现状，充分深入剖析其投入政治系统中的需求和支持，以教育扶贫政策作为贫困治理的手段和工具，给予相应的输出，并形成针对系统中内部环境和外部环境的反馈环，将教育扶贫政策的绩效效果作用于系统环境中，不断优化和改善环境，回应需求，改良政策，形成一个良性循环的闭环。因此，本书根据政治系统论分析框架,对西部贫困地区教育扶贫的内部环境、外部环境、需求和支持分别进行了深入分析。

一 内部环境

分析西部贫困地区教育扶贫的内部环境,主要体现在自然生态脆弱、人力资本匮乏、思想观念滞后、科学文化水平低下、民族宗教众多、基础设施薄弱、发展能力不足、教育设施落后八个方面。

1. 自然生态脆弱

贫困的自然成因,如地貌、气候、土质等自然禀赋,是贫困发生的初始成因,并且是不可抗拒的因素。美国著名发展经济学家迈克尔·P. 托达罗(Micheal P. Todaro,1992)在其著作《经济发展与第三世界》中提出,几乎所有的第三世界国家都位于热带或亚热带气候区,而历史事实是几乎每一个现代经济增长的成功例子都发生在温带国家里,这种二分法不能简单归结于偶然的巧合,它必定和不同气候条件所直接或间接引起的特定的困难有某种联系[①]。实践表明,自然地理条件恶劣地区与贫困地区高度重合。生态环境脆弱、自然环境恶劣是我国西部地区的典型特征,自然资源贫瘠与环境恶化使这些地区的生产效率低下,自然灾害种类多样,干旱、洪涝、低温、雪灾、滑坡、泥石流、地震和各种病虫害等自然灾害发生频繁,农业本身抗自然灾害能力较弱,自然灾害对农业造成的损失要高于其他产业,由于农业是西部地区人口收入的主要来源,因此,自然灾害也是造成西部地区返贫率较高的普遍原因之一。

自然环境条件恶劣引致生态承载力下降,适应耕作的土地稀少,土地生产潜力低,农业资源贫瘠,人均耕地面积小,这与贫困的发生率都存在一定的关系,据调查,农民人均耕地面积较少的沿边地区贫困率相对较高,贫困发生率的地区空间分布与耕地面积较少的地区分布基本吻合。近年来,许多贫困地区为求生存,在不具备开垦条件又无防护措施的情况下,盲目地进行毁林开荒,扩大耕地面积,造成大面积的水土流失和沙漠化现象,进一步引起资源破坏、环境退化,致使土地生产力下

---

① 卢云辉:《社会治理创新视域下的农村扶贫开发研究》,博士学位论文,武汉大学,2016年。

降、土地资源丧失，随着时间的推移，贫困地域空间分布愈加集中于生态脆弱的地区，由此陷入贫困、环境和发展的恶性循环中。

2. 人力资本匮乏

英国经济学家马尔萨斯认为，人口持续增长和土地肥力递减之间存在矛盾，并且这一矛盾必然导致贫困。根据"高水平均衡陷阱"理论的观点，贫困最根本的原因不在于资源或制度的限制，而在于人口的增长和人力资本素质的低下，使农村地区无法实现扩大再生产，抵消了额外的经济增长[1]。由于历史原因，西部地区深受"多生多育、早生早育"落后观念的影响，同时，在广大少数民族地区，较为宽松的计划生育政策使少数民族人口增长速度明显高于其他地区，因此，大部分地区逐渐陷入了越穷越生、越生越穷的恶性循环。劳动者个人素质技能低下是贫困最本质的根源，新观念、新知识、新技术是贫困人口摆脱现状的有力手段，但西部地区人力资本水平极低，不仅表现在思想观念和进取精神方面，更表现为劳动力的文化技术素养低下，极大地阻碍着西部地区的发展，文盲半文盲占比较高，人口普遍受教育程度低，人力资本存量不足，劳动参与率不足，思想观念落后，劳动力能力素质低，知识技能掌握程度低，竞争意识、创新意识不足，难以进入资本市场，地区产业发展严重受阻，严重影响了贫困人口的就业与发展。

西部贫困地区受到自然条件、交通、信息等诸多不利因素的桎梏，原本就稀缺的资源无法得到有效利用，甚至还会流向区域之外。在经济利益的驱动下，人才、劳动力、技术、资金等生产要素都会逐步向条件较好、效益较高、投资回报率高的地区流动。因此，市场经济的不断发展使贫困人口原来固有的本土和本位的价值观发生了改变，人才和劳动力的大量转移和外流，使西部贫困地区经济的长远发展雪上加霜，贫困地区这个机体的活力进一步萎缩。此外，国家过去是利用指令性计划达到定向分配人才的目的，而在之后的发展中普遍实行"双向选择"，因此，较为发达的地区依靠高水平的收入以及企业的重奖政策等引发"拉动效应"，更加剧了人才和劳动力由西部贫困地区向发达地区的单

---

[1] 卢云辉：《社会治理创新视域下的农村扶贫开发研究》，博士学位论文，武汉大学，2016年。

向流动。同时,由于西部地区政府财政困难,吸纳优秀人才困难重重,甚至连支教教师和乡村教师本应享受的基本待遇也无法兑现,导致当地优秀教师人才不断流失,使各阶段教育教学无法保障,实施素质教育更是无从谈起。

3. 思想观念滞后

贫困和落后也表现为一种心理状态,如缺乏个人效率与效能感,缺乏突破陈旧方式、追求创新发展的想象力和行动力,对现状麻木不仁,安贫守旧,被动接受命运,"等靠要"思想严重,这些心态都严重阻碍了西部贫困地区人们的进取精神,宁愿停留在自给半自给的传统生产生活方式中,不愿主动融入市场经济,依赖思想严重,妨碍社会生产力的发展。此外,即使部分贫困人口意识到了教育的重要性,但由于教育扶贫政策制定滞后或执行存在问题,导致教育资源短缺、设施落后、教学水平低下、师资力量薄弱、家庭教育经济负担偏重等问题突出,使西部贫困地区发展受阻。

4. 科学文化水平低下

据调查显示,劳动力文化程度与家庭人均收入之间呈现出显著的正相关关系,文盲、半文盲劳动力贫困发生率最高可达21.3%。[①] 西部地区贫困人口素质差不仅表现在思想观念和进取精神方面,更直接地表现在劳动力的科学文化技术能力极为低下,西部农村贫困县及贫困村劳动力资源的文盲率远高于全国平均水平,而小学、初中、高中文化程度人口又远远低于全国平均水平。因此,虽然改革开放以来,国家扶贫力度不断增大,一部分地区和人口摆脱了绝对贫困,但脱贫者的文化素质未能得到有效提高,导致许多人口和家庭重返贫困,从而陷入了"贫困—地区教育发展不足—人口受教育程度不足—人口素质差—无法从根本上摆脱贫困"的恶性循环。

5. 民族宗教众多

西部地区所居住的民族从种类和数量上都各不相同,不存在单一民族的地区,在居住上呈现出"大杂居、小聚居"的分布特点,这种现

---

① 傅小进:《流通图书馆对弱势群体知识援助的启示》,《图书馆杂志》2011年第10期。

状客观上决定了民族关系的复杂性，西部地区多元化、多层次的民族社会环境，决定了少数民族特有的价值观念、宗教信仰、传统习惯、生活习俗、文化理念及语言等方面对于现代社会变革的不适应，不同民族文化之间的族际差异一直都是导致民族地区贫困发生、影响西部地区发展进程不容忽视的重要因素。研究分析发现，等级观念、家族观念、依附观念在一定程度上对地区发展产生了负面影响，民族地区重请客礼祭，轻资本累积，经商观念淡薄，不能完全适应市场经济和新农村建设的需要，因此，在同一个区域内，民族种类越多，贫困程度越深，贫困发生率越高[①]。

西部地区的少数民族人口拥有不同的宗教信仰，其内部有其独特的组织与活动的规则与方式，与外界联系较少，这种较为稳固的内部组织在一定程度上使人们在心理上和行为上趋于稳定，但这种原生态的文化及行为方式导致了市场行为方式的接纳意愿和能力不足，不利于市场经济的推进，不利于先进生产方式和思想的传播，制约着民族地区经济的进一步发展。

6. 基础设施薄弱

西部地区多处于地质条件复杂的相对封闭性区域，基础设施的建设难度大，社会公共服务设施不足，道路建设标准低，很多区域依然是土路或河石路，破损率高，使用效率很低，一旦遭遇雨雪天气，交通极易受阻，由于交通通达性差，交易费用高，因此外力介入需要越过更困难的地理屏障，导致市场进入的通达程度较弱，信息交流的便捷程度不足，严重阻碍了贫困地区与外界的经济交易，市场交易半径狭窄，限制了市场范围的扩展，制约了商品流通，致使贫困地区的资源优势难以发挥，形成了所谓"富饶的贫困"[②]。水利设施老化严重，年久失修，损毁现象严重，安全饮水存在问题，农田有效灌溉率低，给当地农民生活、生产带来了很大困难，如人畜饮水缺乏，造成人们身体健康状况下降，影响劳动力，造成减产，导致农民遭受经济损失。一些地区通信设

---

① 张丽君、董益铭、韩石:《西部民族地区空间贫困陷阱分析》《民族研究》2015 年第 1 期。

② 郑长德:《中国西部民族地区贫困问题研究》，《人口与经济》2003 年第 1 期。

施落后，信息交流十分困难，农村电力能源覆盖比例小，与外界的信息交换低微，一般呈单向流动，整个经济社会呈现相对封闭的状态。

7. 发展能力不足

我国西部地区在内在和外在因素的综合作用下，经济发展水平低，传统农业经济比重大，非农经济不发达，基本上还处于单一的农业经济，以单一种植业为主，而种植业又以粮食生产为主体。

农业科技是农业生产最重要的因素之一，是人类改造自然增加社会财富的有效手段。目前我国西部贫困地区在农业生产中仍然采用比较传统的农业生产资料和耕作方式，在很大程度上依靠人力、畜力和手工工具，科技发展水平滞后，科学技术虽有所利用但含量较少，机械设备使用率低，农业科技水平的低下极大地降低了单位土地的创收能力，产业结构不合理，农民也缺乏基本的技能来进行合理的资源利用，这也是导致西部地区贫困的根本原因之一。

由于历史原因，西部地区大部分是超越历史发展阶段进入较先进的社会制度的，但是其旧有生产力和生产关系的落后性及其变革的相对缓慢性仍然存在，因而经济文化落后，社会发育程度较低，部分地区还处于绝对贫困地区，连简单的再生产都难以维持，居民长期依靠国家救济生活。

8. 教育设施落后

就学校数量而言，西部地区每个村拥有的学校数量远远低于东部与中部地区。就师资力量而言，西部地区教育教学能力和教学管理水平距离实施素质教育的要求还有很大差距，其中，小学教师中具有大专以上学历的、初中教师中具有本科以上学历的、高中教师中具有研究生学历的比例还很小，此外，针对少数民族聚居区域，汉语教师数量不足、汉语言文字水平低下、教学业务能力不足的问题还十分突出。

二 外部环境

运用政治系统论对西部贫困地区教育扶贫的外部环境进行分析，主要包括国际竞争与合作、国际减贫共识和国际教育发展理念三个维度。

1. 国际竞争与合作

哈佛大学教授 Michael E. Porter 在《国家竞争优势》中指出，当经济进入知识经济和信息化时代，人才是解决发展瓶颈问题、提升国际竞争力优势的关键所在①。当今世界经济全球化、信息社会化带来的商品流、技术流、信息流，对国际人才提出了更高的要求，越来越多的国家以"人才立国"为基本国策，把人才战略上升为国家重要战略，认识到人才是实现民族振兴、赢得国际竞争主动的战略资源。我国《国家中长期人才发展纲要（2010—2020年）》提出，我国要完成从人力资源大国向人力资源强国的转变，到2020年，实现"培养和造就规模宏大、结构优化、布局合理、素质优良的人才队伍，确立国家人才竞争比较优势，进入世界人才强国行列，为在本世纪中叶基本实现社会主义现代化奠定人才基础"。然而，《2017全球人才竞争力指数》显示，在被纳入统计的118个国家中，瑞士、新加坡和英国分列2017全球人才竞争力指数排行榜的前3位；中国排在2017全球人才竞争力指数排行榜的第54位，较去年下滑了6位。因此，当前我国国际人才竞争力总体水平不高，面临的形势十分严峻②。《中国国际区域人才竞争力报告（2017）》蓝皮书显示，在中国大陆31个省（自治区、直辖市）中，上海是国际人才竞争力最高的区域。上海、北京、广东和江苏的指数得分最高，分列1—4位；而位处西部地区的云南位于第二梯队，但与第一梯队差距巨大，而新疆和西藏则位于第三梯队，人才竞争力极度匮乏③。如此看来，我国教育发展仍任重而道远，尤其是西部地区，人才培养远达不到为提升国家核心竞争力输送人才的要求。

2013年，国家提出建设"新丝绸之路经济带"和"21世纪海上丝绸之路"的合作倡议，旨在依靠中国与其他国家的双多边机制，借助区域合作平台，积极发展与沿线国家的经济合作伙伴关系，打造政治互信、经济融合、文化包容的利益共同体、命运共同体和责任共同体。这一概念的提出不仅仅从地域上承载了重走丝绸之路、加强国际沟通合作的意义，同时也对我国扶贫攻坚提出了更高的要求。人才培养对于提升"一带一路"倡议水平，促进我国区域经济转型，带动个体收入增长，促进我国同其他国家高水平、深层次、宽范围的合作起到了极其重要的

---

① Michael E. Porter：《国家竞争优势》，李明轩、邱如美译，中信出版社2007年版。
② http://www.sohu.com/a/208354945_118392.
③ https://news.china.com/socialgd/10000169/20170913/31382191.html.

支撑作用,是促进各国在经济、政治、文化、教育、贸易等领域互联互通的动力和保障。随着"一带一路"倡议的不断深化,国家需要更多优质人才的带动和辐射来促进与各国的交流合作。

《推动共建丝绸之路经济带和21世纪海上丝绸之路的愿景与行动》明确指出,西部地区已成为"一带一路"建设的重要战略支撑地区,其中,新疆被定位为国家向西开放的重要窗口和"丝绸之路核心区",西藏被定位为"面向南亚开放的重要通道",云南被定位为"面向南亚东南亚辐射中心"。在这样的背景下,"一带一路"倡议的实施既是西部地区发展的重大机遇,也使西部地区面临着巨大的挑战,首当其冲的就是对教育发展和人才培养的挑战。与此同时,西部大部分地区仍处于贫困甚至是深度贫困的现实状况也对教育扶贫提出了更高的要求。在国家战略的大背景下,西部地区必须通过实施教育扶贫政策,在阻断贫困代际传递,改变贫困地区面貌,促进经济发展的同时,培养更多兼具专业技能和国际视野的复合型人才,形成技术优势和竞争优势,服务于我国同沿线国家地区之间的互联互通,提升我国对外开放的水平。此外,通过促进双方经贸、产业、人才等领域的合作交流,也可反之辐射我国西部农村教育,引进沿线国家的先进教育理念和设施,完善和改进我国西部贫困地区的教育环境。

2. 国际减贫共识

贫困问题是人类发展历史上所面临的永恒问题之一,消除贫困一直是各国的共同目标,也是联合国发展目标的首要任务。联合国统计,截至2016年,世界上仍然有超过8亿人口处于极端贫困中,在发展中国家,每五个人中就有一个人每天的生存费用少于1.25美元[①],可见国际减贫任务依然十分艰巨。人类文明进一步发展,各国逐步步入知识经济时代,经济发展愈加依赖科学技术的发展,教育发展和人才培养获得越来越多的重视,人类社会同时也越来越多地认识到教育是脱贫减贫的关键。

从20世纪60年代起,国外学者就对扶贫理论做了深入的研究,英

---

① United Nations. Goal 1: End Poverty in all its Forms Everywhere [EB/OL]. http://www.un.org/sustainabledevelopment/poverty/, 2016.

国经济学家舒马赫提出"农村发展与教育理论",人是一切财富的首要的和最终的根源,发展中国家的症结就是农村发展问题,而当务之急即是加强对农村地区的智力援助,且要把受教育者带回他们的生养地,促进当地发展。美国学者戴维·S.兰德斯提出"要素短缺论",认为贫困人口对土地、资金、劳动力等生产要素不能进行有效配置,从而导致贫困,而贫困地区的资金和土地都属于短缺要素,贫困户能自主控制的生产要素主要是劳动力,因此,需要依靠人力投入来弥补资金投入的不足。人类学家奥斯卡·刘易斯和爱德华·班菲尔德提出"贫困文化论",认为贫困人口由于交通、通信等基础设施原因,难以与外界交流,久而久之便形成了与社会主流脱离的贫困文化,不重视教育就是其中之一,孩子受父母影响,逐渐形成"宿命论"的价值观,导致贫困代际传递。"素质贫困论"提出,导致贫困的真正原因,并不是资源的匮乏和产值的高低,而是人们从事生产和经营的能力低下,缺乏内生动力与能力。"能力贫困论"认为,贫困的本质是能力的匮乏,要衡量贫富状态,必须考察个人实现自我价值时的实际能力,因此应该引入关于能力的评估参数来测度人们的生活质量,而不仅仅是个人收入和资源占有量。

世界各国在理论研究和实践经验总结的基础上,已逐步达成了"教育扶贫是从根本上扶贫"的国际共识,同时也进行了很多实践探索。比如,澳大利亚政府颁布了提高贫困地区教育的相关政策,其中,新南威尔士州实行的"有限学校计划"最具代表性,旨在消除各地区之间教育发展不均衡的状况,以提升贫困地区的教育质量。韩国也特别重视基础教育均衡发展,实行教育免费制度,由国家财政支付公民义务教育费用,尤其加强对经济落后地区的扶持。我国在贫困治理历程中,更是越来越重视教育扶贫的功能和作用。联合国在全球范围内选择了10个教育发展取得突出成就的国家作为倡导国,中国是其中之一。在2015年减贫与发展高层论坛上,习近平总书记提出"中国在致力于自身消除贫困的同时,始终积极开展南南合作,力所能及向其他发展中国家提供不附加任何政治条件的援助,支持和帮助广大发展中国家特别是最不发达国家消除贫困"。在瑞士世界经济论坛2017年年会开幕式上,习近平总书记发表题为《共担时代责任共促全球发展》的主旨演讲,再次向世界发声,"中国秉持以人民为中心的发展思想,把改善人民生活、增进人民福祉作为出发点和落脚点,在人民中寻找发展动力、依靠人民推动发展、使发展造福人民。中国坚持共同富裕的目标,大力推进减贫事业,让7亿多人口摆脱贫困,正在向着全面建成小康社会目标快步前进。"[1]

因此,无论是理论研究还是实践探索,世界各国都已经将教育扶贫视为贫困地区减贫脱贫最为重要和根本的措施。

3. 国际教育发展理念

1948年,《世界人权宣言》发表,规定所有人,"不分种族、肤色、性别、语言、宗教、政治或其他见解、国籍或社会出身、财产、出生或其他身份等任何区别,都有受教育的权利。"[2] 这表明世界各国就"所有人都应该接受教育"早已达成一致,所有人都接受教育是一项法律权利,但是到20世纪90年代,全球仍有1亿多儿童没有接受过正规学校的任何教育,而成人文盲的数量依然高达9.6亿之多,且文盲大多分布在发展中国家,1990年全球9.48亿的文盲中,有高达9.1亿分布于发展中国家[3]。因此,国际社会从90年代就开始发起了全世界范围内的全民教育运动,力争扫除文盲,普及教育,阻断"文盲、贫困"的社会发展恶性循环。1990年世界全民教育大会举行,正式发出国际全民教育的号召,并制订了10年行动计划,也是这次大会使中国的教育普及由基本普及九年制义务教育与基本扫除青壮年文盲,拓展为全民教育事业;2000年,世界教育论坛进行了全民教育评估,了解十年计划以来全民教育的发展情况、存在问题并进行了新的调整和规划,同时通过了《达喀尔行动纲领》,确定从2000年到2015年的全民教育行动方案。通过一系列的努力,全民教育全球机制一步步形成并逐步得以完善,除了定期举办会议、论坛,还积极动员资助机构、非政府组织和市民等社会力量参与,举办国际扫盲年、全民教育周等活动,在全世界范

---

[1] 吴霓、王学男:《党的十八大以来教育扶贫政策的发展特征》,《教育研究》2017年第9期。

[2] http://www.un.org/zh/universal-declaration-human-rights/.

[3] 李小波:《从终身教育、全民教育到全纳教育——战后国际教育思潮发展历程研究》,硕士学位论文,华东师范大学,2003年。

围内推广全民教育的理念与实践。联合国教科文组织一直提倡"以教育促进和平、人权和民主",不断带领国际教育界追求教育民主化,规定所有人受教育的权利,并提供更多受教育的机会,同时,最大限度上关注受教育者的意愿、需要和兴趣,并尽可能提供高质量的教育。从规定教育权利,到提供教育机会,慢慢发展为强调教育质量以推动教育事业发展,联合国教科文组织为中国的教育发展一直提供着各方面的引领和支持,不仅在思想上指引,也在行动上支持,大大推进了我国教育的普及程度、现代化程度和国际化程度。21世纪以来,我国不断加强与联合国教科文组织的合作,以两个主题为重点,即"加强全民教育领域的合作"与"实施教育促进环境、人口和发展(EPD)项目",而主要针对的领域包括扫盲教育、女童教育、全民教育、可持续发展教育等。在这样的全球性全民教育的思潮和背景下,我国教育扶贫事业的发展也面临着前所未有的契机与挑战,可以说,如今全球教育理念的发展和国际教育体系的建设为我国教育扶贫事业的发展提供了高水平的发展平台和技术指导,也使我国教育扶贫在助推我国整体教育事业与国际接轨,在世界教育体系中占有一席之位。

三 "需求"解读

本书使用政治系统论理论分析框架作为理论指导的核心在于通过分析西部贫困地区教育扶贫政策的内部环境和外部环境,提炼出政治需求、经济需求和社会需求等方面的需求,并进行深刻解读。

1. 政治需求

在国际竞争日益白热化,国际合作不断深入的背景下,我国因地域辽阔、人口众多、经济水平普遍较低,教育机构体系和规范体系整体建设、教育水平和质量的全面提升仍存在很多困难和挑战,尤其是有着教育基础薄弱、发展能力欠缺、人口素质偏低等内生性发展障碍的贫困地区,教育发展和教育扶贫任务极为艰巨。

2015年11月,《关于打赢脱贫攻坚战的决定》出台,开创了我国扶贫历史上崭新的局面,提出到2020年,要稳定实现农村贫困人口不愁吃、不愁穿,义务教育、基本医疗和住房安全有保障。确保我国现行标准下农村贫困人口实现脱贫,贫困县全部摘帽,解决区域性整体贫困。至此,扶贫攻坚上升为国家"十三五"时期的头等大事和重要民生工程，成为国家落实四个全面战略布局的关键举措。为推进"发展教育脱贫一批"的要求，教育部等六部门关于印发《教育脱贫攻坚"十三五"规划》的通知，提出一系列措施，其中包括义务教育"两免一补"政策，农村义务教育阶段学生营养改善计划，对建档立卡的家庭经济困难学生实施普通高中免除学杂费、中等职业教育免除学杂费，将建档立卡的家庭经济困难学生优先纳入各类国家奖学金、助学金资助范围，实施贫困地区乡村教师安居工程，全面落实连片特困地区乡村教师生活补助政策，整合各种教育资源，改善贫困地区义务教育办学条件等。通过教育扶贫的方式，不仅可以培养更多掌握先进知识与技能的劳动力参与国家和社会的建设，对贫困地区乃至国家的经济发展产生积极影响，而且教育可以实现人口素质的根本改变，当社会文明发展程度较高，人口素质提升到一定水平时，社会契约精神和个体竞争意识会逐渐形成，使政府维系社会运转的成本有所下降，效率提高，自然形成对全民来说更加和谐的社会和良好的生存发展环境。

因此，实施教育扶贫政策，提升贫困地区教育水平，阻断贫困代际传递，促进教育强民、技能富民、就业安民，是国家战略发展的政治需求。

2. 经济需求

我国西部贫困地区自然生态环境恶劣，环境恶化严重，生态承载能力极弱，农业资源贫瘠，导致生产效率低下，从客观条件上看，地区经济发展本身就存在巨大阻力，再加上物质资源极度匮乏，基础设施薄弱，器械化程度低，发展能力严重不足，一系列低劣的物质条件更加深了贫困程度，加剧了脱贫的难度。在如此艰难的发展条件下，贫困地区人口还普遍存有安贫守旧和依赖于"等靠要"的思想观念，劳动力文化程度、受教育水平以及技术能力极其低下，本就稀缺的人才在经济利益的驱动下不断向较发达的地区流动，使贫困地区返贫率居高不下，即使通过物质供给、资金支持、产业扶持等"输血式"的扶贫措施，也只能解决一时之困，很难阻断贫困代际传递，从根本上实现脱贫致富。

以世界银行贫困线为标准，劳动力接受教育年限少于6年，贫困发生率大于16%；若将接受教育年限增加3年，贫困发生率会下降到7%。通过教育扶贫，能够改变贫困地区贫困人口不思进取的落后思想，为个体发展提供知识技能和上升通道，提升人力资源质量，发掘劳动力潜力，提高人力资本利用率，用科技提升生产率，为地区的经济发展提供必需的人力资源，带动经济繁荣，引导经济结构转型升级，实现可持续发展。

同时，教育事业本身也是贫困地区经济收益的重要来源之一，推动教育事业的发展，会使教育事业成为贫困地区人口就业和经济发展的载体，贫困地区优质学校数量增加，教学条件和设施逐步完善，信息化水平不断提升，不但为社会提供了更多的就业岗位，也促使贫困地区与外界的沟通联系增加，实现更多的信息交换和经济往来，带动贫困地区经济增长。

因此，通过教育扶贫的手段由"输血式"扶贫转变为"造血式"扶贫，以"扶智"的方式，帮助贫困家庭斩断穷根、挖掘富源，增强自身发展能力，激发贫困人口脱贫致富的内生动力，是西部贫困地区发展的经济需求。

3. 社会需求

联合国发展计划署（UNDP）在《1990年人文发展报告》中提出人类发展指数（HDI）这一概念，其是以"预期寿命、教育水平和生活质量"三项基础变量，按照一定的计算方法，得出的综合指标，用以衡量联合国各成员国的经济社会发展水平。根据研究可知，随着21世纪以后中国政府对教育事业的投入，中国人类发展指数实现了非常大的提升，而教育对中国人类发展指数的贡献率由1980—1990年的24.47%上升至2000—2010年的44.16%。根据UNDP预测，教育发展对人类发展指数的贡献率会在2015—2035年超过收入贡献率，成为三个基础变量中贡献最高的一项，并继续呈现增长趋势[①]。可以说，教育发展水平已逐步成为国家经济社会发展水平最为重要的一个指标。同时，人类发展指数反映了人类社会发展的方向和状况，为国家进行了优先排序指导，是国家在发展战略部署和具体的政策制定中的有力依据。

除此之外，教育对社会舆论和公民价值观的形成也具有深远影响。

---

① 周禹彤：《教育扶贫的价值贡献》，博士学位论文，对外经贸大学，2017年。

我国自古就是农业大国,浓厚的农耕文化培育了劳动人民勤劳、节约、互助等价值观,但同时也滋生了贫困地区人口安贫守旧、缺乏创新进取精神的落后思想和封建迷信、不懂变通、故土难离、小富即安的生活状况,这样的社会文化迫使贫困人口难以适应新时代的生产方式,极大地阻碍着他们脱贫致富。因此,教育的目标之一就是要干预和打破贫困人口的传统思维局限,向他们传递和输送新的发展思维和心态,形成新的社会文化,输送适应新时代发展的知识技能,普及和推广主流价值观,实现"上通下达"的社会价值。

四 "支持"解读

除了深刻认识到西部贫困地区教育扶贫政策环境中所存在的政治、经济、社会发展等方面的"需求"外,还应充分分析该环境和系统中的"支持"要素,也就是全面认识到西部贫困地区教育扶贫政策实践的基础。

1. 个体意愿支持

21世纪是科学技术的竞争,而其核心和实质是人力资本的竞争,西部地区贫困人口由于缺乏优质教育,长期处于生活资料匮乏、文化素质低下、谋生技能欠缺的生存状态中,自身生活和发展的需要不能得到满足,经济社会的发展更是难上加难,虽然长期以来国家不断加大对贫困地区的资助力度,帮助贫困人口脱贫,使贫困率有所降低,但缺乏内生发展动力这一根本问题得不到解决,不少地区返贫率也一直居高不下,贫困人口一直处于"受到资助短暂脱贫—缺乏自身发展能力—重新陷入贫困"的恶性循环中。因此,贫困地区的群众对发展教育与教育扶贫充满期待,支持度极高,不仅仅体现在贫困地区作为一个经济体对发展教育的支持,更体现在接受教育的每一个个体对接受教育的需求。研究显示,劳动力受教育程度与其收入水平呈正相关关系,一方面是因为个体在接受教育时所获取的知识技能与能力促进了劳动生产率的提升;另一方面是因为学历高低对于求职的结果存在非常大的影响。对于毕业生就业创业而言,学历是受教育者拥有更多知识与更高能力水平的体现,也是毕业生职业发展的基石和条件;对于家庭富余劳动力而言,受教育和培训的程度和质量是提高生产生活能力的必要渠道。贫困人口不但亟须通过接受教育来提升个体素质和发展能力,获取更高的经济收入，改善家庭经济状况，也需要通过教育来获得更多的机会与选择权，从而收获自信心和成就感。教育增加了贫困人口生活和职业的选择范围，既可以使受教育的主体在择业时不再受到地缘的局限，也可以帮助接受教育的贫困人口反哺家乡、家庭，从而带动整个地区知识水平提升、加强技能储备，促进当地经济发展，实现个人价值与社会价值的接轨，提升个体和家庭的幸福感。

2. 国家能力支持

中华人民共和国成立以来，我国政府一直以"强国必先强教"的发展理念，不断加强我国现代教育体系的建设，增大教育投入，改善办学条件，深化教育改革，提高办学水平，加强师资队伍建设。经过50多年的努力，已建立了覆盖城乡的教育体系，从学前教育到高等教育的各级教育都得到了快速发展，城乡教育水平和质量的差距不断缩小，教育公平得到了有力的保障。自1986年《中华人民共和国义务教育法》（以下简称《义务教育法》）出台，九年制义务教育在全国范围内推行，广泛提高了人口平均受教育年限，对教育落后的地区更是起到了很大的推动作用。2001年，国家实施"两免一补"政策，将义务教育全面纳入财政保障范围，对农村义务教育阶段贫困家庭学生"免杂费、免书本费、逐步补助寄宿生生活费"，截至目前，全国范围内城乡免费义务教育已经全面实现，使贫困家庭能够在不增加额外支出的情况下享受教育，提升受教育者和家庭成员的素质，也提供了更多继续学习与就业的机会。除了加大义务教育普及程度外，国家还一直通过保障公共经费、薄弱学校改造、学校标准化建设、提高资助力度、培训乡村教师、增加支教老师补贴、推广信息化建设等各种渠道和手段提升贫困地区的办学质量和水平，同时通过职业教育、高等教育和继续教育等提高劳动者就业创业能力，在少数民族地区双语教育、残疾儿童特殊教育等领域也有所投入和发展，保证每一个年龄段的适龄儿童都能接受有质量的教育，不让任何一户因学反贫。以上教育扶贫的成效，都意味着我国政府对教育扶贫这一扶贫手段的重视程度逐年提升，为国家下一步教育发展战略的实施奠定了坚实的基础，也意味着国家已具备继续大力发展教育事业，推广教育扶贫的能力和条件。

综上所述，实现教育普及，是西部贫困地区摆脱贫困、追求发展的底线；达成教育公平，是西部贫困地区教育均衡发展、整体提高的基本需求；提升教育水平，是西部贫困地区实现可持续发展、兴边富民的本质要求；促进个体发展，是西部贫困地区培养人才、为国家战略储备和输送竞争力的核心追求。

第四章

西部贫困地区教育扶贫政策绩效评估体系构建

构建一个兼具科学性、合理性、可行性、系统性的西部贫困地区教育扶贫政策绩效评估体系是一项复杂的系统工程，需要理论的指导、科学方法的运用、严密的逻辑分析能力。本书中，西部贫困地区教育扶贫政策绩效评估体系的建构主要包括了理论框架的构建，评估标准、价值定位、评估维度的设计，以及确立基本原则、初步设计指标、筛选指标、分配指标权重、确定评估方法等步骤。

第一节 教育扶贫政策绩效评估体系构建的理论框架

理论框架的设计和确立是开展西部贫困地区教育扶贫政策绩效评估指标体系的核心基础和重要指导，本书将通过梳理公共政策评估研究范式的发展脉络、认定西部贫困地区教育扶贫政策绩效的评估标准、确定西部贫困地区教育扶贫政策绩效的价值定位、开展西部贫困地区教育扶贫政策绩效的评估维度设计，从而得到西部贫困地区教育扶贫政策绩效的评估概念框架，包括评估目的、评估内容、评估机制和评估范式。

一 公共政策评估研究范式发展脉络

政策科学是第二次世界大战之后在西方发达国家逐渐兴起的一个综合性学科，对公共决策的科学化和民主化起到了巨大的促进作用，针对公共政策评估的研究和实践应追溯到20世纪50年代以美国为代表的西方发达国家，其中最被人们所熟知的是20世纪60年代的"大社会"

计划和"对贫困宣战"计划，为成功实施计划，政府进行了大规模的投入，希望实现改善人民生活条件和环境的目标。但是，经过近十年的政策实践，美国政府发现政策效果并不理想，大批项目都以失败告终。为此，大量的学者开始了对计划的评估，极大地推动了公共政策评估研究的发展和进步，到了90年代，政策评估在世界各国都已成为了研究热点。而政策评估的理论和方法在我国有所发展是从20世纪70年代末80年代初开始，政策科学随着改革开放的不断深入而慢慢传入我国。1986年，一份题为《决策民主化科学化是政治体制改革的一个重要课题》的报告明确提出要推动政策研究这一领域，使政策科学的研究在我国正式进入正轨，直至90年代末，我国政策科学的发展受到越来越多的关注和重视，已经作为社会科学和管理科学研究的新兴领域而被广泛认同。

追溯政策评估的发展脉络，主要分为四个阶段，即第一代至第四代评估，分别为第一代——工具导向下的测量式评估，第二代——目标导向下的描述式评估，第三代——决策导向下的判断式评估，第四代——价值导向下的建构式评估。前三代政策评估是一种理性模式的经验主义研究，偏重定量的方法，而第四代政策评估是一种强调价值判断和分析的评估，重视价值多元化，多用定性的评估方法。

1. 第一代政策评估——工具导向下的测量式评估

最早期的政策评估起源于关于学生特征的测量。一直以来，学校都是以考试来衡量学生对所学课程和知识的掌握程度，实则是对学生记忆力的考察，在那个时期，学生所有的时间几乎都用在基础知识的学习上，但一篇名为《无效的拼写炼狱》的文章提出，如果可以减少基础训练所占用的时间，提高学校教育的效率，那么学生的课程中就可加入诸如艺术、音乐、体育等副科。文章作者在研究中设计了一个拼写测试，选取了很多学校作为样本，广泛收集了每个学校在拼写教学中所占用的时间数据，最后经过分析，证明了时间长短和最后的考试成绩并无任何关系。当时，诸如此类的研究和测试在全世界范围内广泛进行，研究结果在第一代评估的发展中起到了极其重要的作用，学者逐步认识到在人文和社会科学的研究中也应该运用科学的方法。与此同时，20世纪20年代，随着商业和工业领域中的科学管理运动达到巅峰，政策评估的发展也进一步受到重视和推广。因此，第一代政策评估的时代也被称为"测量的时代"，在政策评估过程中，评估者的角色是技术员，应熟练运用评估工具来测量所有的变量，从而从过程维度测量和分析政策实施的效率，从结果维度测量和分析政策目标的实现程度。

2. 第二代政策评估——目标导向下的描述式评估

第二代评估的产生与第一代显著不同，第一代评估的对象是教育者，而第二代评估以学生作为评估的客体。第一次世界大战之后，美国学生的需求开始急剧上涨，但当时很多学校的课程都无法适应这一变化，依然无法摆脱卡耐基学分体系的束缚，很多学校为此开始改革课程设置。因此，1933 年研究者开始施行"八年研究"项目，致力于设计出新的评估方法和体系来评定课程体系，经过一段时间的测试，俄亥俄州立大学教育研究所研发出了一项测试，侧重于程序评估，用以测量出学生能否学会老师教授的知识内容，也就是对是否达到学校目标的评估。测试中，研究者主要是收集学生在学习后能够达到课程所预设的目标的程度，通过反复的测试和调整，来寻找和设计出能够达到恰当成绩水平的课程体系。在类似研究的推动下，第二代评估产生了，其最显著的特点就是对达到预期目标的程度以及执行过程中的优势和劣势进行描述，而评估者主要扮演的就是描述者的角色。涉及政策评估，第二代政策评估即是针对已制定并开始执行的政策方案，按照预期的目标，对其结果进行客观的描述。在第二代评估中，评估者依然会使用第一代评估中的测量方法，保留技术性的特点，但仅仅是在测量的基础上进一步丰富了评估方法，推翻了"测量即评估"的理念。

3. 第三代政策评估——决策导向下的判断式评估

随着美国经济社会和政策研究的发展，第二代评估的缺陷和不足逐渐凸显出来，在联邦政府试图推行一系列国家科学基金会项目的过程中，评估人员被指派到项目中承担评估专家的任务，根据第二代评估理念，专家们坚持只有明确项目目标后才能开始评估工作，但项目开发者却认为在项目开始前，目标无法确定，或无法被说明，因为目标很可能阻碍创造性，因此评估者越来越无法达到项目的要求。自此，研究者们开始认识到第二代评估的理念和方法忽视了评估的另一种表现形式和功能，即"判断"的功能，因此第三代评估由此孕育而生。在这一代评估中,评估者所扮演的是评判员的角色,要求评估者要将目标和实现过程共同纳入评估内容中。1967年以后,迅速出现了一系列新的评估模型,如:新泰勒主义模型、斯泰克的全貌模型、差异评估模型、决策导向模型、效果导向模型等。这一时期的模型都主张评估者应当充当评判员的角色,在公共政策的评估中,要将政策的外在价值和内在价值同时纳入考量,即政策是否体现社会公平公正等问题,并以此出发,再结合第一代政策评估的测量工具和第二代政策评估的描述功能来体现公共政策的优劣。

4. 第四代政策评估——价值导向下的建构式评估

前三代评估虽然各有其优势和功能,但缺陷也逐渐暴露,主要包括管理主义倾向、忽略价值的多元性以及过分强调调查的科学范式,因此,评估者和实践者都逐渐产生了对另一种评估方法的迫切需求,因此,第四代评估诞生了,即响应式建构主义评估,主张采纳多元价值观,要求评估中要充分考量各方利益相关者的诉求,并通过互动和协商的过程来实现。在评估中,应给予利益相关者充分的渠道来表达主张、焦虑和争议,主张即利益相关者提出的有利于评估对象的方案,焦虑即利益相关者提出的不利于评估对象的方案,争议即利益相关者需协商确定的方案,而评估者的任务就是发现这些内容,并在评估中解决这些问题。评估过程也同时包含了测量、描述、评判,此时评估者同时扮演着技术员、描述者、仲裁者、建构者等角色,要全面考虑政策利益相关者政治方面、社会方面、个人方面及其他相关因素,重视对利益相关者的了解和回应。

公共政策评估研究范式发展脉络如表4-1所示。

表4-1 公共政策评估研究范式发展脉络

	第一代:工具导向下的测量式评估	第二代:目标导向下的描述式评估	第三代:决策导向下的判断式评估	第四代:价值导向下的建构式评估
时间	1890—1940年	1940—1960年	1960—1980年	1980—1990年
评估重点	政策目标的实现程度和政策实施过程的效率高低	结合政策目标,对已执行的政策的效果描述	加入政策价值的考量,评判政策优劣	加入利益相关者的多元价值,考虑多方需求,开展多元互动和协商

续表

	第一代：工具导向下的测量式评估	第二代：目标导向下的描述式评估	第三代：决策导向下的判断式评估	第四代：价值导向下的建构式评估
评估方法	测量	描述	判断	协商
评估范式	实证主义范式	实证主义范式	实证主义范式	建构主义范式
评估者角色	技术员	描述者	评判员	技术者、描述者、评判员、建构者

资料来源：［美］埃贡·G.古贝、伊冯娜·S.林肯：《第四代评估》，秦霖、蒋燕玲等译，中国人民大学出版社2008年版。

如表4-1所示，全世界范围内公共政策评估的范式主要经历四个阶段，分别为1890—1940年工具导向下的测量式评估，1940—1960年目标导向下的描述式评估，1960—1980年决策导向下的判断式评估和1980—1990年价值导向下的建构式评估。本书将结合前三代评估范式，继承其优点，摒弃其缺点，主要运用第四代公共政策评估范式，进行西部贫困地区教育扶贫政策绩效评估体系的构建。

二 标准省思

公共政策的评估标准认定是政策评估理论体系中的重要内容之一，在构建任何一项公共政策评估指标体系之前，都应首先厘清该政策评估所要依循的标准维度，以此作为指标体系科学性的前提，作为评估者在实施评估时应持有的客观尺度和主观准则。张乐天教授认为，教育政策的评估正是以一定的评估标准为依据，通过综合分析，对教育政策的制定、运行进行判断，对其成效和经验进行总结，同时揭示政策在制定和执行过程中存在的问题，最终达到改善政策的目标。袁振国教授将教育政策评估总结为按照一定的教育价值准则，对教育政策对象及其环境的发展变化以及构成其发展变化的诸多因素所进行的价值判断。美国学者D. Easton认为，公共政策是对全世界社会价值进行权威性的分配，公共政策的本质就是通过价值分配来调整利益结构，但与此同时，政策实践也存在于现实世界和经验基础中，政策评估不可避免地应以事实为研究对象，以实证结果为基础来开展评估。因此，笔者认为，教育扶贫政策的评估应是"事实"与"价值"的契合,科学而合理的政策评估应存在"价值判断"与"事实判断"两个层面,价值判断是事实判断的方向与指导,事实判断是价值判断的基础与依据,两者缺一不可。完整的教育扶贫政策评估应该首先对价值层面有科学的分析和确定,在此基础上对政策的执行有具体的事实分析。

1. 价值标准

随着公共政策评估科学研究的不断深入和发展,社会科学的研究对"价值涉入"的理念逐渐得到强化和重视。同样,教育扶贫政策的评估也不应仅仅对客观指标的完成度、达标率等进行测量,还应该是一个对政策价值进行综合评估的行为,因为价值判断作为事实判断的方向指导,直接影响着评估指标体系的科学性和合理性。前两代的政策评估模式偏于崇尚工具理性,而忽略价值理性,这种做法从实质上否定了理性在价值判断中所处的地位,当价值理性被忽略时,政策评估者必然在价值定位时茫然失措,并可能导致整个政策评估出现根本性的偏差和错误。正如美国学者邓恩在《公共政策分析导论》中所提出的,"价值的实现是政策问题是否被解决的主要检验"。陈振明教授也在《政策科学——公共政策分析导论》[①]中强调,政策研究中的价值分析是决策者实现决策功能的前提和基础,是决策者政治人格的核心部分。总的来说,教育扶贫政策是为了满足和平衡政策决策主体和客体的部分需求而制定和实施的,其承载着个人和社会的道德需求,并希望通过政策行为得以实现,价值标准作为教育扶贫政策评估标准的一个核心层面,最主要的目的是为了在政策评价体系具体指标的设立中,起到内涵指引和方向引领的作用,从而使教育扶贫政策在制定和执行的具体实践中,坚持科学合理的价值导向,为决策者和利益相关者提供必要的遵循依据和行动指南。

2. 事实标准

为使公共政策评估得以实现,事实标准与价值标准同样重要,它是政策评估中技术层面的核心,是对政策进行客观性、系统性和经验性的检验,是政策实践在经验中的真实表现,是价值标准的补充和实现渠

---

① 陈振明:《政策科学——公共政策分析导论》,中国人民大学出版社2003年版。

道。事实标准通过数量值等具体指标来反映客观事物的存在状况，在教育扶贫政策的评估体系中，可以对教育扶贫政策实施的效率、效果和效能进行客观判断。事实标准应包含效率标准、效果标准和效能标准三个方面。

①效率标准。大部分政策评估中的效率标准主要是测量和分析政策执行过程中投入与产出的比例问题，以评估政策是否以最低的成本实现了利益最大化，但笔者认为，教育扶贫政策兼具公益性与事业性等特殊的功能与性质，虽然政策目标中包含带动地区经济发展等具体任务，但从本质上来说，教育扶贫政策的核心应是进行社会资源的再分配，实现教育公平与教育普及，保障个体在自身发展过程中获得公平机会的权利。因此，与其他经济性政策不同，教育扶贫政策的效率标准不应以单纯地计算和分析成本—效益比，而是应该以分析其投入的力度为重点，也就是以测量投入性的指标为重点。

②效果标准。效果标准长期以来都被认定为事实标准中的一项显著标准，任何一项政策在制定和实施的过程中和过程后，都会对政策所设计的经济社会环境及利益相关者产生影响，引起一些变化，即达到某种政策效果。因此，教育扶贫政策的评估在效果标准这个方面，主要是测量和分析经过政策行为后，政策目标中所涉及的产出类指标的优劣程度。

③效能标准。效能标准主要是指政策在设计和制定时所设定的目标与实际的结果之间的契合程度，即政策行为的实践结果对既定目标的达成度，其中也包括政策结果和政策对象需求诉求的契合度，即政策对象对政策的满足情况。因此，教育扶贫政策效能标准方面的指标应该是在充分与政策对象互动的基础上，对其政策回应性的测量和分析。

综上所述，教育扶贫政策评价体系的价值标准应作为事实标准的基础和指导，而评估者需要将政策的价值追求和定位具体化为效率标准、效果标准和效益标准三方面的事实标准，并拟定可测量的客观指标，通过数据收集和分析等工具方法实现政策的事实评估并进一步进行价值评估。

三　价值定位

"政策评估有两项根本性任务。一是通过描述其产生的影响来测定一项政策的后果,二是根据一组标准或价值准绳,来判断政策的成败。"① 任何政策实践都必须遵循一定的依据和原则,而这些依据和原则的基础就是价值追求,在进行政策评估的过程中,如果尚未进行价值定位就开展评估,就仍然是虚假的评估,无法真正对政策的优劣做出判断和评估。因此,在构建教育扶贫政策的评估指标体系前,首先对教育扶贫政策的价值追求进行准确定位极为重要。教育扶贫政策评估指标体系既是对政策执行的监督和约束,也是对政策的宏观目标进行价值判断。教育扶贫政策评估指标体系的首要任务就是要充分进行教育的内涵分析,梳理教育扶贫政策的内在逻辑,其次要结合教育发展的实际需要和教育扶贫政策的实践经验,结合两方面的因素明确教育扶贫政策评估指标体系的价值追求和定位。同时,在现实社会中,政策制定者、政策执行者和政策对象等利益相关者的价值追求是多元化的,为使教育扶贫政策达成和实现其主要目标,满足大多数人的利益,同时也在一定程度上兼顾其他利益相关者的利益,或补偿其损失,评估者必然要遵循教育扶贫政策的基本价值依归,对多样化的价值追求进行整合。教育扶贫政策作为实现社会资源重分配、处理经济欠发达地区不同教育阶段关系、协调教育产品规划的政策工具,其价值追求不应像其他经济性政策一样以追求利益最大化为主要考量,而是应以维护公平、促进个体全面发展、帮助个体追求自我价值实现、实现人才输出并带动经济发展为主要目标。

1. 公平性

在人类社会的发展过程中,追求公平的脚步从未停止过,涉及公共政策的评估,公平一直以来都是最为重要的评价指标。公平是公共政策应该遵循的基本准则,教育产品是一种准公共产品,具有公共性质,政府作为弥补市场失灵的公共权威,应该为教育发展确立公平的制度环境,教育政策应该致力于保障受教育者的基本权益,而教育扶贫政策则更是需要保障贫困人口在教育资源分配时被平等对待。政府的行政行为和政策实践应"最大限度地实现公共教育资源的平等、均衡、合理安

---

① Melvin J. Dubnick, Barbara A. Bardes, *Think about Public Policy: A Problem-solving Approach*, New York: Wiley, 1983: 203.

排与有效利用，以保障和促进不同的个体或社会群体在教育实践活动中得其所应得。"①

随着市场经济的发展，我国的经济实力迅速提升，国民收入总体呈现增长趋势，生活水平得到大幅提高，可支配的财富越来越多，但社会的两极分化现象也愈加严重，收入水平差距不断扩大，导致了不同群体对于教育的要求、需求和成本承担能力产生了分化，如此的经济社会环境有极大可能会影响教育的公平性；与此同时，我国人口众多，教育资源，尤其是优质教育资源短缺，在很长时期内难以满足所有社会成员的受教育需求，因此，公平可以说是教育扶贫政策的基本价值指标。亚当·斯密指出，机会均等是最神圣的人权，剥夺公民的机会均等是对人权的最大侵犯。在教育类政策评估领域，公平同样被普遍认为是机会的公平，个体不能因个人或家庭原因而受到不公平的待遇或歧视，而应拥有平等的竞争和发展的机会。我国西部贫困地区经济基础薄弱，发展阻力大，自生动力弱，贫困地区人口在一定程度上已沦为社会发展进程中的弱势群体，可支配的收入与生活需求相比明显不足，诉求和愿望的表达能力和渠道都相对不足，再加上本身受教育程度低，面对不公平的现象缺乏维护自身利益的途径和方法。为了实现真正的机会公平，教育扶贫政策应该克服对教育公平有明显影响和损害的制度性因素和政策因素，对贫困地区有所倾斜，正如罗尔斯所强调的"为了平等地对待所有人，提供真正的同等机会，社会必须更多地关注那些天赋较低和出生于较不利社会地位的人们。"② 因此，教育扶贫政策评估的第一项价值追求就应该是实现公平、合理的分配教育资源和利益，使个体拥有同等的机会享受教育福利。

2. 发展性

教育扶贫政策的内涵包括两个方面的内容，一是实现教育系统和教育事业本身的发展，要通过政策实现教育资源分配，就需要制度性的保障，构建全面的教育培养体系，保证基本设施的建设和优质教育资源的

---

① 石中英：《教育哲学》，北京师范大学出版社2007年版。
② ［美］约翰·罗尔斯：《正义论》，何怀宏、何包钢、廖申白译，中国社会科学出版社2009年版。

供给，也就是完成教育事业方方面面的建设提升和发展；二是为个体接受教育提供教育资源、产品和服务，使个体通过接受享受教育扶贫政策的福利，完成自我提升，提高生活质量，实现自我价值。因此，教育扶贫政策的发展性价值追求也应包含两个方面，即教育系统的发展和实现个体的发展。

教育系统的发展是其自我维持、规律运作和实体功能实现的需要，也是教育系统为个体提供教育供给的前提条件和基础，与教育相关的所有政策构成了国家的教育政策体系，无论侧重点和实施对象是谁，都具有维持和保证教育事业发展的功能，教育扶贫政策的评估活动中，也应关注和考量政策是否促进了教育事业和教育系统内部的发展。

针对个体的发展性价值追求是能够不断满足个体的发展需要、提升个体生活品质、扩充个体能力，成就每个人的全面而自由的发展。"人是教育的中心，是教育的目的；人是教育的出发点，也是教育的归宿；教育在人的交往与生活中展开；人在教育交往与活动中成长和发展；人是教育的基础，也是教育制度的根本"，① 教育扶贫政策不仅仅需要满足社会和教育事业的需求，也需要满足受教育者的需求，政策的实质就是通过政策实践使政策客体的诉求和需要得到满足。

虽然教育系统的发展与个体的发展是教育扶贫政策价值追求的两个层面，但二者从本质上是具有依从和联动关系的，教育扶贫政策作用于教育系统，通过政策行为促进教育系统和教育事业的发展，而教育系统的实质是为个体提供教育供给和服务，最终促进个体的发展。

3. 人本性

人本教育是指以促进人的潜能开发、能力发展和个性张扬为目标的教育。教育扶贫政策是结合贫困地区人口的实际需求，结合贫困地区普遍存在的教育问题而设计的，是为了满足大多数群体的利益诉求，具有群体性的特征，但是群体都是由个体构成的，群体的利益诉求并不能完全代表每一个人的需求，教育扶贫政策在追求公平和发展，满足社会发展需求，回应大多数人诉求的基础上，也应该最大限度地把每一个个体作为政策对象，关注每个人的需要。相比经济发达的地区，西部贫困地

---

① 李江源、胡斌武：《论教育制度的伦理道德之维》，《教育理论与实践》2006年第1期。

区经济力量较弱、教育基础薄弱、资源匮乏,解决社会重大问题和公众普遍关心的问题理应是政策行为的第一要务,但随着民主观念和权利意识的增强,自我选择的权利越来越成为社会良性运行的基本要素,而随之人本教育理念也逐渐成为教育领域一切活动的重要价值指导。在教育扶贫政策的评估中,应该将保护每个社会个体的教育需求和选择作为价值追求,并以此为向导而努力。

要实现教育扶贫政策的人本性价值追求,就是要在政策设计中,给予政策对象自主选择的机会和空间,所谓"自主",是建立在个体自我尊重和尊重他人的基础之上的自愿自发的、自己选择、自我控制,并为之负责的行为和活动。① 在教育的方向和种类等选择中,个体应该被看作教育活动的主体,可以按照社会允许的方式,根据自己的意愿进行判断、主张和行动。因此,政策在设计之初,就应该包含对不同受教育个体进行区分对待的空间和可能性,能够提供含有个性化的教育体系,使不同的政策对象都能自主选择能力提升和成长的路径,并能充分挖掘个体的特殊性潜能,向社会输出多样化的人才。

西部贫困地区教育扶贫政策的价值追求、价值项目及其内涵如图 4-1 所示。

四 评估维度设计

1. 基于"价值追求"的评估维度设计

在西部贫困地区教育扶贫政策绩效评估体系中,首先应当对评估维度进行设计,也就是最高层的指标——"一级指标"的设计,政策的价值追求是整个评估活动的方向指导,因此,评估维度必然要与政策的价值定位相吻合。

在前文中,本书已经对西部贫困地区教育扶贫政策的价值追求进行了详细分析,将政策的价值定位确定为"公平性""发展性"和"人本性"三个方面。"公平性"作为西部贫困地区教育扶贫政策的第一项价值追求,是实现公平、合理地分配教育扶贫资源和利益,使贫困地区个体拥有同等机会享受教育扶贫的最基础的保障。"发展性"作为政策的第二项价值追求,体现了教育扶贫政策对贫困地区教育系统发展的促进

---

① 张雷:《教育政策绩效评估的理论探讨》,博士学位论文,华东师范大学,2014 年。

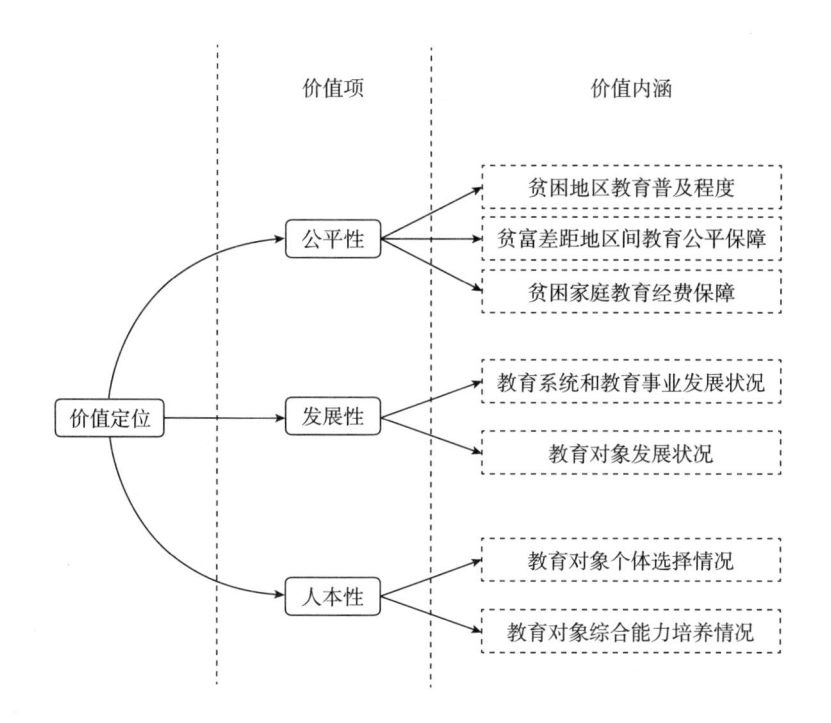

图 4-1 西部贫困地区教育扶贫政策绩效评估体系价值项及内涵

作用和帮助受教育对象实现个体发展的核心功能。"人本性"作为政策的第三项价值追求,表明公共政策在满足大多数群体利益诉求的基础上,还应具备保护每一个个体的意愿、选择、潜能和需求的功能,促进多样化人才的输出。综上所述,西部贫困地区教育扶贫政策绩效评估指标体系的评估维度中,应包括"公平性""发展性""人本性"三项。

2. 基于"三圈理论"的评估维度设计

"三圈理论"是美国哈佛大学肯尼迪政府学院研究提出的政策分析工具。该理论构建了包含"价值""能力""支持"三个要素的政策分析框架,其中,"价值"要素的内涵是指公共政策的终极目的就是为社会创造公共价值,好的公共政策要以实现公共价值为目标;"能力"要素的内涵是指政策的执行系统和执行主体应该具备一定的能力,为实现公共政策的目标而提供相应的支持、管理和服务等;"支持"要素的内涵是指相关政策需得到政策作用的对象或民众的支持。只有"三圈"

即三要素有所重叠、互相包含，政策才能得以有效执行，达到预期效果。反之，缺少任何一个圈，政策都无法实施。"三圈理论"框架如图4-2所示。

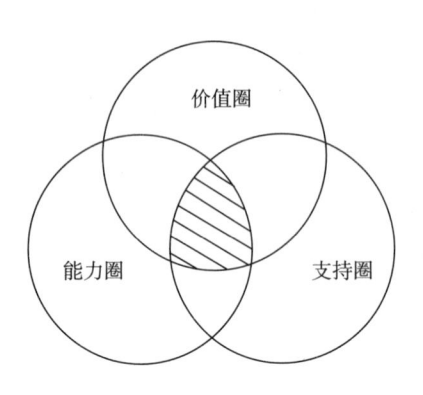

图4-2 "三圈理论"框架示意

"三圈理论"强调价值、能力、支持三者的相关性，三个要素应密切联系、相互作用。公共政策的核心目标，就是要使三个圈最大限度地接近和重合，从而提升政策绩效，实现最佳的政策效能。

"三圈理论"对于西部贫困地区教育扶贫政策绩效评估体系的评估维度构建具有十分重要的指导意义，在进行政策分析时，需要从"价值""能力"和"支持"三个维度进行考量，也就是说，政策的评估也应以这三个要素作为基础进行维度设计。在西部贫困地区教育扶贫政策绩效评估指标体系构建时，已对"价值"维度进行了深入剖析，即政策的价值定位分为"公平性""发展性"和"人本性"三项。"发展性"维度的内涵主要包括教育系统内部的发展和教育对象的发展，其中，教育系统内部的发展也就是支撑一切教育活动规律运作和功能实现的体系能力发展。结合"三圈理论"，"教育系统内部发展"的价值定位实质上已经包含了三圈理论中的"能力"维度。也就是说，在进行西部贫困地区教育扶贫政策绩效评估体系的评估维度构建时，价值定位所确定的"公平性""发展性"和"人本性"三个评估维度，符合"三圈理论"所提出的对政策"价值"和"能力"两方面的分析。为使西部贫困地区教育扶贫政策绩效评估指标体系更为科学合理，笔者将对"三圈理论"中的"支持"维度进行深入分析，完善评估指标体系的评估维度设计。

"三圈理论"认为，对"支持圈"的关注能够让我们整合不同利益相关群体的诉求，尤其是关注政策对象的感受、态度和评价，可以有效提高政策制定和实施的科学化、民主化和规范化程度。在政策制定和执行的过程中，如果政策方案或实施过程处于支持圈内，能够得到政策对象的支持，那么政策目标会更容易实现，政策效果也会随之提升；如不处于支持圈内，则代表政策设计有问题或执行有困难，应通过评估和分析，找到问题和困难所在，采取相应的"纠偏"措施。

本书认为，"三圈理论"中的"支持圈"评估与政策的"回应性"评估是高度一致的。威廉·邓恩的公共政策评估理论中提出，"公共政策的回应性是指政策是否满足公众的需要，是否迎合公众的偏好，是否符合公众的价值标准。"[①] 在进行政策评估时，应收集政策对象是否从公共政策中获益的回应性信息，即使教育扶贫政策实现了保障公平、促进发展和人本教育，如果它没有满足政策对象的需要、价值和偏好，那依然是失败的，政策回应性评估的实质是对政策公平性、发展性和人本性价值定位的检验。同时也符合"三圈理论"中"支持圈"的要求，充分考量政策对象的评价和反馈。评估体系中加入政策的回应性评估维度，可以克服政策制定者的自利性倾向，使评估由"自上而下"转变为"自上而下"与"自下而上"结合，有助于弥补政策评估因单方面而带来的弊端和不足。因此在教育扶贫政策评估指标体系的构建中，要将"政策回应性"作为指标体系的一个评估维度，在指标体系的构建中充分考虑测量政策对象态度与意见的指标，促使政策的利益相关者沟通协商，为政策各方提供互动—回应的协商模式，这也是第四代建构评估中最核心的理念和方式。

综上所述，在深入剖析西部贫困地区教育扶贫的价值定位以及基于"三圈理论"对公共政策评估维度分析的基础上，本书将西部贫困地区教育扶贫政策绩效评估指标体系的评估维度设计为"公平性""发展性""人本性"和"回应性"。

---

① ［美］威廉·邓恩：《公共政策分析导论》，中国人民大学出版社2002年版。

五 评估体系概念框架

1. 评估目的

公共政策评估的目的总结起来包括以下几个方面：寻找公共政策制定中存在的问题和不合理性，检验公共政策的价值取向，测量公共政策的可行性和可操作性，判断公共政策应继续执行还是及时停止，改善和优化公共政策，改良公共政策执行过程中的管理技术等。一方面，公共政策评估的核心目的就是在对政策的价值进行明确定位后，通过一定的方法和技术，进行一系列测量判断和沟通协商后，评判政策的设计和制定与价值追求是否吻合，为实现价值政策可行度是否足够，并相应作出改良或重设。可以说，评估目的是源于政策的价值追求，也是价值追求的具体体现和实现路径。要对政策进行价值评估，就要先明确评估的目的，只有评估的目的与政策的价值追求是相同的，才能使整个评估过程实现政策价值评估的功能与作用。另一方面，通过前文对西部贫困地区教育扶贫政策绩效评估指标体系评估维度的分析，基于三圈理论的原理，本指标体系的评估目的除了体现政策价值以外，还应包含"支持圈"的评估，即政策的"回应性"评估。

因此，西部贫困地区教育扶贫政策绩效评估指标体系的评估目的应与其评估维度一致，即公平性、发展性、人本性和回应性。

2. 评估内容

评估内容就是将评估目的细分得更加具体和详细，与评估目的一致，教育扶贫政策的评估内容包括公平性、发展性、人本性与回应性四个方面。公平性主要包括基础教育普及程度和经济发展有差异的地区教育公平保障状况等；发展性一方面是指通过政策促进教育系统发展，另一方面是指为受教育群体所带来的个体发展；人本性是为了充分尊重个体差异性，遵循教育理念发展规律，以多种方式激发个体潜能而提出的包括个体选择和个体素质培养等方面的评估；回应性是在给予政策对象通畅的表达渠道的基础上，采用注重协商沟通的建构式评估方法论，对政策的知晓度和满意度进行评估。

3. 评估机制

实践中大量的政策评估都采取"自上而下"的评估机制，仅仅关注政策结果与政策目标是否相符，评估过程具有单方面主观性的特点，且评估主体往往为政策执行机构内部人员或组织，评估者既当"运动员"，又当"裁判员"，这存在很大程度的自利倾向，发现问题的主动性值得商榷，因而根本无法保证政策评估过程的真实度和可信度；虽然部分政策评估由第三方机构组织实施，但第三方机构很难被认定为"中立者"，实践中第三方机构与政府机构很可能会有一定程度的利益捆绑，或被普通民众广泛认为二者早已进行了利益结盟，从而导致政策评估失效。教育扶贫政策是真正意义上的民生政策，一方面是为了满足最基础的民生需求——受教育的需求，另一方面也是为了完成提升人口素质，带动经济发展的战略目标。因此，在教育扶贫政策绩效评估体系中，设计来自政策对象的回应性和反馈性指标极其重要。只有采用"自上而下"与"自下而上"相结合的评估机制，才能保证评估结果是在尊重多元价值观、整合多方主张诉求，通过协商最终实现价值统一的评估，才能确保评估过程的科学性和结果的可靠性，才能实现真正的政策评估。

4. 评估范式

前三代评估理论基本是遵循实证主义方法论，但是从第四代评估建构主义方法论引入后，实证主义方法论被认为存在多种缺陷，如管理主义倾向、忽略价值的多元性以及过分强调调查的科学范式等，这些缺陷使政策评估的过程缺乏科学性和客观性，将较缺乏话语权和表达渠道的政策对象置于被剥夺权利的状态。实证主义方法论取向的评估过程通常以看似十分"科学"和"理性"的程序和形式进行，似乎代表着普适性的价值，但很容易在无形中回避和忽略基于不同社会群体利益的价值判断，评估结果常常"非黑即白"，并没有测量和体现出政策对社会和个人产生的真正改变和影响。因此，教育扶贫政策的评估范式应有效结合"实证主义方法论"和"建构主义方法论"，在深入探索实证主义方法论在评估中的运用的同时，合理引入建构主义方法论。一方面以自上而下的方式对政策投入、过程和结果进行实证分析，另一方面确保各利益主体都有做出自己判断的空间和渠道，通过评估者与利益相关者的互动，获取利益相关者所反馈的评价性信息，最终综合各利益群体的意见和评价，做出综合评估，如图4-3所示。

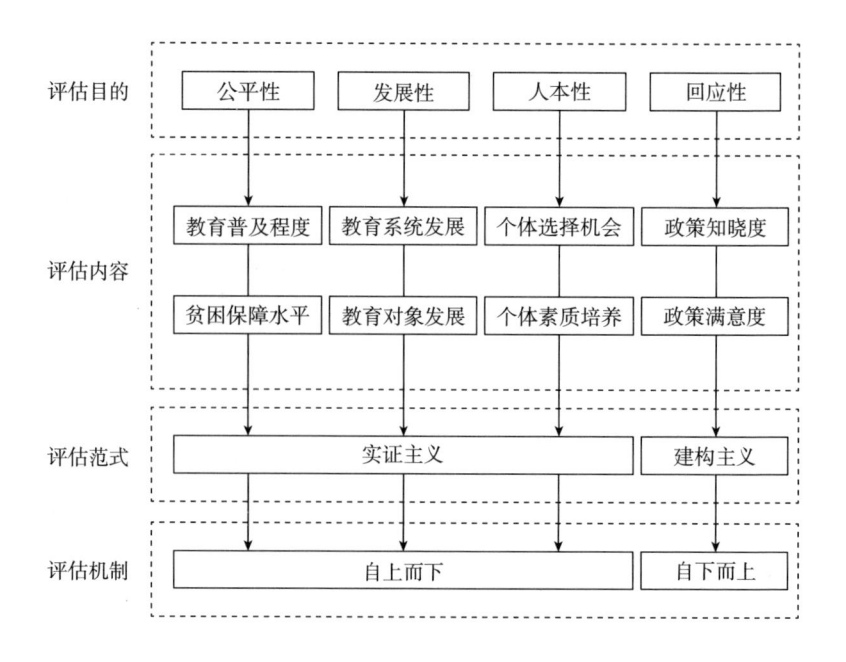

```
评估目的    公平性   发展性   人本性   回应性

评估内容    教育普及程度  教育系统发展  个体选择机会  政策知晓度
            贫困保障水平  教育对象发展  个体素质培养  政策满意度

评估范式           实证主义              建构主义

评估机制           自上而下              自下而上
```

图4-3　教育扶贫政策绩效评估体系框架

第二节　教育扶贫政策绩效评估体系构建的具体流程

开展西部贫困地区教育扶贫政策绩效评估指标体系的构建是一项复杂的系统工程，必须经过严密的逻辑思考，采取科学的方法，按照一定的构建流程，确保指标体系的可靠性和实用性。本书在构建西部贫困地区教育扶贫政策绩效评估指标体系的具体流程中，确定了指标体系的基本原则，逐步开展了指标类型确定、一级指标、二级指标和三级指标的设计等构建步骤，并采用德尔菲法和统计学计量分析方法，对指标进行了筛选，最后采用层次分析法，确定了已筛选指标的权重，完成了西部贫困地区教育扶贫政策绩效评估指标体系的构建。

一　基本原则

1. 价值导向原则

价值导向原则是指所设计的评估指标体系必须与所评估的对象的内涵相符合，能够充分反映一项公共政策的评估标准，与政策的价值追求相一致。西部贫困地区教育扶贫政策以公平性、发展性、人本性与回应性为价值定位，因此在设计教育扶贫政策绩效评估体系时，必须以价值性的目标为各项指标的指导和引领。评估指标与价值取向相一致，才能真正通过评估判断出政策设计是否合理，政策目标是否得以实现，政策执行是否得当等，只有包含合理明确的价值定位的政策绩效评估体系才能引导公共政策活动向科学有效的方向进行。

2. 系统性原则

系统性原则是指教育扶贫政策绩效评估体系的各项指标能够通过相互协调、辅助和支撑，最终在指标的总和中实现政策目标。一方面，教育扶贫政策的评估是对教育扶贫政策全过程的评估，既包括事实分析，也包括价值判断，因此指标体系应该具备足够的覆盖面，能够反映出教育扶贫政策的系统性特征。指标体系应该包含各方面的重要指标，能够通过评估活动对政策的价值和效果等都做出客观的评价。另一方面，指标体系并不是多项评估指标的简单聚合，在满足整体性和相关性特征的基础上，还需要具有层次性，即指标应该被合理地分为若干层次，一个指标群由若干各相互独立的指标构成，用以评估教育扶贫政策某一方面的内容，若干的指标群彼此也相互独立，共同构成一个综合性的政策绩效评估体系。

3. 科学性原则

政策绩效评估体系的构建绝不能凭主观判断开展，必须以一定的理论为依据，构建一个能够真实全面地反映政策设计是否合理，执行过程是否存在问题，政策目标完成度如何，与政策对象的期望是否符合的评估指标体系，并对收集到的数据采用合适的测量和计算方法。在具体的指标设计中，同样要以理论为支撑，采用科学的设计方法，如指标权重的确定等。同时，要明确各项指标之间的逻辑关系，确保指标之间无重叠的情况发生，用科学的方法对指标进行筛选。

4. 全面性原则

教育扶贫政策绩效评估体系的全面性原则体现在指标设计不仅仅只涉及政策制定者与政策执行者，以及教育系统内部的资源配置等方面，还要注重各方利益群体对教育扶贫政策内容和执行的反馈意见。因此，指标体系要尽可能全面地收集所有利益相关方的评价信息，使评估过程不仅包括政策的投入、产出、过程等，还包括政策对象的满意度等。

5. 可操作性原则

可操作性原则是指各项指标可通过直接测量或实际观察获取数据，即指标体系具有可行性，指标设计的数据具有可获得性，易于采集，方便掌握和操作。西部贫困地区教育扶贫政策绩效评估指标体系中包括硬指标和软指标两类指标，硬指标是指客观指标，可通过查阅政府公开发布的政策、政务信息公开渠道、全国性和地方性统计年鉴和各种专业性年鉴或政府部门公开的政策文件中直接获得；软指标是指主观指标，主要通过对政策的利益相关方发放调查文件，综合评分获得。同时，必须考虑数据的真实性，即数据来源的可靠性和有效性。只有保证了数据的可获得性和可靠性，指标体系才具有可操作性，评估活动才能得以顺利进行。

二 指标设计

1. 指标体系构建流程

构建一个综合、系统、科学、合理的教育扶贫政策绩效评估指标体系是一项需要严密逻辑的系统工程，必须遵照严谨的程序，运用科学的方法，构建流程主要包括设计评估维度、设计二级指标、设计三级指标、指标筛选、指标权重分配等，这是构建教育扶贫政策绩效评估指标体系的核心流程与重点内容，在本章将会一一进行阐述与分析。主要流程如图4-4所示。

2. 指标设计方法

（1）文献分析法。文献分析法是通过对已有文献进行搜索分析来提取研究对象所需信息的一种研究方法，在设计政策评估指标体系的研究中被广泛使用，是研究者在研究过程中获取丰富文献参考的科学方法。本书在使用文献分析法进行西部贫困地区教育扶贫政策绩效评估体系的构建时主要采用了以下两种文献来源。

①国家和地方出台的重大政策文件。国家和地方发布的教育扶贫政策文件是本书指标设计的重要参考，如教育部等部门《关于实施教育扶贫工程的意见》《教育脱贫攻坚"十三五"规划》《教育部：20项政策实现教育扶贫全覆盖》《关于加强雨露计划支持农村贫困家庭新成长劳动力接受职业教育的意见》，教育部、国务院扶贫办印发《职业教育

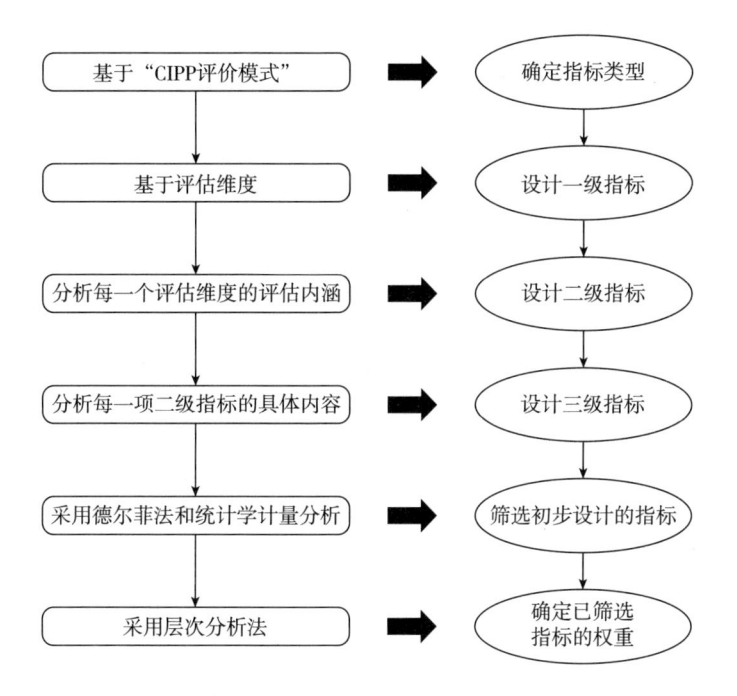

```
基于"CIPP评价模式"  →  确定指标类型
         ↓
基于评估维度         →  设计一级指标
         ↓
分析每一个评估维度的评估内涵  →  设计二级指标
         ↓
分析每一项二级指标的具体内容  →  设计三级指标
         ↓
采用德尔菲法和统计学计量分析  →  筛选初步设计的指标
         ↓
采用层次分析法       →  确定已筛选指标的权重
```

图 4-4　西部贫困地区教育扶贫政策绩效评估指标体系构建流程

东西协作行动计划（2016—2020 年）》，教育部等四部门印发《高中阶段教育普及攻坚计划（2017—2020 年）》，中共中央办公厅、国务院办公厅印发《关于支持深度贫困地区脱贫攻坚的实施意见》，云南省委、省政府《关于深入贯彻落实党中央国务院脱贫攻坚重大战略部署的决定》，云南省扶贫开发领导小组印发《云南省加强教育精准扶贫行动计划》，云南省扶贫开发领导小组印发《云南省教育扶贫实施方案》，云南省政府教育督导委员会印发《关于进一步做好义务教育控辍保学工作的通知》，云南省政府办公厅印发《云南省乡村教师支持计划（2015—2020 年）》等。通过对政策文件的梳理，可以分析和归纳政策内容、政策目标和任务举措等，是设计教育扶贫政策评估指标的重要依据。

②学术成果。在权威期刊上发表的学术论文和优秀硕博士论文是教育扶贫政策绩效评估指标设计的重要参考来源。重要学术成果中包含众多其他学者对教育扶贫的相关理论研究和实践调查等重要信息，且都是

经过同行专家严格评审和检验的资料，对于本书的研究有很高的学理参考价值。本书参考借鉴的学术研究成果主要包括政策行为研究、政策评估研究、教育政策研究、教育扶贫政策研究、教育政策评估体系构建等方面，结合实践中对西部贫困地区教育扶贫政策的基本要求，对指标体系所包含的指标进行设计和筛选，确保指标体系的设计过程更加科学和全面。

（2）理论分析法。理论分析法是通过理性思维认识事物本质及其运行规律的分析方法，通过分析事物的组成、特征、属性、内部逻辑关系等对事物的本质进行分析和认知，从而掌握其规律。西部贫困地区教育扶贫政策绩效评估指标体系的构建是一项系统性、综合性的复杂工程，其逻辑、内涵和重要组成部分的分析和确立必须在理论的指导下展开。本书在理论分析的基础上对西部贫困地区教育扶贫政策的评估标准、价值定位、评估目的、评估内容、评估机制、评估范式等进行了分析和构建，并对"CIPP评价模型"进行了改良，设计了教育扶贫政策评估模型，在此基础上确定了指标类型，同时结合西部贫困地区教育扶贫政策的价值定位，在"三圈理论"的分析框架下，设计了评估维度，即一级指标，并逐级分解为二级指标和三级指标，最终完成指标的初步设计。

（3）德尔菲法。德尔菲法，也叫作专家咨询法，是一种反馈匿名函询法。在使用德尔菲法时，主要的步骤包括：制作问卷调查表或专家咨询表，向相关领域的专家咨询意见，并将其汇总、归类、分析，得到结果后，针对不确定的问题，继续开展新一轮的专家咨询，再次请专家提出意见，并再次汇总、归类、统计、分析，直到所有问题不再存疑。在构建教育扶贫政策绩效评估指标体系的过程中，除了以理论研究和政策文本为基础设计指标外，还需要广泛听取和科学分析相关专家的意见。本书将选取相关领域具有长期丰富理论研究和实践经验的人员作为问卷调查对象，收集专家对初步设计的指标的重要性和必要性评价数据，在数据整理的基础上运用统计方法对专家意见进行分析，进行指标筛选，最终形成西部贫困地区教育扶贫政策绩效评估指标体系。

（4）层次分析法。层次分析法是一种层次权重决策方法，主要是将一个复杂的多目标决策问题看作一个系统，将总目标分解为多个目标或准则，再分解为多个指标的若干层次，通过定性的模糊量化方法计算出层次单排序（权重）和总排序，以此作为目标（多指标）多方案优化决策的系统方法。① 本书将运用层次分析法，分析教育扶贫政策评估的若干层级和要素，构建西部贫困地区教育扶贫政策绩效评估指标体系的层次结构模型，构建同一层级各指标两两比较的判断矩阵，得到其相对重要性的结论和判断，从而确定各指标的权重分配。

3. 指标初步设计

（1）指标类型设置。①综合性指标、投入性指标、产出性指标与反馈性指标相结合。第一类指标类型的设置和界定是在对 CIPP 评估模式进行改良的基础上来开展的。CIPP 评估模式是由美国著名教育评价专家斯塔弗尔比姆（Stufflebeam）于 1966 年提出的，当时美国联邦政府要求凡是接受《美国初等与中等教育法案》资助的项目都必须接受评估，但是当时被广泛运用的结果测量评估模式已不适合项目的评价，于是斯塔弗尔比姆构建了 CIPP 评估框架，力求在评估活动中获得整体的、全面的信息，以帮助方案目标的设定、方案的实施以及方案实施结果的考核。

CIPP 评估模式也称决策导向评估模式或改良导向评估模式，它认为评估的本质是为管理者进行决策提供信息和服务的过程，评估应从四个方面展开，分别由背景评估（Context Evaluation）、输入评估（Input Evaluation）、过程评估（Process Evaluation）、结果评估（Product Evaluation）构成了评估模型。其中，背景评估即在特点的环境中评定其需要、问题、资源和机会；输入评估即是在背景评价的基础上，对达到目标所需的条件、资源以及各备选方案的相对优势所做出的评估，其实质是对方案的可行性和效用性进行评估；过程评估是对方案实施过程中作持续地监督、检查和反馈，结果评估是对目标所达到的程度进行的评估，包括测量和判断方案实施后所取得的效果，评估人们的需要被满足的程度等。② 在运用 CIPP 评估模式的过程中，评估者可根据需要采取

---

① 范柏乃：《政府绩效管理》，复旦大学出版社 2012 年版。
② 尹玮：《基于 CIPP 的大学外语翻转课堂课程评价体系构建研究》，《中国海洋大学学报》（社会科学版）2019 年第 5 期。

不同的评估策略，评估时间可以是方案实施前，也可以在方案实施中，可以实施四种评估的一种或几种评估，是一种十分灵活的评估模式。

基于CIPP评估模式，笔者在对教育扶贫政策评估的价值追求、内涵分析和评估要点进行了综合分析的基础上，对CIPP评估模式进行了一定程度上的改良，对评估的四个方面进行了一定的明确，构建了更加适用于教育扶贫政策的评估模式，具体分为价值评估、输入评估、结果评估和过程评估。

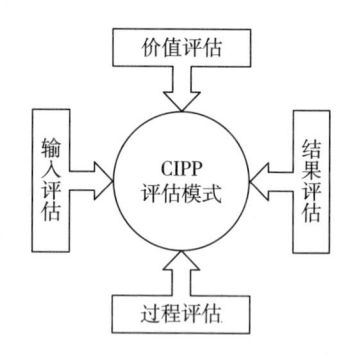

图4-5 改良后的CIPP评估模式

一是价值评估。这一评估维度由CIPP评估模式中的背景评估改良而来，从政策背景评估的本质来说，教育扶贫政策评估的背景评估就是根据经济社会发展和民众即政策对象的需要和诉求，对政策本身的合理性所进行的价值判断，因此，背景评估即是政策评估中的价值评估，它是构建教育扶贫政策绩效评估体系的指导性标准，其指标的确定应与教育扶贫政策的价值追求契合。与此同时，教育扶贫政策绩效评估体系的价值追求是从理论角度出发所提炼的政策评估的价值指导，除了单纯的理论分析外，还应充分结合实践经验，即本书前文部分所进行的西部贫困地区教育扶贫"政治系统"分析，在理论与实践两方面分析结果融合的基础上，评估模式中背景评估的指标才可以确定。鉴于背景评估的内涵是对政策进行的价值评估，具有指导性功能，用以指导整个评估活动的方向，因此，价值评估中根据理论与实践所确定的指标即是教育扶贫政策评估指标体系的一级指标。

其中，理论分析部分即前文所作的教育扶贫政策绩效评估体系的价值定位分析，通过分析，可确定指标体系的价值追求为公平性、发展性、人本性与回应性四个方面。

前文基于"政治系统"理论对西部贫困地区教育扶贫所进行的政治系统分析表明，该地区教育扶贫政策实践的内部环境包括自然生态环境恶劣、人力资本水平不足、经济基础薄弱等，而外部环境中，国家和地区都面临着激烈的国际竞争，同时也需要积极争取国际合作，加之国际减贫共识和国际教育发展理念的共同影响和带动，教育扶贫政策的实践具有紧迫的政治需求、经济发展需求和社会需求，同时也受到个体意愿和国家能力的双重支持。因此，实现教育公平，是西部贫困地区教育均衡发展、整体提高、摆脱贫困、追求经济社会发展的底线需要；促进教育系统和个体发展，是西部贫困地区实现可持续发展的本质要求；追求教育人本化，是西部贫困地区激发人才潜力，为国家战略储备和输送竞争力的核心追求。

综上所述，通过理论分析可知，教育扶贫政策绩效评估的价值追求包括公平性、发展性、人本性和回应性；通过政策实践的政治环境与实践经验分析可知，公平、发展、人本是西部贫困地区教育扶贫政策应努力实现的价值追求，与政策价值定位的理论分析相契合，因此，将西部贫困地区教育扶贫政策绩效评估体系的价值评价部分，即一级指标确定为公平性、发展性、人本性和回应性。

二是输入评估。教育扶贫政策的输入评价即是根据政策目标，对政府所进行的投入进行评估，其中包括财力、物力、人力等方面。任何一项政策在设计和制定之初，都会对政策目标有提前规划和具体要求，如国务院办公厅发布的《关于实施教育扶贫工程的意见》中提出要提高基础教育的普及程度和办学质量，提高职业教育促进脱贫致富的能力，提高高等教育服务区域经济社会发展的能力，提高继续教育服务劳动者就业创业的能力等。那么，要达成政策目标，各级政府在执行过程中就必然需要有各方面的投入，如财政经费保障、困难学生资助、师资力量培养和吸引机制、毕业生就业创业服务等。针对此类政策投入性的指标进行测量和评估，对于教育扶贫政策绩效评估体系的构建十分必要且极其重要，投入性指标是政府为实现政策价值，达成政策目标所进行的基础性和保障性政策活动，投入力度的强弱对政策实施的效果具有决定性的作用。同时，输入评价也是基于价值评估所设计和开展的事实评估，是实现价值评估而进行的技术层面的活动，是整个评估体系中必不可少的评估维度。

　　三是结果评估。教育扶贫政策的结果评估是在针对政策实施后，对政策作用的相关领域及政策对象所造成的变化和影响开展的评估，即对政策产出性的指标进行评估。教育扶贫政策实施后，在财力、物力、人力等各方面的投入下，会对教育系统和受教育个体都产生一定的影响，使其发生一定程度上的变化和发展，但是往往由于政策设计和制定或政策执行过程中的错误或失误，会导致政策结果与政策目标存在偏差甚至有所违背。因此，对政策的结果进行评估同样极其重要，是检验政策投入和实施是否偏离既定轨道和目标的必要环节。与此同时，政策评估中常常会有主观性太强的弊端，即政策制定者主观设立政策目标后，再以单方面的主观视角来审视政策结果与目标的契合程度，完全采用"自上而下"的评估模式，忽略了处于政策过程后端的利益相关者的主张和感受，忽略了政策对象才是政策服务的目标即政策效果最真实和直观的体验者这一事实，即缺失了政策对象对政策内容和效果的反馈性评价。因此，教育扶贫政策绩效评估体系中必然应该包含对结果的评估，且不仅仅是政策的直接产出指标，还包括政策对象对政策产出的反馈性评估指标。与输入评价一样，结果评估同样是价值评估的具体体现，也就是事实评估的重要组成部分，与输入评估一起作用于价值评价。

　　四是过程评估。基于政策活动的过程理论，政策制定者、政策执行者与政策对象虽然都是利益相关者，但政策制定者与执行者位于政策过程的前端，是政策执行的主体，与政策内容的相关度一般相对较弱，但却是表达度极高的群体，这意味着政策制定者与执行者并不是政策内容的直接受益群体与体验群体，但却拥有比政策对象更高的话语权和决策权。反之，政策内容和执行过程虽直接作用于政策对象，但由于其位于政策过程的后端，是政策执行的客体，该群体与政策本身的相关度最高，但表达度却较低，其利益诉求与反馈意见常常被忽略甚至遭到压制。因此，除了在结果评估中加入政策对象的反馈性指标，在过程评估中也应为政策对象对政策执行过程的评估留有空间和渠道。同时，政策制定者和执行者作为政策执行主体,是政策实践活动的具体实施者,他们对政策执行过程的评估实际上是对自身开展的自我评价,缺乏客观性和科学性,反馈信息几乎无效,不具有采纳价值,因此笔者认为,在教育扶贫政策绩效评估指标体系中,过程评估维度只应该设计政策对象对政策实施过程的反馈性评估指标,与输入评估和结果评估一起,共同构成指标体系的事实评估部分。

价值评估部分,是整个评估指标体系的指导,其内涵是根据经济社会发展的需求、教育系统发展的需求和政策对象的需求来设计指标体系的最高层即一级指标,指标类型均为方向性的综合指标,作为二级指标和三级指标的设计指导。输入评估部分,主要是评估政策中财力、物力、人力等方面的投入,指标类型均为投入性指标。结果评估包括两类指标的设计,一类是政策的实际产出,如教育系统内规模发展的具体指标、学生各级教育完成率等,对应的指标是政策产出性指标;另一类是政策对象对政策产出的回应、反馈和评估,对应的指标为反馈性指标。过程评估部分为排除政策制定者和执行者的自利倾向,即避免政策实施主体既当"运动员"又当"裁判员"易导致的公正客观不足等现象,主要是由政策对象对政策实施过程进行反馈评估,因此所涉及的指标均为反馈性指标。

西部贫困地区教育扶贫政策评估体系指标类型如图 4-6 所示。

②主观指标(软指标)与客观指标(硬指标)相结合。西部贫困地区教育扶贫政策绩效评估指标体系的设计需要将客观指标与主观指标进行结合。

客观指标,也称"硬指标",主要反映客观事实,有确定的数量属性,以具体数据的形式体现,指标来源主要是相关部门在工作实践中的统计数据,并以法定文件或官方公布的原始数据表现出来,这一类数据本身就具有客观上的确定性。

主观指标,也称"软指标",主要是指无法用具体数据进行统计的指标,这一类指标难以通过客观数据的形式体现出来,其实质是利益相关者对政策的主观质量感知,是根据政策主体和客体主观评价和经验标准所获得的描述性数据。笔者在调研中获知,一部分软指标在实际的政策实践中相关政府部门并无数据统计,这一部分指标笔者将通过问卷调

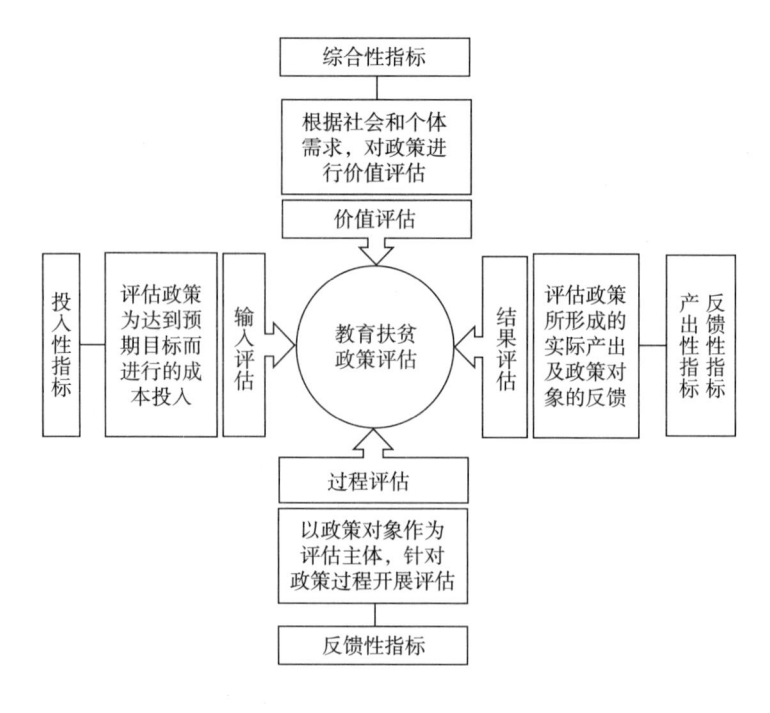

图4-6 西部贫困地区教育扶贫政策评估体系指标类型

查的方式,根据政策执行主体在实际工作中长期的经验基础来进行评判;另一部分软指标是政策对象对政策的反馈,主要反映了个体感受、愿望、态度和评价等心理状态,这一部分软指标笔者将向相关政策对象发放问卷,收集其反馈评价信息展开分析。为保证软指标的客观性和准确性,笔者将确保问卷发放达到一定的数量值,以排除评估中的个体因素。

(2)一级指标设计。一个科学全面的政策绩效评估指标体系应该是一个多维度、多层次的系统性集合系统。指标体系的结构主要包括不同维度、不同层次及其中的要素。一般来说,一个综合性评估指标体系主要包括三个层次的指标,即"一级指标""二级指标""三级指标",其逻辑关系如图4-7所示。

在西部贫困地区教育扶贫政策绩效评估指标体系中,最高层级的指标即一级指标即指标体系的评估维度,通过前文对评估维度的分析,将指标体系的一级指标设计为"公平性""发展性""人本性"与"回应性"四项。

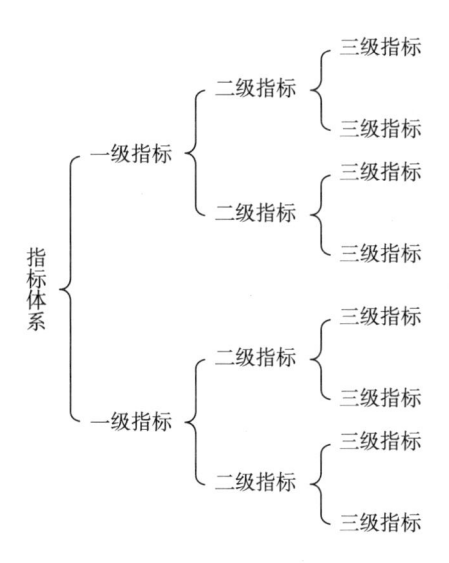

图 4-7 综合性指标体系层级

（3）二级指标设计。第二层次的指标即"二级指标"，主要是教育扶贫政策评估的中观解释指标，通过剖析教育扶贫政策每一项价值追求的内涵及其包含的主要内容而确定。

①一级指标"公平性"下的二级指标。一是二级指标"教育普及程度"解析。二级指标是一级宏观指标的中观解释，也是一级指标确定的评估方向所包含的主要内容。西部贫困地区教育扶贫政策绩效评估指标体系中，一级指标"公平性"设立的基础理念是认为公平是公共政策应该遵循的基本准则，且教育产品本身就具有公共性质，政策理应为教育扶贫确立公平的发展环境。而教育扶贫政策在公平性上最重要的内容就是保障政策对象接受教育的基本权益。贫困地区长期以来社会发展程度较差，一直存在贫困人口受教育层次低、质量差、范围窄、数量少等问题，甚至在贫困程度较深的地区，文盲率还一直处于居高不下的状况，为了评估教育扶贫政策的公平性，调查和测量贫困地区教育的普及程度就显得尤为重要。教育普及程度可以很好地反映该地区为保障教育公平的政策设计是否合理、政策投入是否足够、政策目标是否实现，

因此，将一级指标"公平性"中的第一个二级指标设定为"教育普及程度"。

二是二级指标"贫困保障水平"解析。教育扶贫政策区别于其他教育政策最主要的特征就是发展贫困地区的教育，以"扶贫先扶智"的理念重点帮扶贫困地区的人才培养，增强内生动力，"造血式"带动贫困地区经济发展。在社会财富两极分化日趋严重的背景下，发达地区与贫困地区的人口收入水平差距越来越大，贫困地区人口对教育支付的能力和获取的渠道必须从教育扶贫政策中获得保障和倾斜帮扶，如此才能真正实现教育扶贫政策对贫困人口在教育资源分配时得到平等对待的权利。公平性中的"贫困保障水平"指标是为了检验和评估教育扶贫政策是否实现了公共教育资源平等、均衡、合理地安排与利用，是否保障了不同的社会群体在教育实践中获得其应有的资源并享受其成果。因此，将一级指标"公平性"中的第二个二级指标设定为"贫困保障水平"。

②一级指标"发展性"下的二级指标。一是二级指标"教育系统发展"解析。从教育扶贫政策的目标和内容来看，无论是政府财力、人力、物力的投入还是政策中规定的具体任务，最重要的内容之一就是实现贫困教育事业和教育系统自身的发展，如教育部印发的《教育脱贫攻坚"十三五"规划》中的第一项任务举措就是"夯实教育脱贫根基"，其中对发展教育事业提出了多项具体要求，如全面改善农村薄弱学校基本办学条件、合理改善学校布局、加强乡村教师队伍建设、改善教学设施、提升教育质量等，教育扶贫政策要实现其"发展性"目标，就是要构建和完善贫困地区的教育培养体系，保证教育基础设施建设和优质教育资源的供给，这是贫困地区教育系统自我功能维持和实现的需要，也是为个体提供教育供给的前提条件。因此，将一级指标"发展性"下的第一个二级指标设定为"教育系统发展"。

二是二级指标"教育对象发展"解析。无论是教育扶贫政策还是其他教育政策，最核心的关注对象和目标群体无疑是受教育者，政策的核心任务之一应该为个体接受教育提供资源、产品和服务，使个体能够通过享受教育扶贫政策的福利，得到自我提升和成长，获得知识和能力，提高个人生活质量，实现个人自我价值。通过教育扶贫政策为贫困地区提升贫困人口的知识技能水平和能力也是教育扶贫政策阻断贫困代际传递,增强内生动力和发展能力的前提条件和必要因素。教育对象的发展状况能够在很大程度上说明和体现出教育扶贫政策的发展性目标是否得以实现。因此,将一级指标"发展性"下的第二个二级指标设定为"教育对象发展"。

③一级指标"人本性"下的二级指标。一是二级指标"个体选择机会"解析。教育扶贫政策虽然是针对贫困地区具有普遍性的教育问题而设计和制定的,是为了满足大部分受教育群体的需求,但政策也应该最大限度地把每一个受教育个体作为政策对象,充分关注每一个政策对象的特殊性潜能、意愿和选择。随着经济社会的发展和社会文明程度的提升,民主观念也逐渐深入到教育领域,其具体体现就是在接受教育时能够享有自主选择的权利,随之人本教育的理念也逐渐成为了重要的价值指导。在此背景下,教育扶贫政策也应该努力尝试着给予受教育个体自主选择的机会与空间,将受教育者看作是教育活动的主体,在对受教育的方向和种类等选择中,给予其根据自主意愿进行判断和选择的机会。只有将教育体系朝着"个性化"发展,才能向社会输出"多样化"的人才。在教育扶贫政策绩效评估指标体系中,针对"个体选择机会"的评估具有十分重要的作用。因此,将一级指标"人本性"下的第一个二级指标设定为"个体选择机会"。

二是二级指标"个体素质培养"解析。我国长期以来都把提高全民族的素质作为一项重要任务,一直以来"素质教育"的培养理念也在反复强调和实践中逐渐得以实现。素质教育是一种重视人的思想道德素质、能力培养、个性发展、身体健康和心理健康的教育方式,以全面提高人的基本素质为根本目的,注重形成人的健全个性。素质教育也让受教育者能够正确面临和处理自身所处社会环境的一切事物和现象。贫困地区人口受到自然环境恶劣和经济发展落后的影响,长期遭受生活困苦、资源匮乏、利益诉求能力和渠道不足的桎梏,很容易产生仇官、仇富、愤世嫉俗等不健康心理,甚至发展为自我放弃或报复社会等恶劣行径。因此,通过教育扶贫政策在为受教育者提供公平的受教育机会和优质的教育资源的基础上,将"素质教育"的理念融入政策目标,贯穿政策实践始终,纳入政策评估活动,具有重要意义。另外,个体素质培养还包含了对受教育者实践能力和综合素质的培养,以及除升学目标外的业余爱好培养和身体素质锻炼等,促进受教育者将多样化的外部教育内化为自己稳定的身心素质和综合能力,这也是贫困地区培养综合能力强、实践能力强、体能素质强、心理能力强的综合人才的必经之路。因此,将一级指标"人本性"下的第二个二级指标设定为"个体素质培养"。

④一级指标"回应性"下的二级指标。一是二级指标"政策知晓度"解析。政策知晓度是指政策对象对政策内容、价值及其执行方式、落实途径的了解程度。政策知晓度是政策沟通效果良好与否的重要衡量指标,也是政策回应性评估的重要部分。在公共政策行为中,政策沟通是信息接收者和传播者在政策制定、执行和评估过程中的信息交换与交流,其实质是政府提供公共服务的重要内容。公共政策的执行及其效果在很大程度上取决于政策对象对政策的认知程度,即政策知晓度。政策出台后,只有当公众对其有足够的知晓度时,政策对象才会有意识地去关注和获取有益于自身的信息和内容,从而促使政策对象主动推动政策发挥其效用。当政策产生正向的效果时,政策对象对它的关注度会随之增加,对政府行为和政策本身的认同感和信任感也会有所增强,从而进一步推动政策行为的良性循环。在我国公共政策实践中,普遍存在由于缺乏政策沟通,公众政策知晓度低而影响政策效果以及公众对政策的认可度。政策内容和信息的传递,直接影响到政策对象对政策的理解和反馈,从而影响政策对象对政府行为的信任程度和政策执行的效果。研究表明,要实现有效的政策沟通,不仅要注重政策信息公开和宣传,还要强调政府与公众之间信息的有效交换和互动沟通。哈斯拉姆认为,沟通是政府修正自身行为,促进政策落实的重要依据。① 政策沟通让政策对象了解政府政策及其措施,有助于政府巩固其作为人民利益代表的使命感,让政策对象对政策行为有全面的理解和客观的评价,同时增强公众对政府的信任度,从而有利于政策执行的效果和结果的产出。教育扶贫政策是与贫困地区几乎每一户家庭利益联系极其紧密的民生政策,在政

---

① Haslam, J., "Learning the Lesson – Speaking up for Communication as an Academic Discipline too Important to be Sidelined", *Journal of Communication Management*. 2002, 7: 14–20.

策的执行过程中，更应该尽可能地增强政策对象的话语权，增强政策对象对自身可获得的政策利益及其获取渠道的知晓度，并开放政策对象反馈信息和表达诉求的空间，以此来促进政策目标的达成。由此看来，对政策知晓度的测量和评估是政策回应性维度评估的重要部分。因此，将一级指标"回应性"下的第一个二级指标设定为"政策知晓度"。

二是二级指标"政策满意度"解析。公众将自身的部分权利让渡给政府，将社会管理权和公共政策的制定权委托给政府，对政府通过政策行为给予其社会福利充满了期待，公众是政策服务最直接的对象，也是公共物品最重要的消费者，他们对公共政策的质量优劣和服务水平高低有最大的发言权，政策对象对公共政策的满意度评价也由此成为公共政策评估中极其重要的部分。对政策满意度的评估，也是对政策内容、执行过程和政策效果进行评估的重要测度。实践表明，政策对象对政策的制定和执行越满意，政策对象对政府的政策行为和行政能力就越认可、越有信心，政策的实施过程也就会越顺利，即使出现了失误，公众基于对政府的信任，也依然会给予政府对政策进行纠偏的机会和时间。可以说，对政策满意度的测评结果，是政府制定和执行公共政策的经验依据，对政策价值的实现具有重要意义。教育扶贫政策是一项关系到社会弱势群体切身利益的民生政策，是国家在转型期将经济发展的成果转化为人民福祉的重要举措，对教育扶贫政策满意度的调查研究也就富有更加重要的使命和意义。因此，将一级指标"回应性"下的第二个二级指标设定为"政策满意度"。

（4）三级指标设计。第三层次的指标即"三级指标"，是评估体系的最后一层也是评估体系的详细化分解指标，要通过细分二级指标中每一项评估内容的具体表现形式、具体政策内容和目标而确定。

①二级指标"教育普及程度"下的三级指标。教育普及是指国家对全体学龄儿童实施某种程度的教育，用以提高公众的受教育程度。经费保障和资助是教育普及的前提和基础，要对一个地区教育普及程度进行测量，首先就是要测量该地区各阶段教育经费的投入情况，同时对各级教育的入学率、辍学率等指标进行测评。

②二级指标"贫困保障水平"下的三级指标。教育扶贫政策与其他教育政策相比，虽然政策目标和内容相差不大，都是对各教育阶段的

硬件设施、软件水平、教育对象接受教育的能力和途径等进行全面保障。但教育扶贫政策有其特殊性，主要体现在政策对象所处的自然生态环境和经济社会发展环境不同，贫困地区的生态环境和经济社会环境与其他地区相比具有绝对劣势，为保证贫困地区受教育个体拥有与其他地区受教育个体平等的受教育权利和机会，政策必须在设计之初对贫困地区有所倾斜和帮扶，这也就是教育扶贫实施与其他教育政策的区别所在，也是其特殊功能和作用所在。因此，在贫困保障水平的评估中设计的三级指标主要涉及城乡地区教育发展水平的差异、对贫困家庭学生的资助力度和贫困学生入学率等指标。

③二级指标"教育系统发展"下的三级指标。教育系统也称"教育体系"，是为了达到一定的教育目的，实现一定的教育、教学功能的教育组织形式整体，主要包含基础设施建设、硬件和软件配备等，因此教育系统发展下的三级指标主要包括学校布局、学校数量、多媒体教室数量等硬件条件指标，师资水平、师资培养、慕课数量等软件条件指标。

④二级指标"教育对象发展"下的三级指标。教育对象除了包括各级教育的适龄学生，即各级教育实施教育活动的对象外，还应包括贫困地区的成年人和劳动力。教育对象的发展主要体现在其通过教育和培训后的技能获取和提升情况，以及受教育对象的就业创业情况。因此，教育对象发展下的三级指标主要包括毕业生和劳动者就业创业情况，劳动力技能培训质量和少数民族普通话培训质量等指标。

⑤二级指标"个体选择机会"下的三级指标。个体选择机会是指受教育个体在完成国家法定的基础教育即义务教育后，面对更高层次的教育时，可以根据自主意愿和爱好，结合自身能力和潜质，进行不同种类教育方式选择的能力和机会。因此，个体选择机会下的指标主要是义务教育之后的教育阶段的资助和保障方面的指标。

⑥二级指标"个体素质培养"下的三级指标。一直以来我国都提倡素质教育，即在文化知识培养的同时，也要注重学生的身体素质、心理素质、实践能力和其他兴趣爱好的培养，因此，在个体素质培养下设计的指标主要是学校音体美课程、实践活动课程、学生体质健康等方面的指标。

⑦二级指标"政策知晓度"和"政策满意度"下的三级指标。政策知晓度和政策满意度是由政策对象来进行的政策评估活动，主要是根据目前政策实施的既有政策，对其所涉及的政策对象开展调查，收集政策对象对政策的知晓度和满意度的评价性反馈性数据。通过梳理，正在执行教育扶贫政策主要包括资助政策、易地扶贫搬迁学生就学政策、进城务工人员随迁子女就学政策、留守儿童就学政策、"两后生"就学政策等。同时，政策满意度的评估指标除了对政策的满意度外，还包括对学校办学条件、教育教学水平和政策执行与服务的满意度评价。

西部贫困地区教育扶贫政策绩效评估指标体系初步构建如表4-2所示。

表4-2　　西部贫困地区教育扶贫政策绩效评估指标体系初步构建的指标

一级指标	二级指标	三级指标	指标类型一	指标类型二
公平性	教育普及程度	财政性教育经费	投入性指标	客观指标
		财政性教育经费占GDP比例	投入性指标	客观指标
		学前教育生均资助经费	投入性指标	客观指标
		小学阶段生均资助经费	投入性指标	客观指标
		初中阶段生均资助经费	投入性指标	客观指标
		特殊教育生均资助经费	投入性指标	客观指标
		学前教育阶段入园率	产出性指标	客观指标
		小学阶段毛入学率	产出性指标	客观指标
		小学阶段辍学率	产出性指标	客观指标
		初中阶段毛入学率	产出性指标	客观指标
		初中阶段辍学率	产出性指标	客观指标
		残疾儿童义务教育阶段毛入学率	产出性指标	客观指标
		农村留守儿童义务教育毛入学率	产出性指标	客观指标
		义务教育巩固率	产出性指标	客观指标
		高中教育阶段毛入学率	产出性指标	客观指标
		青壮年文盲率	产出性指标	客观指标

续表

一级指标	二级指标	三级指标	指标类型一	指标类型二
公平性	贫困保障水平	城乡学校办学条件差异	产出性指标	主观指标
		城乡学校师资差异	产出性指标	主观指标
		建档立卡贫困家庭学生生均资助经费	投入性指标	客观指标
		贫困家庭学生入学率	产出性指标	客观指标
		贫困家庭学生小学辍学率	产出性指标	客观指标
		贫困家庭学生中学辍学率	产出性指标	客观指标
		贫困家庭学生失学率	产出性指标	客观指标
		贫困家庭特殊资助	投入性指标	客观指标
		弱势群体补偿	投入性指标	客观指标
		《中华人民共和国义务教育法》相关规定履行情况	产出性指标	主观指标
发展性	教育系统发展	学校布局	产出性指标	主观指标
		学校数量	产出性指标	客观指标
		生均占地面积	产出性指标	客观指标
		学校平均规模	产出性指标	客观指标
		办学标准达标率	产出性指标	客观指标
		各级教育完成率	产出性指标	客观指标
		生师比	产出性指标	客观指标
		人均受教育年限	产出性指标	客观指标
		多媒体教室数量	产出性指标	客观指标
		慕课数量	产出性指标	客观指标
		教师学历结构	产出性指标	主观指标
		对口支援教师数量	产出性指标	客观指标
		"特岗教师"数量	产出性指标	客观指标
		乡村教师补助	投入性指标	客观指标
		少数民族教师补助	投入性指标	客观指标
		民汉双语教师补助	投入性指标	客观指标
		义务教育学校优秀校长和优秀教师轮岗比例	产出性指标	客观指标
		教师培训学时	产出性指标	客观指标
		"国培计划"教师参训率	产出性指标	客观指标
		教师培训次数	产出性指标	客观指标

续表

一级指标	二级指标	三级指标	指标类型一	指标类型二
发展性	教育对象发展	劳动者就业率	产出性指标	客观指标
		劳动者创业贷款金额	产出性指标	客观指标
		毕业生就业服务质量	产出性指标	主观指标
		开展专场招聘会次数	产出性指标	客观指标
		农村劳动力引导性培训次数	产出性指标	客观指标
		农村劳动力实用技能培训次数	产出性指标	客观指标
		农村劳动力创业培训次数	产出性指标	客观指标
		少数民族普通话培训质量	产出性指标	主观指标
		农村劳动力转移培训质量	产出性指标	主观指标
		农村实用技术培训质量	产出性指标	主观指标
人本性	个体选择机会	普通高中教育生均资助经费	投入性指标	客观指标
		中等职业教育生均资助经费	投入性指标	客观指标
		高等职业教育生均资助经费	投入性指标	客观指标
		本专科生均资助经费	投入性指标	客观指标
		研究生生均资助经费	投入性指标	客观指标
	个体素质培养	音体美课程教师配备	产出性指标	主观指标
		音体美课程器材保障	产出性指标	主观指标
		体质健康及格率	产出性指标	客观指标
		减负政策执行情况	产出性指标	主观指标
		实践活动课程开展情况	产出性指标	主观指标
回应性	政策知晓度	资助政策	反馈性指标	主观指标
		易地扶贫搬迁学生就学政策	反馈性指标	主观指标
		进城务工人员随迁子女就学政策	反馈性指标	主观指标
		留守儿童就学政策	反馈性指标	主观指标
		残疾儿童就学政策	反馈性指标	主观指标
		"两后生"就学政策	反馈性指标	主观指标
		教师补助政策	反馈性指标	主观指标
	政策满意度	资助政策	反馈性指标	主观指标
		易地扶贫搬迁学生就学政策	反馈性指标	主观指标
		进城务工人员随迁子女就学政策	反馈性指标	主观指标
		留守儿童就学政策	反馈性指标	主观指标

续表

一级指标	二级指标	三级指标	指标类型一	指标类型二
回应性	政策满意度	残疾儿童就学政策	反馈性指标	主观指标
		"两后生"就学政策	反馈性指标	主观指标
		教师补助政策	反馈性指标	主观指标
		学校办学条件	反馈性指标	主观指标
		教育教学水平	反馈性指标	主观指标
		政策执行与服务	反馈性指标	主观指标

如表 4-2 所示，本书通过理论梳理和分析，初步构建了共包含 4 个一级指标，8 个二级指标，83 个三级指标的西部贫困地区教育扶贫政策绩效评估指标体系，其中，共有 17 个投入性指标，49 个产出性指标和 17 个反馈性指标，30 个主观指标和 53 个客观指标。

三 指标筛选

西部贫困地区教育扶贫政策绩效评估指标体系一方面需要在理论基础的支撑下进行全面、系统地构建，另一方面也必须符合政策实践的实际情况，在综合全面的基础上需有效地突出关键性重点指标，使指标体系在实际运用中可操作性更强，如果指标项目过多，反而会降低评估的效率，更影响评估效果的效用。因此，为了使评估指标体系更加合理有效，需要运用一定的计量方法对指标进行筛选和检验。

在文献参考和理论分析的基础上构建的教育扶贫政策绩效评估指标体系，需要通过相关领域具有长期经验基础的专家来进行检验，因此本书在指标筛选时第一步选用了专家咨询法，也称德尔菲法，将初步构建的指标体系以咨询问卷的形式交给相关专家，请各专家对各项指标的重要程度评分，对评分数据进行统计学分析，包括重要性分析和稳定性分析等，删除不合理的指标。同时，在初步构建指标体系时，可能会有较为重复的指标，为提高评估效率，本书会通过查询资料、实地调研等方式，根据初步构建的指标体系，收集部分地区对应各项指标的实际数据，进行各指标项目的相关性分析，删除重复的指标，筛选出关键性指标，形成最终的教育扶贫政策绩效评估指标体系。具体指标筛选流程如图 4-8 所示。

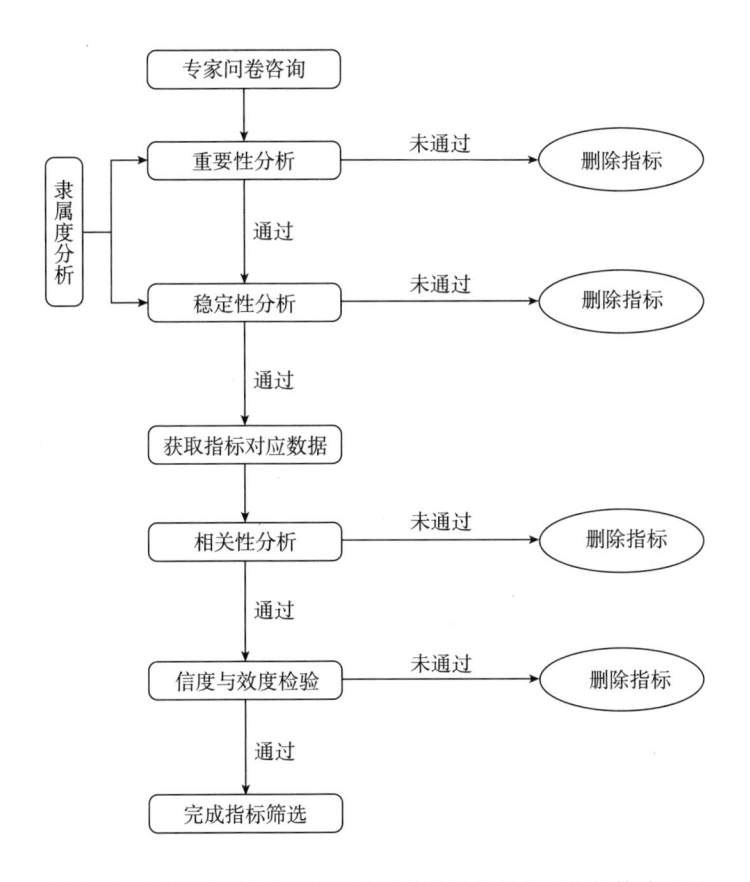

```
                    ┌─────────────┐
                    │ 专家问卷咨询 │
                    └──────┬──────┘
                           ↓
         ┌─→ ┌─────────────┐  未通过   ╭──────────╮
         │   │ 重要性分析   │─────────→│ 删除指标 │
         │   └──────┬──────┘           ╰──────────╯
  隶属     │        │通过
  度分析   │        ↓
         │   ┌─────────────┐  未通过   ╭──────────╮
         └─→ │ 稳定性分析   │─────────→│ 删除指标 │
             └──────┬──────┘           ╰──────────╯
                    │通过
                    ↓
             ┌───────────────┐
             │ 获取指标对应数据 │
             └──────┬────────┘
                    ↓
             ┌─────────────┐  未通过   ╭──────────╮
             │ 相关性分析   │─────────→│ 删除指标 │
             └──────┬──────┘           ╰──────────╯
                    │通过
                    ↓
             ┌─────────────┐  未通过   ╭──────────╮
             │ 信度与效度检验│─────────→│ 删除指标 │
             └──────┬──────┘           ╰──────────╯
                    │通过
                    ↓
             ┌─────────────┐
             │ 完成指标筛选 │
             └─────────────┘
```

图 4-8　西部贫困地区教育扶贫政策绩效评估体系指标筛选流程

1. 筛选过程

（1）隶属度分析。我们共选取了 50 位专家进行咨询，为保证专家对指标评价的准确度，主要选择了长期从事教育及教育扶贫工作的相关部门行政人员以及高校从事政策研究和教育政策研究的专家。所选择的专家中既有从事理论研究的，具有深入的专业理论知识，也有从事实践工作的，具有长期丰富的实践经验。为排除专家在指标评分过程中的主观性弊端，本书集成多位专家的意见，进行综合评估，可以将个人主观意见有效转化为客观评价。根据专家的评分，对指标进行统计学分析筛选，可以在很大程度上提升评估的质量和有效性，增强评估指标体系的合理性与科学性。

本书将初步构建的指标体系制成"西部贫困地区教育扶贫政策绩

效评估指标专家咨询表",以纸质问卷和电子问卷的形式发至各专家,请专家针对初步设计的政策绩效评估体系"一级指标—二级指标—三级指标"分别进行重要程度评分,指标重要程度分为五个层次,用5分制表示,"5分"表示指标"非常重要","4分"表示指标"重要","3分"表示"一般","2分"表示"不重要","1分"表示"非常不重要",并在最后提出开放性问题,请专家提出其他意见与建议。专家反馈问卷50份,有效问卷47份。

本书在47份有效问卷数据的基础上,首先运用统计学方法对评估体系中的指标进行隶属度分析。隶属度分析属于模糊数学分析的研究范畴,认为经济社会中和人文社会科学研究中存在大量的模糊概念和现象,这些概念和现象的外延有模糊性,无法用具体的集合来进行分类和描述。也就是说,无法明确界定具体元素是否绝对属于某一个集合,只能分析和描述其属于这一个集合的程度,也就是该元素相对于这个集合的隶属度。因此,本书将西部贫困地区教育扶贫政策绩效评估指标体系视为一个模糊集合{X},将每一项评估指标视为一个元素,并对每一个元素相对于集合{X}的隶属度进行计算和分析,也就是对每一项指标针对整个指标体系的隶属度进行分析,其中包括指标的重要性分析和稳定性分析。

其次对西部贫困地区教育扶贫政策绩效评估指标的重要性进行分析。为进行指标的隶属度分析,本书将运用专家打分的数据,分别进行两轮分析,第一轮是通过指标的重要性分析来判断其隶属度,第二轮是通过指标的稳定性分析来判断其隶属度。首先进行指标的重要性分析。设专家对第 i 个指标 X_i 的重要程度打分总分为 M_i,该评估指标重要性为 R_i。那么,该评估指标的重要性计算公式为:

$$R_i = \frac{M_i}{47}$$

一般来说,若 R_i 值越大,则代表该指标重要性越高,那么它属于指标体系的程度就越高,视为通过隶属度中的重要性检验,指标予以保留。反之,则将该指标删除。由于专家咨询中,将指标重要程度设置为 1—5 分,3 分对应的评价等级为"一般重要",3 分以上对应的评价等级为"重要"和"非常重要",3 分以下对应的评价等级为"不重要"

和"非常不重要",故在隶属度分析中,将 R 的临界值设为 3,若指标的重要性值大于或等于 3,则通过检验,予以保留;若指标的重要性值小于 3,则不通过检验,予以删除。

如表 4-3 所示,本书运用 SPSS 软件对数据进行处理,通过分析 47 份有效问卷对每一项指标的隶属度分析可知,三级指标"贫困家庭特殊资助"的重要性得分为 1.4,三级指标"弱势群体补偿"的重要性得分为 1.53,三级指标"少数民族教师补助"的重要性得分为 1.75,三个指标的重要性得分均低于 3,视为隶属度过低,不应保存于该指标体系中,予以删除;其他指标通过检验,予以保留,构成了进入下一轮筛选的指标集合。

表 4-3　西部贫困地区教育扶贫政策绩效评估指标体系"重要性分析"删除指标

一级指标	二级指标	予以删除的三级指标	重要性得分
公平性	贫困保障水平	贫困家庭特殊资助	1.4
		弱势群体补偿	1.53
发展性	教育系统发展	少数民族教师补助	1.75

(2)稳定性分析。在对西部贫困地区教育扶贫政策绩效评估指标进行隶属度分析时,除了要对指标的重要性进行分析外,还应该进行稳定性分析。稳定性分析主要是指分析变量对应数据的分布情况,若数据呈现波动性较大的状态,则代表数据稳定性低;反之,则说明数据的稳定性高。评估指标的稳定性分析与重要性分析一样,主要是根据专家对指标的重要程度评分来进行计量分析,指标的稳定性代表了专家对某一个指标重要程度打分的集中程度,如果稳定性得分高,则代表专家意见较集中,若稳定性得分低,则代表专家意见较分散。通过对指标的重要性进行统计分析,已删除了重要性得分较低的指标,其余指标重要性得分高,那么在指标稳定性的分析中,就应该进一步统计专家对指标重要程度评分的一致性和集中程度。在重要性得分都较高的指标中,若指标稳定性得分也高,则说明专家对该指标评分集中程度高,绝大多数专家都认为该指标重要;若指标稳定性得分低,则说明专家对该指标评分集

中程度低，有一定数量的专家认为该指标并不重要，或在政策实践中，专家对该指标的认识度和熟悉度低，那么在实际运用指标体系进行评估活动时，也会存在可操作性不足的问题。因此，稳定性得分较低的指标应该予以删除。

在理论方法中，通常用指标特征曲线的斜率作为评估指标的稳定性参数，斜率越大表明其稳定性越高，然而在构造指标的特征曲线时往往有较大难度，在实际运用中在一般用变差系数 V_i 予以代替。计算公式如下：

$$V_i = \frac{S_i}{\overline{X}}$$

其中，V_i 指标的变差系数计算公式如下：

计算标准差

$$S_i = \sqrt{\frac{1}{n-1} \sum (X_i - \overline{X})^2}$$

计算平均值

$$\overline{X} = \frac{1}{n} \sum_{i=1}^{n} X_i$$

一般来说，变差系数越大，该指标的稳定性就越低；反之，变差系数越小，该指标的稳定性就越高。因此，在本书根据实际需要应删除变差系数相对较大（稳定性较低）的评估指标。

如表4-4所示，本书运用SPSS软件对重要性分析后剩余的80个指标进行稳定性分析，将变差系数高于0.4的指标予以删除。分析结果显示，三级指标"青壮年文盲率"变差系数为0.43，三级指标"各级教育完成率"变差系数为0.42，三级指标"劳动者创业贷款金额"变

表4-4 西部贫困地区教育扶贫政策绩效评估指标体系
"稳定性分析"删除指标

一级指标	二级指标	予以删除的三级指标	变差系数
公平性	教育普及程度	青壮年文盲率	0.43
发展性	教育系统发展	各级教育完成率	0.42
	教育对象发展	劳动者创业贷款金额	0.48

差系数为0.48。这三个指标变差系数较高,指标稳定性较低,予以删除,剩余77个指标予以保留,构成了进入下一轮筛选的指标集合。

(3)相关性分析。在对西部贫困地区教育扶贫政策绩效评估指标体系进行了隶属度的分析之后,还必须对评估指标进行相关性的统计分析,若通过理论分析所设计的指标之间相关性过高,会导致指标的评估目的过于重复,评估对象相关信息重复和过度使用,从而造成信息浪费,使评估成本升高,极大地降低了政策绩效评估活动的效率和评估体系的科学性。

政策绩效评估体系指标的相关性是指两个指标之间的相似程度和变化趋势的体现,若两个指标的相关性过高,则代表针对这两个指标的评估会呈现高度一致的结果,也就是说,只针对其中一个指标进行信息收集和结果评估即可,另一个指标的评估结果会与其相同或相似,无需重复进行信息收集分析和结果统计。因此,针对相关性过高的两个指标,应删除其中一个,不影响评估结果,同时可提高评估效率及评估活动的可操作性。笔者在本环节进行指标筛选时,将结合相关性分析结果和指标重要性程度进行指标删除,即首先进行相关性分析,针对相关性过高的两个指标,删除重要性程度较低的指标,保留重要性程度较高的指标。

笔者认为,相关性分析主要应针对同一评估维度内的指标开展,即在同一个评估维度内,不应该同时存在相关性过高的两个指标,因此本书将针对上一轮指标分析筛选中保留的指标,收集云南省8个国家级贫困县的数据,以每一个评估维度即每一个一级指标作为相关性分析单位,运用SPSS分析软件,分别进行指标相关性统计分析。在理论分析的基础上,本书共构建了四个一级指标,包括"公平性""发展性""人本性"和"回应性",其中,"回应性"维度考察和评估的是西部贫困地区教育扶贫政策对象对政策的知晓度和满意度,为将政策对象全面纳入利益相关者,充分考虑其感受及评价,真正实现"自上而下"与"自下而上"相结合的建构式评估,笔者认为,在"回应性"一级指标下的指标即使相关性较高,也应予以保留,以全面收集各政策对象的反馈性评价信息。因此,本书只针对"公平性""发展性""人本性"三个一级指标下的指标进行相关性分析,筛选指标,"回应性"一级指标下的指标在本环节全部予以保留。

通常在进行相关性分析时，可选用的方法包括皮尔森（Pearson）、肯德尔（Kendall）和斯皮尔曼（Spearman）三种。其中，肯德尔分析方法一般要求变量所对应的数据取值在 -1—1，本书所构建的政策绩效评估指标体系中的指标包括教育经费、学生资助经费、入学率、满意度等，所涉及的数据不满足肯德尔分析方法要求，因此排除肯德尔分析方法。当两个变量呈线性相关时，可使用皮尔森分析方法，但该方法要求变量数据必须服从双变量正态分布，教育扶贫政策绩效评估体系的各指标数据因各地区经济社会发展状况有差异，教育政策的设计制定和执行措施等有差异，针对教育的投入、产出以及政策对象的反馈评价等均会有较大差异，在实践中，无法满足数据正态分布的要求，因此，可以排除皮尔森相关性分析方法。当数据不服从双变量正态分布或总体分布型未知时，应采用斯皮尔曼相关性分析方法。综上所述，本书中指标的相关性分析采用斯皮尔曼相关性分析方法。根据 SPSS 软件分析结果，若两个变量的相关系数在 0.8 及以上，则表明变量之间的相关性较强，根据研究需要，本书将对相关系数大于或等于 0.8 的两个指标，结合重要性程度进行分析，删除其中一个指标。

一是"公平性"指标相关性分析。通过使用斯皮尔曼分析方法，运用 SPSS 软件对"公平性"指标相关性进行分析，得到 5 组指标相关性系数较高，需要对重要性程度较低的指标进行删除。分析统计结果如表 4-5 所示。

表 4-5　　西部贫困地区教育扶贫政策绩效评估指标体系
公平性维度"相关性分析"删除指标

指标	相关性系数	重要性程度	筛选结果
学前教育生均资助经费	0.800	3.30	删除
城乡学校办学条件差异		4.19	保留
小学阶段生均资助经费	0.833	4.43	修改为"义务教育生均资助经费"
初中阶段生均资助经费		4.32	删除

续表

指标	相关性系数	重要性程度	筛选结果
初中阶段毛入学率	0.881	3.62	删除
义务教育巩固率		4.34	保留
贫困家庭学生小学辍学率	0.805	3.51	删除
农村留守儿童义务教育毛入学率		3.57	保留
贫困家庭学生中学辍学率	0.814	3.45	删除
农村留守儿童义务教育毛入学率		3.57	保留
贫困家庭学生中学辍学率	0.99	3.45	删除
贫困家庭学生小学辍学率		3.51	修改为"贫困家庭学生义务教育辍学率"

如表4-5所示,"学前教育生均资助经费"与"城乡学校办学条件差异"相关性系数为0.800,"学前教育生均资助经费"重要性程度得分为3.30,"城乡学校办学条件差异"重要性程度得分为4.19,因此删除"学前教育生均资助经费"。"初中阶段生均资助经费"与"小学阶段生均资助经费"相关性系数为0.833,"初中阶段生均资助经费"重要性程度得分为4.32,"小学阶段生均资助经费"重要性程度得分为4.43,因此删除"初中阶段生均资助经费",为综合评估小学阶段和中学阶段的资助经费,将"小学阶段生均资助经费"修改为"义务教育生均资助经费",取小学和初中资助经费平均值。"初中阶段毛入学率"与"义务教育巩固率"相关性系数为0.881,"初中阶段毛入学率"重要性程度得分为3.62,"义务教育巩固率"重要性程度得分为4.34,因此删除"初中阶段毛入学率",为综合评估小学和初中阶段毛入学率,将"小学阶段毛入学率"修改为"义务教育毛入学率",取小学和初中阶段毛入学率的平均值。"贫困家庭学生小学辍学率"与"农村留守儿童义务教育毛入学率"相关性系数为0.805,"贫困家庭学生小学辍学率"重要性程度得分为3.51,"农村留守儿童义务教育毛入学率"重要性程度得分为3.57,因此删除"贫困家庭学生小学辍学率"。"贫困家庭学生中学辍学率"与其他两个指标相关性均较高,与"农村留守儿童义务教育毛入学率"相关性系数为0.814,与"贫困家庭学生小学辍

学率"相关性系数为0.99,"贫困家庭学生中学辍学率"重要性程度得分为3.45,"农村留守儿童义务教育毛入学率"重要性程度得分为3.57,"贫困家庭学生小学辍学率"重要性程度得分为3.51,因此删除"贫困家庭学生中学辍学率",为综合评估贫困家庭小学和中学阶段的辍学率,将"贫困家庭学生小学辍学率"修改为"贫困家庭学生义务教育辍学率",取贫困家庭小学和中学阶段辍学率的平均值。

二是"发展性"指标相关性分析。通过使用斯皮尔曼分析方法,运用SPSS软件对"发展性"指标相关性进行分析,得到12组指标相关性系数较高,需要对重要性程度较低的指标进行删除。分析统计结果如表4-6所示。

表4-6　西部贫困地区教育扶贫政策绩效评估指标体系发展性维度"相关性分析"删除指标

指标	相关性系数	重要性程度	筛选结果
学校布局	0.857	3.75	删除
生师比		3.87	保留
学校数量	0.810	3.53	删除
多媒体教室数量		3.57	保留
学校数量	0.875	3.53	删除
对口支援教师数量		3.92	保留
小学生均占地面积	0.802	3.45	删除
"特岗教师"数量		3.60	保留
教师学历结构	0.810	3.28	删除
毕业生就业服务质量		3.57	保留
教师学历结构	0.850	3.45	删除
开展专场招聘会次数		3.51	保留
劳动者就业率	0.928	3.47	删除
农村劳动力引导性培训次数		3.49	保留
劳动者就业率	0.865	3.47	删除
农村劳动力创业培训次数		3.79	保留
开展专场招聘会次数	0.816	3.60	删除
农村劳动力创业培训次数		3.79	保留

续表

指标	相关性系数	重要性程度	筛选结果
农村劳动力引导性培训次数	0.892	3.49	删除
开展专场招聘会次数		3.60	保留
农村劳动力引导性培训次数	0.900	3.49	删除
农村劳动力创业培训次数		3.79	保留
农村劳动力转移培训质量	0.898	3.51	删除
农村实用技术培训质量		3.55	保留

"学校布局"与"生师比"相关性系数为0.857，重要性程度得分分别为3.75和3.87，因此删除"学校布局"。"学校数量"与其他两个指标相关性系数较高，与"多媒体教室数量"相关性系数为0.810，与"对口支援教师数量"相关性系数为0.875，三个指标重要性程度得分分别为3.53、3.57和3.92，因此删除"学校数量"。"小学生均占地面积"与"特岗教师数量"相关性系数为0.802，重要性程度得分分别为3.45和3.60，因此删除"小学生均占地面积"。"教师学历结构"与其他两个指标相关性系数较高，与"毕业生就业服务质量"相关性系数为0.810，与"开展专场招聘会次数"相关性系数为0.850，三个指标重要性程度得分分别为3.28、3.57和3.45，因此删除"教师学历结构"。"劳动者就业率"与"农村劳动力引导性培训次数"相关性系数为0.928，重要性程度得分分别为3.47和3.49，因此删除"劳动者就业率"。"劳动者就业率"与"农村劳动力创业培训次数"相关性系数为0.865，重要性程度得分分别为3.47和3.79，因此删除"劳动者就业率"。"开展专场招聘会次数"与"农村劳动力创业培训次数"相关性系数为0.816，重要性程度得分分别为3.60和3.79，因此删除"开展专场招聘会次数"。"农村劳动力引导性培训次数"与"开展专场招聘会次数"相关性系数为0.892，重要性程度得分分别为3.49和3.60，因此删除"农村劳动力引导性培训次数"。"农村劳动力引导性培训次数"与"农村劳动力创业培训次数"相关性系数为0.900，重要性程度得分分别为3.49和3.79，因此删除"农村劳动力引导性培训次数"。

"农村劳动力转移培训质量"和"农村实用技术培训质量"相关性系数为0.898，重要性程度得分分别为3.51和3.55，因此删除"农村劳动力转移培训质量"。

三是"人本性"指标相关性分析。通过使用斯皮尔曼分析方法，运用SPSS软件对"人本性"指标相关性进行分析，结果显示所有指标相关性系数均低于0.8，代表所有指标相关性都较低，所有指标都予以保留。

（4）信度与效度检验。西部贫困地区教育扶贫政策绩效评估指标体系构建过程的可信度和有效性决定了整个评估指标体系的准确性和可靠性，因此，构建指标体系时必须应进行信度和效度的分析，根据结果来判定指标体系的完备性、科学性与合理性，并在此基础上进行修改和完善。

首先进行信度检验。信度检验是测度研究调查结果的一致性或可靠性程度，或是测量问卷调查结果在不同条件下的一致性程度。信度指标一般以相关系数表示，大致可分为三类，即稳定系数（跨时间的一致性）、等值系数（跨形式的一致性）和内在一致性系数（跨项目的一致性），主要的信度检验方法包括重测信度法、复本信度法、折半信度法以及α信度系数法。

本书在运用德尔菲法进行专家咨询时，选取的问卷对象都是从事教育或教育扶贫实践工作多年的专家，具有较为可信的经验基础。因此在本书研究中，问卷的信度检验主要是为了排除时间因素和个人主观因素的影响，用于检验一段时间后，随着西部地区教育扶贫发展阶段发生一定的变化，教育扶贫政策的实施产生了一定程度的影响和效果后，专家对指标体系中各指标的重要程度评分一致性如何。因此，在进行问卷的信度检验时，选用的是重测信度法，计算指标的稳定系数，即数据跨时间的一致性。重测信度法的具体操作方法是使用同样的问卷对同一组被调查者间隔一定的时间重复施测，计算两次施测结果的相关系数，即指标的稳定系数，若稳定系数高，则代表专家咨询问卷的信度高，指标体系构建结果可信，不需要进行修改；若稳定系数低，则代表指标体系构建结果存在问题，应结合专家意见予以更正。

本书分别于2017年6月和2018年8月使用同样的专家咨询问卷，

对同一组专家进行咨询,请专家对指标的重要程度进行评分。经过分析两次专家咨询获取的评分数据,计算得到咨询问卷的稳定系数为0.89,表明专家对指标的评分基本不受时间和个人主观因素影响,咨询问卷信度较高,达到评估理论要求,指标体系构建结果可信。为确保专家咨询结果的即时性,本书中其他使用专家咨询结果进行分析的部分选用的是2018年8月获取的评分结果。

其次进行效度检验。效度检验主要是指测量工具在多大程度上能够测量到对象的特质,是对评估指标有效程度和准确程度的分析。西部贫困地区教育扶贫政策绩效评估指标体系的效度检验主要是为了反映指标体系评估其对象的准确程度,如果评估指标体系效度较低,则代表该指标体系不能通过评估活动反映和揭示西部贫困地区教育扶贫政策的效果和影响,那么就应该对指标体系进行修改和调整。

常用的效度检验方法包括内容效度法、预测效度法、构思效度法、聚合效度法、辨别效度法等[1]。检验西部贫困地区教育扶贫政策绩效评估指标体系的效度应选用内容效度法,用于测量评估指标体系在多大程度上能够测量和评估出对象的所有特征。内容效度法的具体方法主要是邀请对相关领域非常熟悉的专家,通过经验判断的方法进行评判,从而确定评估指标与所需要测量的内容之间的关系密切程度。在本书研究中,将运用德尔菲专家咨询法获取的专家对指标的评分数据进行指标体系的效度分析。

运用内容效度法进行效度检验的常用指标即"内容效度比"(content validity ratio),其计算公式如下:

$$CVR = \frac{n_i - \frac{n}{2}}{\frac{n}{2}}$$

其中,n_i为专家咨询评分中认为评估指标体系评估能力较高的专家人数;n为专家总人数。若所有专家都认为评估指标体系的评估能力不足时,$CVR = -1.00$;若认为评估指标体系的评估能力较高的专家人数占总人数的一半时,$CVR = 0$;若所有专家都认为评估指标体系的评

---

[1] 陈汉宣等:《中国政府绩效评估30年》,中央编译出版社2011年版。

估能力较高时，$CVR = 1.00$；若认为评估指标体系的评估能力较高的专家人数超过总人数的一半时，CVR 为正值，若不到一半时，CVR 为负值。

本书通过对专家咨询问卷结果的数据进行统计分析，得到专家对整个指标体系评分的均值为 3.5，因此将 3.5 定为临界值，评分高于或等于 3.5 的专家即认为该评估体系对西部贫困地区教育扶贫政策绩效有足够的评估能力，可以很好地反映各指标特征，对政策效果进行综合评价。通过计量分析可得 n_i 值为 44，得到 $CVR = 0.87$，说明西部贫困地区教育扶贫政策绩效评估指标体系具有较高的效度。

2. 筛选结果

通过对初步构建的西部贫困地区教育扶贫政策绩效评估指标体系进行隶属度分析，包括重要性分析和稳定性分析、相关性分析以及信度与效度分析等计量分析后，本书完成了对指标的筛选，删除了部分指标，最终构建了包含 65 个具体指标的西部贫困地区教育扶贫政策绩效评估指标体系，如图 4-9 所示。

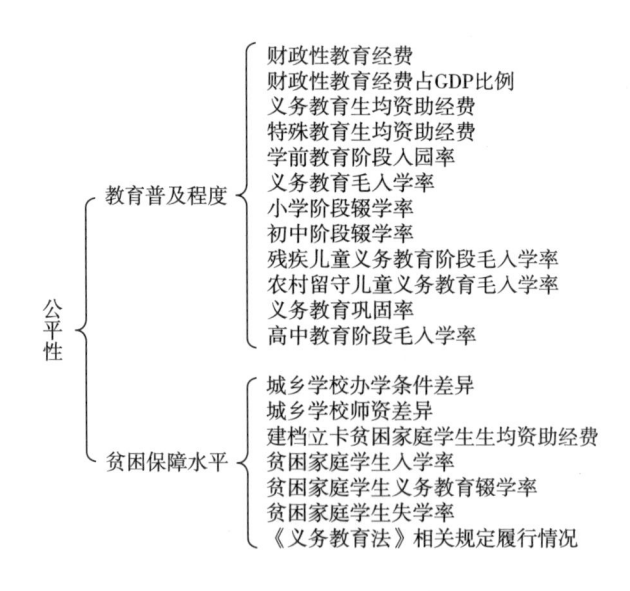

公平性
├─ 教育普及程度
│   ├─ 财政性教育经费
│   ├─ 财政性教育经费占GDP比例
│   ├─ 义务教育生均资助经费
│   ├─ 特殊教育生均资助经费
│   ├─ 学前教育阶段入园率
│   ├─ 义务教育毛入学率
│   ├─ 小学阶段辍学率
│   ├─ 初中阶段辍学率
│   ├─ 残疾儿童义务教育阶段毛入学率
│   ├─ 农村留守儿童义务教育毛入学率
│   ├─ 义务教育巩固率
│   └─ 高中教育阶段毛入学率
└─ 贫困保障水平
    ├─ 城乡学校办学条件差异
    ├─ 城乡学校师资差异
    ├─ 建档立卡贫困家庭学生生均资助经费
    ├─ 贫困家庭学生入学率
    ├─ 贫困家庭学生义务教育辍学率
    ├─ 贫困家庭学生失学率
    └─《义务教育法》相关规定履行情况

图 4-9 西部贫困地区教育扶贫政策绩效评估指标体系

第四章 西部贫困地区教育扶贫政策绩效评估体系构建

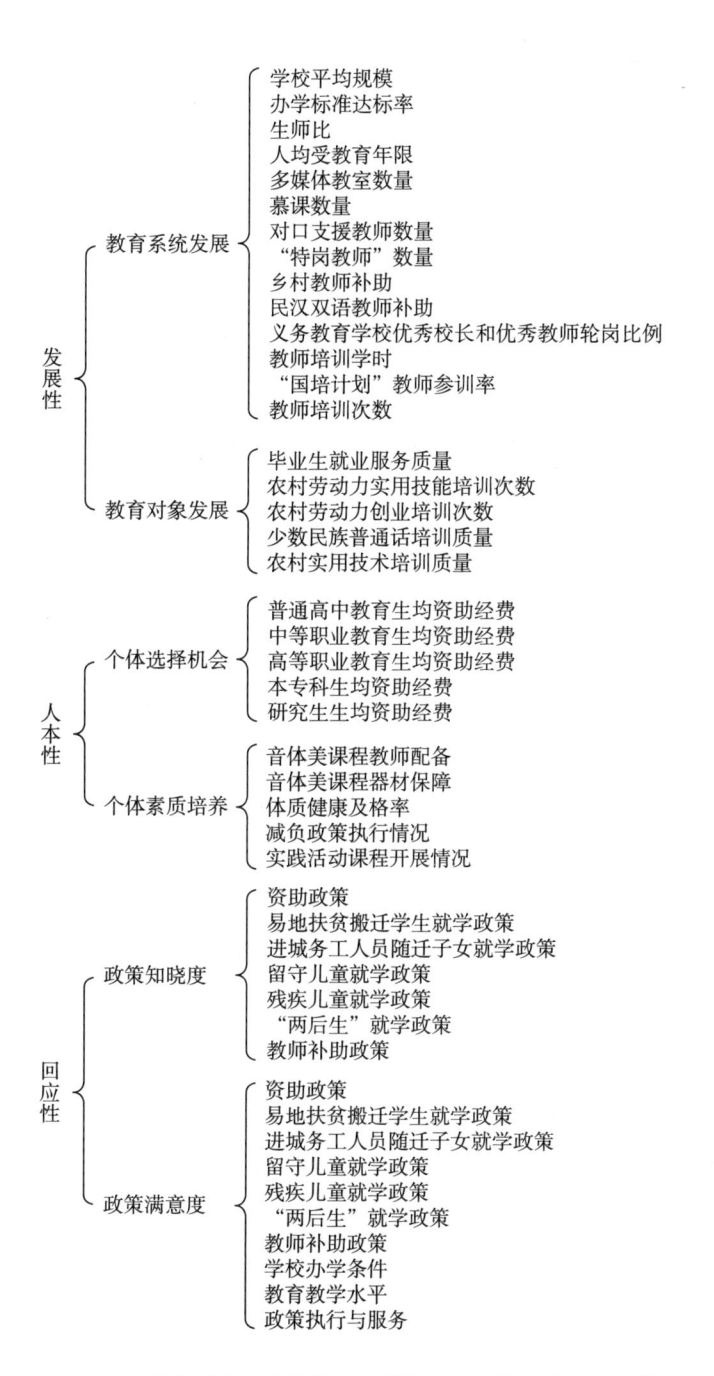

发展性
- 教育系统发展
  - 学校平均规模
  - 办学标准达标率
  - 生师比
  - 人均受教育年限
  - 多媒体教室数量
  - 慕课数量
  - 对口支援教师数量
  - "特岗教师"数量
  - 乡村教师补助
  - 民汉双语教师补助
  - 义务教育学校优秀校长和优秀教师轮岗比例
  - 教师培训学时
  - "国培计划"教师参训率
  - 教师培训次数
- 教育对象发展
  - 毕业生就业服务质量
  - 农村劳动力实用技能培训次数
  - 农村劳动力创业培训次数
  - 少数民族普通话培训质量
  - 农村实用技术培训质量

人本性
- 个体选择机会
  - 普通高中教育生均资助经费
  - 中等职业教育生均资助经费
  - 高等职业教育生均资助经费
  - 本专科生均资助经费
  - 研究生生均资助经费
- 个体素质培养
  - 音体美课程教师配备
  - 音体美课程器材保障
  - 体质健康及格率
  - 减负政策执行情况
  - 实践活动课程开展情况

回应性
- 政策知晓度
  - 资助政策
  - 易地扶贫搬迁学生就学政策
  - 进城务工人员随迁子女就学政策
  - 留守儿童就学政策
  - 残疾儿童就学政策
  - "两后生"就学政策
  - 教师补助政策
- 政策满意度
  - 资助政策
  - 易地扶贫搬迁学生就学政策
  - 进城务工人员随迁子女就学政策
  - 留守儿童就学政策
  - 残疾儿童就学政策
  - "两后生"就学政策
  - 教师补助政策
  - 学校办学条件
  - 教育教学水平
  - 政策执行与服务

图4-9 西部贫困地区教育扶贫政策绩效评估指标体系(续图)

四 指标权重分配

在构建西部贫困地区教育扶贫政策绩效评估指标体系时,运用科学的统计方法来计算和确定各指标的权重是体系构造的重要环节,本书将选用层次分析法来进行指标权重的分析和确定。

1. 指标权重赋权方法——层次分析法介绍

在多目标决策中,会遇到一些变量繁多、结构复杂和不确定因素作用显著等特点的复杂系统,这些复杂系统中的决策问题都有必要对描述目标相对重要程度做出正确的估价。而各因素的重要程度是不一样的,为了反映因素的重要程度,需要对各因素相对重要性进行估测(即权数),由各因素权数组成的集合就是权重集。

系统工程理论中的层次分析法(Analytic Hierarchy Process),简称AHP,就是一种较好的权重确定方法。它是将一个决策问题视为一个系统,将与决策总是有关的元素分解成目标、准则、方案等层次,在此基础之上进行定性和定量分析,计算出层次单排序(权重)和总排序,进而进行多方案决策。该方法是美国运筹学家匹茨堡大学教授萨蒂于20世纪70年代初,在为美国国防部研究"根据各个工业部门对国家福利的贡献大小而进行电力分配"课题时,应用网络系统理论和多目标综合评价方法,提出的一种层次权重决策分析方法。

2. 指标权重赋权过程

层次分析法的步骤共分为四步,第一步是建立需要进行决策的多目标系统的阶梯层次状结果,第二步是构造两两比较的判断矩阵,第三步是进行单准则排序并进行一致性检验,第四步是进行层次总排序并进行一致性检验,分析步骤如图4-10所示。

(1)构造层次结构模型。本书在构造西部贫困地区教育扶贫政策绩效评估体系时,对西部贫困地区教育扶贫政策的主要因素进行了梳理,在此基础上,将运用层次分析法,分析教育扶贫政策绩效评估的若干层级和要素,并结合政策绩效评估指标体系,构造西部贫困地区教育扶贫政策绩效评估的层次结构模型。与前文构建的指标体系相对应,西部贫困地区教育扶贫政策绩效评估构造为模型的最高层,即目标层A,表示模型最终需解决的问题;指标体系中的一级指标构造为模型的准则层B,该层次将总目标分解为若干子系统,包括"公平性""发展性"

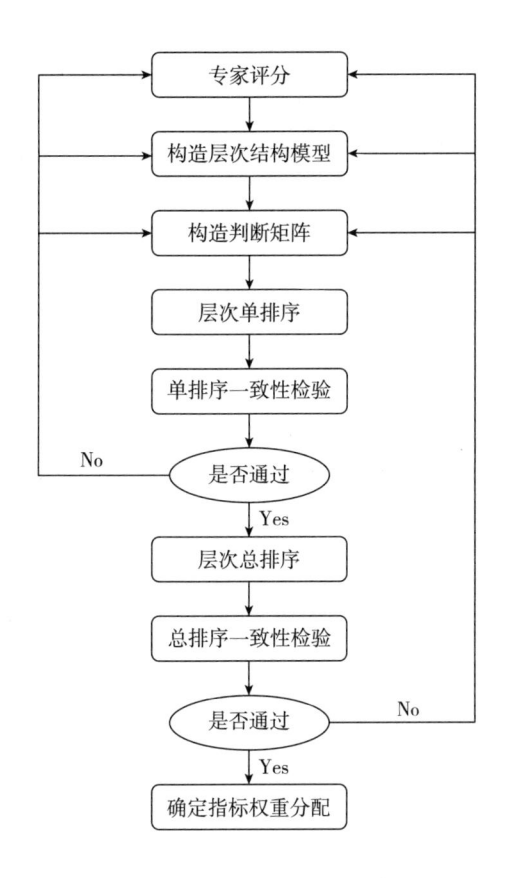

图 4-10　层次分析法分析步骤

"人本性"和"回应性"四项，表示分析西部贫困地区教育扶贫政策绩效这个复杂问题的维度指向；指标体系中的二级指标为子准则层 C，该层次将准则层要素进一步分解为若干子系统，公平性准则层中包括"教育普及程度"和"贫困保障水平"两个子准则层，发展性准则层中包括"教育系统发展"和"教育对象发展"两个子准则层，人本性准则层中包括"个体选择机会"和"个体素质培养"两个子准则层，回应性准则层中包括"政策知晓度"和"政策满意度"两个子准则层；指标体系中的三级指标构造为模型的底层，即方案层 D，共包括 65 个具体方案，表示描述西部贫困地区教育扶贫政策绩效的具体要素。由此，本书构建了包括目标层—准则层—子准则层—方案层的层次结构模型，如图 4-11—图 4-13 所示。

```
                    西部贫困地区教育扶贫政策
                    绩效评估指标体系
                           A
        ┌───────────┬───────────┼───────────┬───────────┐
      公平性        发展性        人本性        回应性
       B1           B2           B3           B4
```

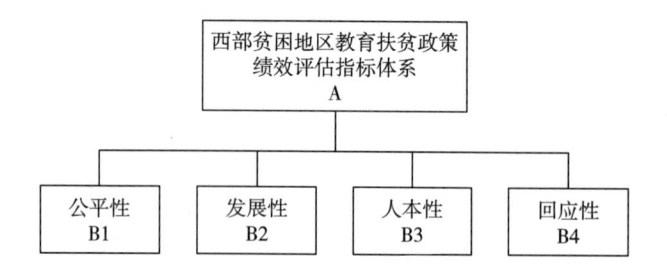

图 4-11　目标层 A 的层次划分

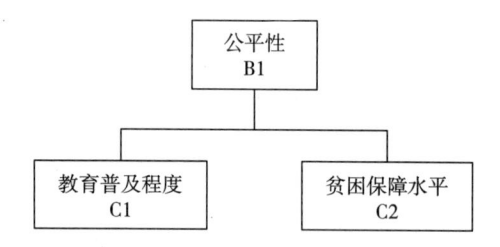

```
             公平性
              B1
        ┌─────┴─────┐
   教育普及程度    贫困保障水平
       C1           C2
```

图 4-12　准则层 B1 的层次划分

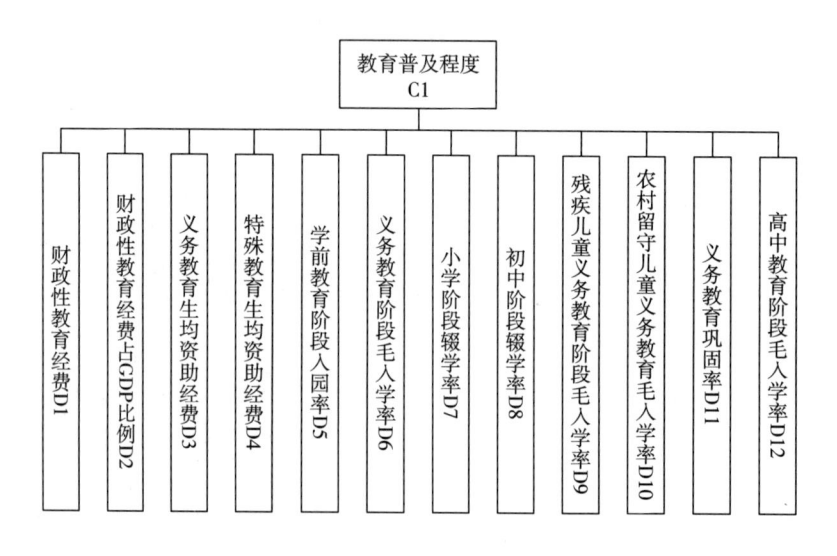

```
                          教育普及程度
                              C1
  ┌─────┬─────┬─────┬─────┬─────┼─────┬─────┬─────┬─────┬─────┬─────┐
财政性 财政性 义务 特殊 学前 义务 小学 初中 残疾 农村 义务 高中
教育 教育经 教育 教育 教育 教育 阶段 阶段 儿童 留守 教育 教育
经费 费占 生均 生均 阶段 阶段 辍学 辍学 义务 儿童 巩固 阶段
 D1  GDP比 资助 资助 入园 毛入 率   率   教育 义务 率   毛入
     例D2  经费 经费 率   学率 D7   D8  阶段 教育 D11  学率
          D3   D4   D5   D6            毛入 阶段     D12
                                       学率 毛入
                                       D9   学率
                                            D10
```

图 4-13　子准则层 C1 的层次划分

（2）构造判断矩阵。在西部贫困地区教育扶贫政策绩效评估指标的层次结构图中，每一层级都是由其所包含的下一层级的元素所构成的，而每一个元素在评估中所占的比重都不一定相同。因此，本书将构造各元素两两比较的判断矩阵，根据专家打分，对隶属于同一个层级的元素进行两两比较，从而得到其相对重要性的判断矩阵。本书将运用Saaty等学者提出的1—9量度因素比较标度表进行矩阵构造，如表4-7、表4-8所示。

表4-7　　　　　　　　　　因素比较标度

标度	定义与说明
$a_{ij} = a_i/a_j = 1$	a_i 与 a_j 相比，a_i 与 a_j 同样重要
$a_{ij} = a_i/a_j = 3$	a_i 与 a_j 相比，a_i 比 a_j 稍微重要
$a_{ij} = a_i/a_j = 5$	a_i 与 a_j 相比，a_i 比 a_j 明显重要
$a_{ij} = a_i/a_j = 7$	a_i 与 a_j 相比，a_i 比 a_j 强烈重要
$a_{ij} = a_i/a_j = 9$	a_i 与 a_j 相比，a_i 比 a_j 极端重要
$a_{ij} = a_i/a_j = 2, 4, 6, 8$	上述相邻判断的中间值

表4-8　　　　　　因素相对重要性两两比较判断矩阵

A	B1	B2	B3	…	Bn
B1	B11	B12	B13	…	B1n
B2	B21	B22	B23	…	B2n
B3	B31	B32	B33	…	B3n
…	…	…	…	…	…
Bn	Bn1	Bn2	Bn3	…	Bnn

如表4-7、表4-8所示，通过构造各层级指标两两比较的判断矩阵，可以得到准则层B、子准则层C、方案层D中各指标在整个政策绩效评估指标体系中的权重占比。本书根据专家对指标重要性的评分数据，得到了西部贫困地区教育扶贫政策绩效评估指标相对重要性的两两判断矩阵。以一级指标的判断矩阵为例，目标层A为西部贫困地区教育扶贫政策绩效评估指标体系，B1为"公平性"、B2为"发展性"、B3为"人本性"、B4为"回应性"，可得到一级指标的两两比较判断矩阵如表4-9所示。

表 4 - 9　西部贫困地区教育扶贫政策绩效评估指标体系
一级指标判断矩阵

A	B1	B2	B3	B4
B1	1	1	9/7	9/7
B2	1/1	1	9/7	9/7
B3	7/9	7/9	1	1
B4	7/9	7/9	1/1	1

（3）进行层次排序。层次排序包括层次单排序和层次总排序，层次单排序是指根据判断矩阵计算对于上一层因素而言与之有联系的因素的重要性次序的权值，也就是本层次因素相对于上一层次的重要性排序。具体方法是根据判断矩阵，计算其最大特征值 λ_{max} 所对应的特征向量 W，计算步骤如下：

首先，计算判断矩阵中每一行元素的乘积 M_i。

$$M_i = \prod_{j=1}^{n} b_{ij} (i = 1, 2, 3, \cdots, n)$$

其次，计算 M_i 的 n 次方根 $\overline{W_i}$。

$$\overline{W_i} = \sqrt[n]{M_i}$$

再次，对向量 $\overline{W} = [\overline{W_1}, \overline{W_2}, \cdots, \overline{W_n}]^T$ 进行归一化处理。

$$W_i = \frac{\overline{W_i}}{\sum_{j=1}^{n} \overline{W_j}}$$

最后，计算判断矩阵的最大特征值 λ_{max}，$(AW)_i$ 表示向量 AW 的第 i 个元素。

$$\lambda_{max} = \sum_{i=1}^{n} \frac{(AW)_i}{nW_i}$$

以一级指标权重计算为例，通过计算，可得准则层指标的最大特征值所对应的特征向量 W 数据 W_i = (0.2732, 0.2387, 0.2214, 0.2667)。由此，可以确定一级指标"公平性"权重为 27.32%、"发展性"权重为 23.87%、"人本性"权重为 22.14%、"回应性"权重为 26.67%。

（4）一致性检验。在确定指标权重的统计分析过程中，分别在层

次单排序及层次总排序后都需进行一致性检验,才能保证最终得到的权重分配数据的可靠性和准确性。其计算公式为:

$$CR = \frac{CI}{RI}$$

公式中,CR 为判断矩阵的随机一致性比率,CI 为判断矩阵的一般一致性指标,其计算公式为:

$$CI = \frac{\lambda_{max} - n}{n - 1}$$

RI 为判断矩阵的平均随机一致性指标,RI 值参见表 4 – 10。

表 4 – 10　　　　　　　1—9 阶 RI 值

n	1	2	3	4	5	6	7	8	9
RI	0	0	0.52	0.89	1.12	1.26	1.36	1.41	1.46

当判断矩阵 P 的 CR < 0.1 时或 $\lambda_{max} = n$,CI = 0 时,认为 P 具有满意的一致性,否则需调整 P 中的元素以使其具有满意的一致性。根据此方法,本书在层次单排序和层次总排序之后均进行了一致性检验,结果表明 CR 值均小于 0.1,因此,判断矩阵通过一致性检验。

3. 指标权重赋权结果

根据上述方法,本书对前文所构建的指标体系中的一级指标、二级指标和三级指标分别进行了权重计算,得到了各级指标的权重分配,如表 4 – 11 所示。

表 4 – 11　西部贫困地区教育扶贫政策绩效评估指标体系权重分配

一级指标	权重	二级指标	权重	三级指标	权重
公平性	0.2732	教育普及程度	0.1433	财政性教育经费	0.0126
				财政性教育经费占 GDP 比例	0.0135
				义务教育生均资助经费	0.0132
				特殊教育生均资助经费	0.0116
				学前教育阶段入园率	0.0115

续表

一级指标	权重	二级指标	权重	三级指标	权重
公平性	0.2732	教育普及程度	0.1433	义务教育毛入学率	0.0143
				小学阶段辍学率	0.0105
				初中阶段辍学率	0.0108
				残疾儿童义务教育阶段毛入学率	0.0105
				农村留守儿童义务教育毛入学率	0.0101
				义务教育巩固率	0.0138
				高中教育阶段毛入学率	0.0109
		贫困保障水平	0.1299	城乡学校办学条件差异	0.02
				城乡学校师资差异	0.019
				建档立卡贫困家庭学生生均资助经费	0.0169
				贫困家庭学生入学率	0.0189
				贫困家庭学生义务教育辍学率	0.0186
				贫困家庭学生失学率	0.0169
				《中华人民共和国义务教育法》相关规定履行情况	0.0196
发展性	0.2387	教育系统发展	0.1234	学校平均规模	0.0089
				办学标准达标率	0.0097
				生师比	0.0093
				人均受教育年限	0.0092
				多媒体教室数量	0.0086
				慕课数量	0.0088
				对口支援教师数量	0.0093
				"特岗教师"数量	0.0086
				乡村教师补助	0.0087
				民汉双语教师补助	0.0086
				义务教育学校优秀校长和优秀教师轮岗比例	0.0083
				教师培训学时	0.0086
				"国培计划"教师参训率	0.0083
				教师培训次数	0.0086
		教育对象发展	0.1153	毕业生就业服务质量	0.0228
				农村劳动力实用技能培训次数	0.0232

续表

一级指标	权重	二级指标	权重	三级指标	权重
发展性	0.2387	教育对象发展	0.1153	农村劳动力创业培训次数	0.0245
				少数民族普通话培训质量	0.0228
				农村实用技术培训质量	0.022
人本性	0.2214	个体选择机会	0.1048	普通高中教育生均资助经费	0.0195
				中等职业教育生均资助经费	0.0206
				高等职业教育生均资助经费	0.0195
				本专科生均资助经费	0.0202
				研究生生均资助经费	0.0207
		个体素质培养	0.1167	音体美课程教师配备	0.0233
				音体美课程器材保障	0.0235
				体质健康及格率	0.0232
				减负政策执行情况	0.0228
				实践活动课程开展情况	0.0238
回应性	0.2667	政策知晓度	0.1213	资助政策	0.0169
				易地扶贫搬迁学生就学政策	0.0178
				进城务工人员随迁子女就学政策	0.0166
				留守儿童就学政策	0.0179
				残疾儿童就学政策	0.0176
				"两后生"就学政策	0.0181
				教师补助政策	0.0165
		政策满意度	0.1453	资助政策	0.0152
				易地扶贫搬迁学生就学政策	0.014
				进城务工人员随迁子女就学政策	0.0143
				留守儿童就学政策	0.015
				残疾儿童就学政策	0.0147
				"两后生"就学政策	0.0147
				教师补助政策	0.0143
				学校办学条件	0.0148
				教育教学水平	0.0146
				政策执行与服务	0.0137

如表 4-11 所示，本书对前文所构建的指标体系中的一级指标、二级指标和三级指标分别进行了权重计算，得到了各级指标的权重分配，在具体的评估实践中将按照本表进行指标的得分计算。

五 评估方法

1. 标杆管理法

标杆管理法，也称基准管理法，由美国施乐公司于 1979 年首创，西方管理学界将其与企业再造、战略联盟一起并称为 20 世纪 90 年代三大管理方法，现在已经成为当代最重要的一种管理方法。

标杆管理法的核心理念为：寻找一个具体的先进榜样解剖其各个先进指标，以此为基准与本企业进行比较、分析、判断，研究标杆企业背后的成功要素，向其对标学习，不断寻找和研究一流公司的最佳实践，发现并解决企业自身的问题，从而使自己的企业得到不断改进，最终赶上和超越标杆，进入一个持续渐进的学习、变革和创新，赶超一流企业创造优秀业绩的良性循环过程。当前，随着国家治理现代化和科学管理理论研究和实践的不断深入和发展，标杆管理法在政治学、公共管理、政策研究等领域也得到了越来越广泛的运用。

在政策评估分析研究领域，本书认为标杆管理法是指一个地区把另一个比自己政策执行效果更好的地区确立为标杆，并将自己的评估指标数据与其进行比较分析，从宏观和微观角度进行问题分析和诊断，从而对自己的政策制定和执行等环节进行误差纠正及措施调整，提升本地区的政策执行效果。笔者认为，公共政策的绩效高低是一个相对的概念，如果不确立一个参照系，就无法对某一个地区的政策绩效进行科学合理的评估判断。因此，本书将通过对西部各地区的政策进行深入研究，并结合实际调研的结果，选取一个教育扶贫政策绩效相对较好的县区作为标杆，再将其他县区的教育扶贫政策绩效评估指标与其进行对比分析。参照系的确立分为横向的参照系和纵向的参照系，两种不同的参照系在教育扶贫政策绩效评估中的作用是不同的，纵向参照系的作用在于与过去某一个时间段里的政策绩效作比较，从而评估当前某地区教育扶贫政策绩效的进步状况和进步程度；横向参照系的作用在于把同一时段里，不同县区的教育扶贫政策绩效的高低差别进行比较，以便认识到某一县区教育扶贫政策绩效的优势和不足之处①。本书将选取横向参照系的对比分析方法，将西部地区教育扶贫政策综合绩效最高的县区确立为参照系，以其指标数据作为基准，与其他县区指标数据进行对比，分析各县区教育扶贫政策绩效的高低差别。

2. 主观指标客观化处理

在本书构建的西部地区教育扶贫政策绩效评估指标体系中，主观指标是指无法用具体数据进行统计的指标，这一类指标主要体现的是政策利益相关者的主观质量感知，是根据其主观评价和经验标准所得的描述性数据，在研究中主要通过问卷调查的方法获得。为增加教育扶贫政策绩效评估指标体现的科学性和客观性，必须对这一类主观指标进行客观化处理，使其从定性指标转化为可进行计量分析的量化指标，形成更为直观、可比较的数据。

指标体系中设计了一定数量的主观指标，本书将采用格栅获取法对其进行量化处理。格栅获取法是凯勒（Kelly）于1955年提出的个人结构理论中的一个判别思考模型，该方法认为一个格栅由元素和属性组成，每一个元素都可以被属性的一级或另一级描述，每一个元素的属性都可以用一个线性的尺度来表述，很多情况下是通过1—5刻度或1—7刻度的尺度来表示的②。本书采用5级评价等级，将评价等级设立为1—5级，在数据统计分析时，将5级评价等级进行赋值，分别记为0分、25分、50分、75分、100分。主观指标评价等级及赋值如图4-14所示。

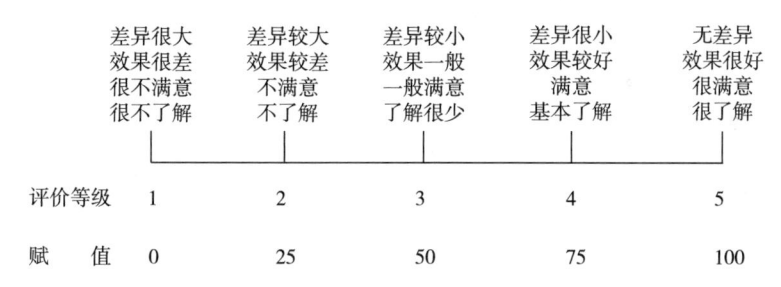

评价描述	差异很大 效果很差 很不满意 很不了解	差异较大 效果较差 不满意 不了解	差异较小 效果一般 一般满意 了解很少	差异很小 效果较好 满意 基本了解	无差异 效果很好 很满意 很了解
评价等级	1	2	3	4	5
赋值	0	25	50	75	100

图4-14 西部贫困地区教育扶贫政策绩效评估指标体系主观指标评价等级及赋值

---

① 方盛举：《中国省级政府公共治理效能评估的理论与实践》，云南大学出版社2010年版。
② 方盛举：《中国省级政府公共治理效能评估的理论与实践》，云南大学出版社2010年版。

本书构建的西部贫困地区教育扶贫政策绩效评估指标体系中共有27个主观指标，具体指标如表4-12所示。

表4-12 西部贫困地区教育扶贫政策绩效评估指标体系主观指标

指标	评价等级				
	1	2	3	4	5
	赋 值				
	0	25	50	75	100
城乡学校办学条件差异	很大	较大	较小	很小	无
城乡学校师资差异	很大	较大	较小	很小	无
《中华人民共和国义务教育法》相关规定履行情况	很差	较差	一般	较好	很好
毕业生就业服务质量	很差	较差	一般	较好	很好
少数民族普通话培训质量	很差	较差	一般	较好	很好
农村实用技术培训质量	很差	较差	一般	较好	很好
音体美课程教师配备	很差	较差	一般	较好	很好
音体美课程器材保障	很差	较差	一般	较好	很好
减负政策执行情况	很差	较差	一般	较好	很好
实践活动课程开展情况	很差	较差	一般	较好	很好
资助政策知晓度	很不了解	不了解	了解很少	基本了解	很了解
易地扶贫搬迁学生就学政策知晓度	很不了解	不了解	了解很少	基本了解	很了解
进城务工人员随迁子女就学政策知晓度	很不了解	不了解	了解很少	基本了解	很了解
留守儿童就学政策知晓度	很不了解	不了解	了解很少	基本了解	很了解
残疾儿童就学政策知晓度	很不了解	不了解	了解很少	基本了解	很了解
"两后生"就学政策知晓度	很不了解	不了解	了解很少	基本了解	很了解
教师补助政策知晓度	很不了解	不了解	了解很少	基本了解	很了解
资助政策满意度	很不满意	不满意	一般	满意	很满意
易地扶贫搬迁学生就学政策满意度	很不满意	不满意	一般	满意	很满意
进城务工人员随迁子女就学政策满意度	很不满意	不满意	一般	满意	很满意
留守儿童就学政策满意度	很不满意	不满意	一般	满意	很满意
残疾儿童就学政策满意度	很不满意	不满意	一般	满意	很满意
"两后生"就学政策满意度	很不满意	不满意	一般	满意	很满意
教师补助政策满意度	很不满意	不满意	一般	满意	很满意

续表

指标	评价等级				
	1	2	3	4	5
	赋值				
	0	25	50	75	100
学校办学条件满意度	很不满意	不满意	一般	满意	很满意
教育教学水平满意度	很不满意	不满意	一般	满意	很满意
政策执行与服务满意度	很不满意	不满意	一般	满意	很满意

如表4-11所示，本书共有27个主观指标，在之后开展的评估实践中，本书将按照格栅获取法的要求，将主观指标进行客观化处理，得到每一个主观指标的数据值，并计算获得指标得分。

第五章

西部贫困地区教育扶贫政策绩效评估体系的实证检验

通过理论构建与计量分析完成了对西部贫困地区教育扶贫政策绩效评估指标体系的构建后，还需进一步通过实地调研，收集数据，选取西部部分贫困地区作为样本，对指标体系进行实证检验，以证明指标体系确实具有可操作性，能够有效运转，发挥预期作用。本书将选取若干西部地区贫困县/区作为研究对象，对已构建的指标体系进行实践检测，并通过分析评估结果，对当前西部贫困地区教育扶贫政策绩效存在的主要问题进行深入挖掘和剖析，使评估指标体系在实践中发挥效用，充分体现其应用价值。

第一节 实证检验的基本方法

在开展西部贫困地区教育扶贫政策绩效评估的实证检验前，必须先厘清开展研究的逻辑思路，确定实证检验的基本方法，本书主要采用的评估方法是标杆管理法，其中包括许多的具体流程，即评估对象的确立、赴样本地区开展数据收集、参照系的确立、政策绩效计算方法的选取以及评估结果的等级划分。

一 评估对象的确立

按照国务院扶贫开发领导小组办公室的要求，我国贫困地区的确定和退出主要以县/区为单位，因此，本书将评估对象设立为西部贫困地区的贫困县/区。由于研究时间和精力等方面客观条件的限制，本书无法将西部所有贫困县/区纳入评估对象，因此，本书将采取抽样调查的方法对西部贫困地区教育扶贫政策绩效评估指标体系进行检测。

本书主要采用的是分层抽样的方法来确立评估对象，首先选取位于我国西部的省区云南省作为总体评估对象，其次根据国家确定的贫困县名单以及《云南省扶贫开发领导小组关于确定我省27个深度贫困县的通知》（云贫开发〔2017〕35号），将云南省贫困县/区进行"分层"处理，分为"一般贫困县"和"深度贫困县"两个层级。之后在每一个层级中选取具有典型代表性的县/区作为评估对象。通过实地调研和数据分析等综合考量，本书共选取了云南省7个贫困县区作为评估对象，其中，"一般贫困县"3个，分别为CX市MD县、HH州SP县和WS州QB县，"深度贫困县"4个，分别为KM市DC区、ZT市QJ县、NJ州GS县和DQ州DQ县。为全面检验评估指标体系的普适性，本书尽量选取位于云南省不同地理区位的县/区作为研究样本。评估对象样本如表5-1所示。

表5-1　　西部贫困地区教育扶贫政策绩效评估指标体系实证检验评估对象

贫困程度	样本县区	地理区位
一般贫困县	CX市MD县	滇西
	HH州SP县	滇南
	WS州QB县	滇东南
深度贫困县	KM市DC区	滇中
	ZT市QJ县	滇东北
	NJ州GS县	滇西
	DQ州DQ县	滇西北

1. CX市MD县

CX市MD县位于云南省中北部，县城距离省会昆明市通车公路里程186千米。县境南北最大纵距57.6千米，东西最大横距53.6千米，最高海拔2880.8米，最低海拔1140米，县城所在地平均海拔1758米。

全县总面积1464平方千米,法定耕地面积20.73万亩。2017年年末,全县辖4镇3乡,89个村(居)委会,771个自然村,1206个村(居)民小组;总人口20.28万人,其中乡村人口14.55万人,占71.7%;全县居住着汉、彝、苗等31个民族,其中少数民族人口占总人口的23.6%①。

2. HH州SP县

HH州SP县位于云南省南部,辖7个镇、2个乡,面积3037平方公里,其中94.6%为山区,是传统农业县。县人口为30.03万人,农业人口264809人,非农业人口35493人,少数民族人口超过50%。2016年,县GDP为26.76亿元②。

3. WS州QB县

WS州QB县位于云南省东南部,距省会昆明市280公里,面积5038平方千米,县境内东西横距100千米,南北纵距70.5千米,耕地面积182万亩。全县辖3个镇9个乡101个村民委(社区),1265个自然村,总人口48.95万人,农业人口占总人口的88%。境内居住着汉、壮、苗、彝、回、白、瑶等民族,少数民族人口占总人口的63%。

2017年年末,县总人口48.95万人,完成地区生产总值77.59亿元,一般公共预算收入4.41亿元,一般公共预算支出36.31亿元,农村常住居民人均可支配收入9404元,城镇常住居民人均可支配收入25970元③。

4. KM市DC区

KM市DC区是云南省KM市所辖区县之一,拥有人口30.2万人,面积1858.79平方千米,南北最大纵距84.6千米,东西最大横距51.2千米。境内最高海拔4344.1米,最低海拔695米,高差3649.1米。区政府所在地海拔1280米,城区面积5平方千米,距昆明市区140千米,距四川凉山彝族自治州首府西昌市316千米。县辖1个街道、6个镇、1个乡,少数民族约占总人口的5%,主要为彝族、回族、苗族、布依

---

① MD县人民政府门户网站,http://www.mdx.gov.cn/。
② SP县人民政府门户网站,http://www.sp.hh.gov.cn/。
③ QB县人民政府门户网站,http://www.ynqb.gov.cn/index.htm。

族、白族、纳西族①。

5. ZT 市 QJ 县

ZT 市 QJ 县位于云南省东北部，面积 3245 平方千米，全县辖 16 个乡镇，下设 36 个社区居民委员会、147 个村民委员会，2823 个村民小组，806 个居民小组。2016 年年末，全县总人口为 612354 人，比 2015 年年末增加 9569 人，增长 1.56%；其中，城镇人口为 68547 人，乡村人口为 543807 人。2016 年，全县实现生产总值 56.1 亿元，地方公共财政预算支出 40.1 亿元，农村常住居民人均可支配收入为 7871 元②。

6. NJ 州 GS 县

NJ 州 GS 县地处滇西北，国境线长达 172.08 千米，面积 4506 平方千米，县最高海拔 5128 米，最低海拔 1170 米，海拔高差达 3958 米。县下辖有 2 镇 3 乡。2016 年县总人口为 3.79 万人，少数民族人口为 3.43 万人，占总人口的 90.39%。其中，独龙族人口为 0.54 万人，占总人口的 14.25%；怒族人口为 0.70 万人，占总人口的 18.47%③。

7. DQ 州 DQ 县

DQ 州 DQ 县位于云南省西北部，总面积 7596 平方千米，南北长约 188 千米，东西宽约 68 千米。县辖 2 个镇、6 个乡（其中 2 个民族乡），2 个居委会，40 个村委会。县城海拔 3400 米。2016 年年末，县人口 6.008 万人，县境内主要居住民族是藏族、傈僳族等，藏族占人口总数的 80.31%④。

二 数据收集

在确立了评估对象的样本县/区之后，本书赴相关县/区开展了实地调研，收集了已构建的教育扶贫政策绩效评估指标体系所需的相关数据，并对数据进行了整理、统计和分析，对样本县/区进行了实际评估，最终得到了样本县/区的教育扶贫政策绩效评估结果。笔者于 2018 年开始赴相关样本县/区开展调研，在查询数据和调研过程中发现部分县/区

---

① DC 区人民政府门户网站，http：//dongchuan.km.gov.cn/。
② QJ 县人民政府门户网站，http：//www.qiaojia.gov.cn/qggk/。
③ GS 县人民政府官网，http：//www.nj.yn.gov.cn/nj/72057594037927936/index.html。
④ DQ 县人民政府门户网站，http：//deqinxxgk.diqing.gov.cn/xxgk/。

暂未对当年数据进行统计或公布，且2018年的部分政策暂未开始执行，针对政策对象的政策知晓度和满意度等调查无法开展，为最大可能地保证数据和研究结果的时效性，本书选择了对2017年各样本县/区教育扶贫政策绩效进行评估。

1. 客观指标数据收集

客观指标即"硬指标"的数据来源主要包括样本县/区公开发布的统计年鉴、政府年度工作报告、统计公报、相关县域各级政府和教育部门官方网站公开发布的信息和红头文件以及实地调研访谈中获得的客观数据资料等。

2. 主观指标数据收集

由于西部贫困地区教育扶贫政策绩效评估指标体系中包含大量的主观指标，即"软指标"，相关数据无法从既有的资料中获取，因此本书主要采用问卷调查的方式获取数据，包括现场问卷、电子问卷以及电话问卷。共发放问卷2100份，每个县/区300份，回收有效问卷MD县297份、SP县290份、QB县286份、DC区293份、QJ县278份、GS县286份、DQ县289份，有效回收率为96.1%。

三 参照系的确立

本书主要采用标杆管理法对样本县/区开展教育扶贫的政策绩效评估，标杆管理法要求在开展评估前，首先要设立各项指标的参照标准，一般选取相关领域在全国的平均水平或成绩在全国处于领先的地区水平。本书在设立西部贫困地区教育扶贫政策绩效评估指标体系的参照系时，主要有两个方法：一是通过数据收集，找到全国平均水平，作为西部地区应该对照或追赶的标准；二是在国家确立的所有贫困县/区中，根据数据分析和综合考评，选择一个教育扶贫政策绩效较好的县/区，作为西部贫困地区教育扶贫政策绩效评估的参照系标准，并根据已构建的西部贫困地区教育扶贫政策绩效评估指标体系，收集该县区的指标数据，作为指标参照标准，并作为样本县/区教育扶贫政策绩效评估分值计算的基数。

本书通过查询我国教育部官方网站《2017年全国教育事业发展统计公报》数据，收集到部分国家平均水平指标参照标准。同时，通过查询扶贫工作评价的相关文件、信息和资料，以及对国家扶贫办、云南省扶贫办相关工作人员开展访谈调查,本书认为,云南省大理州祥云县在脱贫攻坚国家战略的实施中成绩显著,以优质的扶贫效果退出贫困县名列,教育扶贫政策绩效水平位居全国前列,因此,将云南省大理州祥云县指标数据确立为西部贫困地区教育扶贫政策绩效评估的其他参照系标准。前文构建了包含 65 个三级指标的教育扶贫政策绩效评估指标体系,因此,本书通过查询《2017 年全国教育事业发展统计公报》数据中全国平均水平标准,设立了 7 个指标参照标准,通过收集大理州祥云县公开发布的统计年鉴、政府年度工作报告、统计公报、县政府和县教育局官方网站公开发布的信息和红头文件等,并赴祥云进行实地调研,开展问卷调查和访谈调查,设立了 58 个指标参照标准,用于样本县/区的教育扶贫政策绩效评估分值计算基数。

祥云县位于云南省中部偏西北,面积 2425 平方千米,设 8 镇 2 乡 139 个村(居)委会 1191 个村(居)民小组,居住有汉、白、彝、苗、回、傈僳等多个世居民族,2016 年年末总人口达 47.98 万人。2016 年,全县完成生产总值 124.99 亿元,增长 10%;一般公共预算收入 8.01 亿元,增长 5%;一般公共预算支出 30.35 亿元,增长 9.8%,城镇居民人均可支配收入 29726 元,增长 9%;农村居民人均可支配收入 9859 元,增长 10.7%。祥云县是省会昆明通往滇西八州市的交通要冲,是连接东南亚、南亚的交通枢纽和物资集散重地,是国家实施"一带一路"建设和孟中印缅经济走廊的重要节点之一①。

西部贫困地区教育扶贫政策绩效评估指标体系参照系数据值如表 5-2 所示。本书通过资料收集和实地调研,得到了西部贫困地区教育扶贫政策绩效评估指标体系中所有指标的参照系数值,在之后的评估中,将会按照此表进行指标得分计算。

四 政策绩效的计算方法

在进行西部贫困地区教育扶贫政策绩效的评估时,本书采用的是标杆管理法,即将样本县/区的每一个指标与作为标杆的参照系各指标值进行对比分析,从宏观和微观角度分别进行问题剖析和诊断,从而对样本县/区的教育扶贫政策绩效进行评估,寻找政策绩效优势,挖掘政策

---

① 祥云县人民政府门户网站,http://www.ynxy.gov.cn/。

制定和执行中的问题，进行误差纠正和措施调整，提出提高教育扶贫政策绩效的思路框架和理性路径。

表 5-2 参照系标准数值

一级指标	二级指标	三级指标	单位	参照标准	参照系来源	权重
公平性 0.2732	教育普及程度 0.1433	财政性教育经费	万元	81674	祥云县	0.0126
		财政性教育经费占GDP比例	%	4.14	全国平均	0.0135
		义务教育生均资助经费	元/生/年	1960	祥云县	0.0132
		特殊教育生均资助经费	元/生/年	7430	祥云县	0.0116
		学前教育阶段入园率	%	79.6	全国平均	0.0115
		义务教育毛入学率	%	101.7	全国平均	0.0143
		小学阶段辍学率	%	0.01	祥云县	0.0105
		初中阶段辍学率	%	0.47	祥云县	0.0108
		残疾儿童义务教育阶段毛入学率	%	90.32	祥云县	0.0105
		农村留守儿童义务教育毛入学率	%	100	祥云县	0.0101
		义务教育巩固率	%	93.8	全国平均	0.0138
		高中教育阶段毛入学率	%	88.3	全国平均	0.0109
	贫困保障水平 0.1299	城乡学校办学条件差异	分	76	祥云县	0.02
		城乡学校师资差异	分	81	祥云县	0.019
		建档立卡贫困家庭学生生均资助经费	元/生/年	4030	祥云县	0.0169
		贫困家庭学生入学率	%	100	祥云县	0.0189
		贫困家庭学生义务教育辍学率	%	0	祥云县	0.0186
		贫困家庭学生失学率	%	0.01	祥云县	0.0169
		《中华人民共和国义务教育法》相关规定履行情况	分	88	祥云县	0.0196
发展性 0.2387	教育系统发展 0.1234	学校平均规模	人/校	512	祥云县	0.0089
		办学标准达标率	%	100	祥云县	0.0097
		生师比	生/师	12.52	全国平均	0.0093
		人均受教育年限	年	13.5	全国平均	0.0092

续表

一级指标	二级指标	三级指标	单位	参照标准	参照系来源	权重
发展性 0.2387	教育系统发展 0.1234	多媒体教室数量	间	1051	祥云县	0.0086
		慕课数量	门	0	祥云县	0.0088
		对口支援教师数量	人	0	祥云县	0.0093
		"特岗教师"数量	人	156	祥云县	0.0086
		乡村教师补助	元/人/月	640	祥云县	0.0087
		民汉双语教师补助	元/人/月	0	祥云县	0.0086
		义务教育学校优秀校长和优秀教师轮岗比例	%	13.75	祥云县	0.0083
		教师培训学时	学时/人/年	90	祥云县	0.0086
		"国培计划"教师参训率	%	30.10	祥云县	0.0083
		教师培训次数	次	8	祥云县	0.0086
	教育对象发展 0.1153	毕业生就业服务质量	分	93	祥云县	0.0228
		农村劳动力实用技能培训次数	次	10	祥云县	0.0232
		农村劳动力创业培训次数	次	2	祥云县	0.0245
		少数民族普通话培训质量	分	88	祥云县	0.0228
		农村实用技术培训质量	分	91	祥云县	0.022
人本性 0.2214	个体选择机会 0.1048	普通高中教育生均资助经费	元/生/年	2500	祥云县	0.0195
		中等职业教育生均资助经费	元/生/年	4000	祥云县	0.0206
		高等职业教育生均资助经费	元/生/年	3000	祥云县	0.0195
		本专科生均资助经费	元/生/年	5000	祥云县	0.0202
		研究生生均资助经费	元/生/年	0	祥云县	0.0207
	个体素质培养 0.1167	音体美课程教师配备	分	46	祥云县	0.0233
		音体美课程器材保障	分	89	祥云县	0.0235
		体质健康及格率	%	97.60	祥云县	0.0232
		减负政策执行情况	分	83	祥云县	0.0228
		实践活动课程开展情况	分	79	祥云县	0.0238

续表

一级指标	二级指标	三级指标	单位	参照标准	参照系来源	权重
回应性 0.2667	政策知晓度 0.1213	资助政策	分	92	祥云县	0.0169
		易地扶贫搬迁学生就学政策	分	88	祥云县	0.0178
		进城务工人员随迁子女就学政策	分	89	祥云县	0.0166
		留守儿童就学政策	分	88	祥云县	0.0179
		残疾儿童就学政策	分	84	祥云县	0.0176
		"两后生"就学政策	分	79	祥云县	0.0181
		教师补助政策	分	90	祥云县	0.0165
	政策满意度 0.1453	资助政策	分	93	祥云县	0.0152
		易地扶贫搬迁学生就学政策	分	90	祥云县	0.014
		进城务工人员随迁子女就学政策	分	87	祥云县	0.0143
		留守儿童就学政策	分	84	祥云县	0.015
		残疾儿童就学政策	分	78	祥云县	0.0147
		"两后生"就学政策	分	75	祥云县	0.0147
		教师补助政策	分	71	祥云县	0.0143
		学校办学条件	分	88	祥云县	0.0148
		教育教学水平	分	70	祥云县	0.0146
		政策执行与服务	分	75	祥云县	0.0137

已构建的西部贫困地区教育扶贫政策绩效评估指标体系中既包括"顺指标",也包括"逆指标"。"顺指标"是指与设定的标准值在趋势上具有一致性的指标,这意味着该指标的数值越高,教育扶贫政策绩效越高;"逆指标"是指在与设定的标准值在趋势上具有逆向性的指标,这意味着该指标的数值越高,教育扶贫政策绩效越低[1]。"顺指标"与"逆指标"的政策绩效具体计算方法如下:

1. "顺指标"

计算公式为:

---

[1] 方盛举:《中国省级政府公共治理效能评估的理论与实践》,云南大学出版社2010年版。

$$Y_n = \frac{X_n}{R_n} \cdot Q_n$$

其中，Y_n 代表第 n 个指标的最终实际得分，X_n 代表第 n 个指标的具体数值，R_n 代表第 n 个指标的参照标准值，Q_n 代表第 n 个指标的权重。

以指标"财政性教育经费"的实际得分计算为例，大理州祥云县2017年财政性教育经费，即参照标准值 R_n 为81674，设某样本县/区2017年财政性教育经费 X_n 为 112702 万元，该指标的权重 Q_n 为0.0126，代入公式计算可得该样本县/区"财政性教育经费"指标得分为 0.02。已构建的西部贫困地区教育扶贫政策绩效评估指标体系中共包括60个"顺指标"。

2. "逆指标"

计算公式为：

$$Y_n = \left[1 - \frac{X_n - R_n}{X_n} \right] \cdot Q_n = \frac{R_n}{X_n} \cdot Q_n$$

其中，Y_n 代表第 n 个指标的最终实际得分，X_n 代表第 n 个指标的具体数值，R_n 代表第 n 个指标的参照标准值，Q_n 代表第 n 个指标的权重。

以指标"小学阶段辍学率"的实际得分计算为例，大理州祥云县2017年初中阶段辍学率，即参照标准值 R_n 为 0.47%，设某样本县/区2017年初中阶段辍学率 X_n 为 0.76%，该指标的权重为 0.0108，代入公式计算可得该样本县/区"小学阶段辍学率"指标得分为 0.007。已构建的西部贫困地区教育扶贫政策绩效评估指标体系中共包括5个"逆指标"。

五 评估结果等级划分

对西部贫困地区教育扶贫政策绩效进行评估主要是通过构建指标体系，设计"硬指标"和"软指标"，运用统计学计算方法，以量化评估与质化评估相结合的形式评估教育扶贫政策绩效，从而优化教育扶贫政策的制定、提升教育扶贫政策执行的质量、解决和改善目前教育扶贫政策中存在的问题，使之能够在更大程度上满足政策对象及其他利益相关者群体的需求。在对评估对象进行了量化赋值并开展了全面评估的基础上，就需要对评估的结果进行等级划分，综合评定各地区的教育扶贫政策绩效。

本书在构建了西部贫困地区教育扶贫政策绩效评估指标体系的基础上，进一步进行了评估结果的等级划分，将评估结果划分为五个等级评定标准，分别为"优秀""良好""中等""合格""较差"五级，同时将各等级标准与评估的最终得分总计进行了对应，具体如表5-3所示。

表5-3　西部贫困地区教育扶贫政策绩效评估结果等级划分

评估结果等级划分	等级分值描述
优秀	教育扶贫政策绩效评估得分≥0.9
良好	教育扶贫政策绩效评估得分0.8—0.8999
中等	教育扶贫政策绩效评估得分0.7—0.7999
合格	教育扶贫政策绩效评估得分0.6—0.6999
较差	教育扶贫政策绩效评估得分<0.6

第二节　云南省七个贫困县教育扶贫政策绩效评估的数据统计

本书通过收集7个样本县/区的指标数据，完成了评估对象的指标数据统计，并通过运用标杆管理法所要求的计算方法，得到了评估对象教育扶贫政策绩效公平性、发展性、人本性和回应性四个维度的评分，以及教育扶贫政策绩效的总体评分。

一　评估对象指标数据统计

本书通过不同渠道，对7个样本县的数据进行了收集和整理，得到了每个样本县在西部贫困地区教育扶贫政策绩效评估指标体系中65个"硬指标"和"软指标"所对应的具体数据值，具体数据值如表5-4所示。

表 5-4　　7 个样本县数据统计

	公平性维度							
	教育普及程度							
	参照系	DC 区	DQ 县	GS 县	MD 县	QB 县	QJ 县	SP 县
财政性教育经费	81674	57777	27189	15555	41379	112702	83324	66098
财政性教育经费占 GDP 比例	4.14	20.8	8.74	12.31	8.38	14.53	13.54	9.59
义务教育生均资助经费	1960	1125	4435	1698.5	1925	2057.5	2274.5	1241.5
特殊教育生均资助经费	7430	1250	6000	6000	6000	6749	3030	6500
学前教育阶段入园率	79.6	92.30	95.70	68.27	87.38	69.59	68.65	78.18
义务教育毛入学率	101.7	112.85	115.50	100.40	110.33	100.75	112.39	100.05
小学阶段辍学率	0.01	0.01	0.62	0.30	0.23	0.15	0.16	0
初中阶段辍学率	0.47	0	0	0.90	0.76	1.65	1.16	0.49
残疾儿童义务教育阶段毛入学率	90.32	99	100	100	91.20	89.12	128.11	99.30
农村留守儿童义务教育毛入学率	100	100	100	100	112	100	98.58	100.01
义务教育巩固率	93.8	99	99.90	93.60	95.06	59.63	99.58	87.35
高中教育阶段毛入学率	88.3	90.50	86	69.87	87.01	48.53	42.30	77.07
	贫困保障水平							
	参照系	DC 区	DQ 县	GS 县	MD 县	QB 县	QJ 县	SP 县
城乡学校办学条件差异	76	82	75	92	65	68	75	65

续表

公平性维度								
贫困保障水平								
	参照系	DC区	DQ县	GS县	MD县	QB县	QJ县	SP县
城乡学校师资差异	81	64	75	93	52	72	73	68
建档立卡贫困家庭学生均资助经费	4030	3000	4190	1200	2445	2823	2687	1423
贫困家庭学生入学率	100	100	100	100	100	100	100	100
贫困家庭学生义务教育辍学率	0.01	0.10	0	0	0	0	0.03	0
贫困家庭学生失学率	0	0	0	0	0	0	0	0
《中华人民共和国义务教育法》相关规定履行情况	88	88	87	90	78	87	86	92
发展性维度								
教育系统发展								
	参照系	DC区	DQ县	GS县	MD县	QB县	QJ县	SP县
学校平均规模	512	320	210	317	493	488	339	503
办学标准达标率	100	100	100	100	100	100	17	92
生师比	12.52	10.26	9	10.58	11.6	14.53	24.46	12.98
人均受教育年限	13.5	11.4	8	7.18	9.58	8.4	9	9.1
多媒体教室数量	1051	678	165	160	648	1719	721	851
慕课数量	0	0	0	0	0	0	0	0
对口支援教师数量	2	4	26	8	0	0	0	1
"特岗教师"数量	156	164	0	100	0	147	0	160
乡村教师补助	640	1000	350	600	600	577	75	424
民汉双语教师补助	0	1300	0	0	0	0	0	0
义务教育学校优秀校长和优秀教师轮岗比例	13.75	5.87	40	6.63	9.93	25.51	8.30	40
教师培训学时	90	72	28	60	80	60	35	72

续表

发展性维度								
教育系统发展								
	参照系	DC区	DQ县	GS县	MD县	QB县	QJ县	SP县
"国培计划"教师参训率	30.10	100	96.3	130	100	148.00	38.10	100
教师培训次数	8	4	3	6	5	10	6	40
教育对象发展								
	参照系	DC区	DQ县	GS县	MD县	QB县	QJ县	SP县
毕业生就业服务质量	93	75	76	42	43	83	67	45
农村劳动力实用技能培训次数	10	4	1	7	2	6	2	2
农村劳动力创业培训次数	2	2	1	0	1	4	0	1
少数民族普通话培训质量	88	42	92	78	65	46	85	81
农村实用技术培训质量	91	90	73	67	77	67	35	89
人本性维度								
个体选择机会								
	参照系	DC区	DQ县	GS县	MD县	QB县	QJ县	SP县
普通高中教育生均资助经费	2500	2500	4810	3904	0	1297	1288	801
中等职业教育生均资助经费	4000	5000	6000	3000	4000	3065	4400	3207
高等职业教育生均资助经费	3000	3000	3000	3000	3000	2000	3000	3000
本专科生均资助经费	5000	5000	3500	5000	3000	1800	0	0
研究生生均资助经费	1000	0	4000	0	0	750	0	0

续表

	人本性维度						
	个体选择机会						
	参照系	DC区	DQ县	GS县	MD县	QB县	QJ县	SP县
	个体素质培养						
	参照系	DC区	DQ县	GS县	MD县	QB县	QJ县	SP县
音体美课程教师配备	46	34	33	38	62	79	14	60
音体美课程器材保障	89	87	45	40	70	75	78	58
体质健康及格率	97.60	93.50	100	98.59	96.87	97	97.47	92.27
减负政策执行情况	83	75	64	88	82	70	80	68
实践活动课程开展情况	79	64	34	58	84	51	72	65
	回应性维度						
	政策知晓度						
	参照系	DC区	DQ县	GS县	MD县	QB县	QJ县	SP县
资助政策	92	88	89	90	90	90	94	87
易地扶贫搬迁学生就学政策	88	84	70	85	87	83	90	90
进城务工人员随迁子女就学政策	89	76	59	79	67	88	88	85
留守儿童就学政策	88	63	87	68	72	78	79	75
残疾儿童就学政策	84	33	49	42	45	68	75	65
"两后生"就学政策	79	47	55	47	70	76	63	68
教师补助政策	90	76	90	80	90	95	93	84
	政策满意度						
	参照系	DC区	DQ县	GS县	MD县	QB县	QJ县	SP县
资助政策	93	85	90	88	78	88	82	85

续表

	回应性维度							
	政策满意度							
	参照系	DC区	DQ县	GS县	MD县	QB县	QJ县	SP县
易地扶贫搬迁学生就学政策	90	76	82	62	74	80	68	76
进城务工人员随迁子女就学政策	87	70	67	68	84	87	67	78
留守儿童就学政策	84	45	79	66	76	74	65	69
残疾儿童就学政策	78	32	54	72	45	68	55	47
"两后生"就学政策	75	44	71	63	53	69	53	60
教师补助政策	71	73	80	55	57	77	70	74
学校办学条件	88	76	77	85	88	75	85	79
教育教学水平	70	56	50	74	48	72	68	66
政策执行与服务	75	60	78	83	65	70	70	78

如表5-4所示，本书通过数据收集和实地调研，得到了7个样本县/区的指标数据值，之后将运用评估计算方法，对指标数据值进行得分统计，得到每一个地区的各指标得分、各维度得分和总得分。

二 评估对象指标得分统计

在对样本县所有数据进行汇总和统计的基础上，本书运用标杆法，将各县指标数据值与参照系指标数据值进行对比，代入公式计算，得到了7个样本县在西部贫困地区教育扶贫政策绩效评估指标体系中65个指标的具体得分，并分别计算了每一个样本县公平性维度、发展性维度、人本性维度、回应性维度的得分小计，以及各县教育扶贫政策绩效评估所获得的总分，具体得分情况如表5-5所示。

如表5-5所示，本书通过计算，得到了7个样本县/区的教育扶贫政策绩效评估得分，其中QB县总分最高，0.9137分，DC区位列第二，0.8602分，SP县位列第三，0.8351分，DQ县位列第四，0.8226分，GS县位列第五，0.7941分，MD县位列第六，0.7646分，QJ县排在最后，0.7318分。在下一部分中，本书将会对本评估结果进行各样本县/

区的内部微观分析和宏观对比分析。

表5-5　　7个样本县评估得分统计

	公平性维度						
	教育普及程度						
	DC区	DQ县	GS县	MD县	QB县	QJ县	SP县
财政性教育经费	0.0089	0.0042	0.0024	0.0064	0.0174	0.0129	0.0102
财政性教育经费占GDP比例	0.0678	0.0285	0.0401	0.0273	0.0474	0.0442	0.0313
义务教育生均资助经费	0.0076	0.0299	0.0114	0.0130	0.0139	0.0153	0.0084
特殊教育生均资助经费	0.0020	0.0094	0.0094	0.0094	0.0105	0.0047	0.0101
学前教育阶段入园率	0.0133	0.0138	0.0099	0.0126	0.0101	0.0099	0.0113
义务教育毛入学率	0.0159	0.0162	0.0141	0.0155	0.0142	0.0158	0.0141
小学阶段辍学率	0.0105	0.0000	0.0000	0.0000	0.0007	0.0006	0.0000
初中阶段辍学率	0.0000	0.0000	0.0056	0.0067	0.0030	0.0044	0.0104
残疾儿童义务教育阶段毛入学率	0.0115	0.0116	0.0116	0.0106	0.0104	0.0149	0.0115
农村留守儿童义务教育毛入学率	0.0101	0.0101	0.0101	0.0113	0.0101	0.0100	0.0101
义务教育巩固率	0.0146	0.0147	0.0138	0.0140	0.0088	0.0147	0.0129
高中教育阶段毛入学率	0.0112	0.0106	0.0086	0.0107	0.0060	0.0052	0.0095
	贫困保障水平						
	DC区	DQ县	GS县	MD县	QB县	QJ县	SP县
城乡学校办学条件差异	0.0216	0.0197	0.0242	0.0171	0.0179	0.0197	0.0171
城乡学校师资差异	0.0150	0.0176	0.0218	0.0122	0.0169	0.0171	0.0160
建档立卡贫困家庭学生生均资助经费	0.0126	0.0176	0.0050	0.0103	0.0118	0.0113	0.0060
贫困家庭学生入学率	0.0189	0.0189	0.0189	0.0189	0.0189	0.0189	0.0189
贫困家庭学生义务教育辍学率	0.0019	0.0000	0.0000	0.0000	0.0000	0.0062	0.0000
贫困家庭学生失学率	0.0000	0.0000	0.0000	0.0000	0.0000	0.0000	0.0000
《中华人民共和国义务教育法》相关规定履行情况	0.0196	0.0194	0.0200	0.0174	0.0194	0.0192	0.0205
本维度得分小计	0.2629	0.2422	0.2271	0.2133	0.2372	0.2449	0.2182

续表

发展性维度							
教育系统发展							
	DC区	DQ县	GS县	MD县	QB县	QJ县	SP县
学校平均规模	0.0056	0.0037	0.0055	0.0086	0.0085	0.0059	0.0087
办学标准达标率	0.0097	0.0097	0.0097	0.0097	0.0097	0.0016	0.0089
生师比	0.0113	0.013	0.0110	0.0086	0.0080	0.0048	0.0090
人均受教育年限	0.0078	0.0055	0.0049	0.0065	0.0057	0.0061	0.0062
多媒体教室数量	0.0055	0.0014	0.0013	0.0053	0.0141	0.0059	0.0070
慕课数量	0.0000	0.0000	0.0000	0.0000	0.0000	0.0000	0.0000
对口支援教师数量	0.0186	0.0000	0.0000	0.0000	0.0000	0.0000	0.0047
"特岗教师"数量	0.0090	0.0000	0.0055	0.0000	0.0081	0.0000	0.0088
乡村教师补助	0.0136	0.0048	0.0082	0.0082	0.0078	0.0010	0.0058
民汉双语教师补助	0.0000	0.0000	0.0000	0.0000	0.0000	0.0000	0.0000
义务教育学校优秀校长和优秀教师轮岗比例	0.0035	0.0241	0.0040	0.0060	0.0154	0.0050	0.0241
教师培训学时	0.0069	0.0027	0.0057	0.0076	0.0057	0.0033	0.0069
"国培计划"教师参训率	0.0276	0.0266	0.0358	0.0276	0.0408	0.0105	0.0276
教师培训次数	0.0043	0.0032	0.0065	0.0054	0.0108	0.0065	0.0430
教育对象发展							
	DC区	DQ县	GS县	MD县	QB县	QJ县	SP县
毕业生就业服务质量	0.0184	0.0186	0.0103	0.0105	0.0203	0.0164	0.0110
农村劳动力实用技能培训次数	0.0093	0.0023	0.0162	0.0046	0.0139	0.0046	0.0046
农村劳动力创业培训次数	0.0245	0.0123	0.0000	0.0123	0.0490	0.0000	0.0123
少数民族普通话培训质量	0.0109	0.0238	0.0202	0.0168	0.0119	0.0220	0.0210
农村实用技术培训质量	0.0218	0.0176	0.0162	0.0186	0.0162	0.0085	0.0215
本维度得分小计	0.2082	0.1692	0.1611	0.1564	0.2460	0.1023	0.2311
人本性维度							
个体选择机会							
	DC区	DQ县	GS县	MD县	QB县	QJ县	SP县
普通高中教育生均资助经费	0.0195	0.0375	0.0305	0.0000	0.0101	0.0100	0.0062
中等职业教育生均资助经费	0.0258	0.0309	0.0155	0.0206	0.0158	0.0227	0.0165

续表

人本性维度							
个体选择机会							
	DC 区	DQ 县	GS 县	MD 县	QB 县	QJ 县	SP 县
高等职业教育生均资助经费	0.0195	0.0195	0.0195	0.0195	0.0130	0.0195	0.0195
本专科生均资助经费	0.0202	0.0141	0.0202	0.0121	0.0073	0.0000	0.0000
研究生生均资助经费	0.0000	0.0000	0.0000	0.0000	0.0155	0.0000	0.0000
个体素质培养							
	DC 区	DQ 县	GS 县	MD 县	QB 县	QJ 县	SP 县
音体美课程教师配备	0.0172	0.0167	0.0192	0.0314	0.0400	0.0071	0.0304
音体美课程器材保障	0.0230	0.0119	0.0106	0.0185	0.0198	0.0206	0.0153
体质健康及格率	0.0222	0.0238	0.0234	0.0230	0.0231	0.0232	0.0219
减负政策执行情况	0.0206	0.0176	0.0242	0.0225	0.0192	0.0220	0.0187
实践活动课程开展情况	0.0193	0.0102	0.0175	0.0253	0.0154	0.0217	0.0196
本维度得分小计	0.1873	0.1822	0.1805	0.1730	0.1792	0.1467	0.1482
回应性维度							
政策知晓度							
	DC 区	DQ 县	GS 县	MD 县	QB 县	QJ 县	SP 县
资助政策	0.0162	0.0163	0.0165	0.0165	0.0165	0.0173	0.0160
易地扶贫搬迁学生就学政策	0.0170	0.0142	0.0172	0.0176	0.0168	0.0182	0.0182
进城务工人员随迁子女就学政策	0.0142	0.0110	0.0147	0.0125	0.0164	0.0164	0.0159
留守儿童就学政策	0.0128	0.0177	0.0138	0.0146	0.0159	0.0161	0.0153
残疾儿童就学政策	0.0069	0.0103	0.0088	0.0094	0.0142	0.0157	0.0136
"两后生"就学政策	0.0108	0.0126	0.0108	0.0160	0.0174	0.0144	0.0156
教师补助政策	0.0139	0.0165	0.0147	0.0165	0.0174	0.0171	0.0154
政策满意度							
	DC 区	DQ 县	GS 县	MD 县	QB 县	QJ 县	SP 县
资助政策	0.0139	0.0147	0.0144	0.0127	0.0144	0.0134	0.0139
易地扶贫搬迁学生就学政策	0.0118	0.0128	0.0096	0.0115	0.0124	0.0106	0.0118
进城务工人员随迁子女就学政策	0.0115	0.0110	0.0112	0.0138	0.0143	0.0110	0.0128
留守儿童就学政策	0.0080	0.0141	0.0118	0.0136	0.0132	0.0116	0.0123

续表

	回应性维度						
	政策满意度						
	DC区	DQ县	GS县	MD县	QB县	QJ县	SP县
残疾儿童就学政策	0.0060	0.0102	0.0136	0.0085	0.0128	0.0104	0.0089
"两后生"就学政策	0.0086	0.0139	0.0123	0.0104	0.0135	0.0104	0.0118
教师补助政策	0.0147	0.0161	0.0111	0.0115	0.0155	0.0141	0.0149
学校办学条件	0.0128	0.0130	0.0143	0.0148	0.0126	0.0143	0.0133
教育教学水平	0.0117	0.0104	0.0154	0.0100	0.0150	0.0142	0.0138
政策执行与服务	0.0110	0.0142	0.0152	0.0119	0.0128	0.0128	0.0142
本维度得分小计	0.2018	0.2290	0.2254	0.2219	0.2513	0.2379	0.2376
总分	0.8602	0.8226	0.7941	0.7646	0.9137	0.7318	0.8351

第三节　云南省七个贫困县教育扶贫政策绩效评估的结果分析

在得到了各样本县/区教育扶贫政策绩效评估的维度得分和总体得分后，更重要的从微观和宏观层面开展政策绩效评估的结果分析，包括各评估对象绩效评估结果的内部微观分析和外部对比分析，并确定各样本县/区的教育扶贫政策绩效评估结果等级划分。开展内部微观分析时，本书主要将样本县/区的各指标与参照系进行了详细对比，分析其绩效结果优于参照系的"优势项"指标、与参照系绩效均等的"持平项"指标和劣于参照系的"劣势项"指标。在进行样本县横向对比分析时，主要开展了评估对象教育扶贫政策绩效评估结果的综合分析、各维度评估结果的比较分析及总分对比分析。

一　评估结果内部微观分析

运用"标杆管理法"进行政策绩效的评估，有一项极其重要的功能和目的是从微观角度考察和分析评估对象的优势与劣势，具体方法是将评估对象的每一个指标数据值与参照系的指标数据值进行一一对比，并加以分析和判断，通过与参照系对标，寻找评估对象，即7个样本县在教育扶贫政策的制定和实施等方面做得较为优秀的方面和尚存在较多问题且发展较落后的方面。因此，本书将7个样本县的每一个指标数据值与参照系指标数据值进行了逐一对比、分析和总结，将各县指标归类为"优势项"指标、"持平项"指标和"劣势项"指标，"优势项"指标是指具体的指标数据值比参照系数据值明显更优的指标，即该县教育扶贫做得较好的方面，"持平项"指标是指具体的指标数据值与参照系数据值差距不明显的指标，表明该县教育扶贫在这些方面与参照系的标准基本持平，"劣势项"指标是指具体的指标数据值与参照系的数据相比明显处于劣势的指标，直接显示出该县教育扶贫在哪些方面发展特别落后，存在较多问题。

1. DC区评估结果微观分析

（1）优势项指标。将DC区的指标数据值与参考系指标数据值对比后发现，在65个指标中，DC区共有13个指标数据值比参照系指标数据值更优。

其中，公平性维度中，二级指标"教育普及程度"下，DC区"财政性教育经费占GDP比例"指标与参照系指标数据相比优势尤其明显，参照系"财政性教育经费占GDP比例"为4.14%，DC区"财政性教育经费占GDP比例"达到了20.8%，表明DC区对教育事业发展投入较高，重视程度较高。涉及"学前教育阶段入园率""义务教育毛入学率""残疾儿童义务教育阶段毛入学率""义务教育巩固率""高中教育阶段毛入学率"等与各教育阶段入学率和巩固率相关的指标，DC区数据水平均高于参照系数据，且在"教育普及程度"共计12项指标中，DC区共有7项指标数据优于参照系指标，充分说明了DC区在普及教育方面做了大量工作，成效较好，确保了各级教育的入学率都处于较为领先的水平。在二级指标"贫困保障水平"方面，DC区仅有一项"城乡学校办学条件差异"指标数据为82分，对比参照系数据76分稍有优势，其余指标DC区均未显示出优势，表明在贫困群体的教育保障方面，DC区目前处于较为落后的水平，应予以重视，采取措施促进保障水平的提升。

在发展性维度中，二级指标"教育系统发展"14个指标下，DC区仅有4个指标数据值优于参照系指标数据值，分别为"对口支援教师数量""乡村教师补助""民汉双语教师补助"和'国培计划'教师参训率",说明 DC 区为促进教育系统的发展,着力以提高福利等方式吸引优秀教师人才,在一定程度上吸引了部分教师留在该地区任教,如使"对口支援教师数量"较参照系地区具备一定优势。同时,为全面提升教师的教学水平和综合素质,提供了较为完备的政策保障,积极鼓励或要求教师参加培训,使"国培计划"教育参训率指标数据值以参训率达到 100% 的水平,远远高于参照系指标数据值 30.1%。但是,其他"教育系统发展"的指标 DC 区仍处于持平或落后水平,未显现出明显优势,有待提升。而二级指标"教育对象发展"中,DC 区没有优势项指标,表明 DC 区在毕业生就业服务和农村劳动力就业创业培训等方面投入较少,存在较大差距。

在"人本性"维度中,二级指标"个体选择机会"中,仅有一项"中等职业教育生均资助经费"指标 DC 区以 5000 元高于参照系指标值 4000 元,表明 DC 区政府对中等职业教育有一定重视程度,投入成本较高。然而,在二级指标"个体素质培养"方面,DC 区明显处于劣势水平,无一项指标呈现优势。

特别值得重视和关注的是,在回应性维度中,包括"政策知晓度"7 个指标和"政策满意度"10 个指标,共计 17 个指标中,DC 区无一个优势项指标,充分说明了 DC 区在政策回应性评估维度中明显处于劣势水平,政策对象和公众对于该地区的教育扶贫政策回应性水平普遍较低。

(2)持平项指标。在公平性维度"教育普及程度"二级指标中,DC 区共有 2 项指标数据值与参照系数据值相同,分别是"小学阶段辍学率",同为 0.01%,以及"农村留守儿童义务教育毛入学率",同为 100%,说明在这两项工作中,DC 区达到要求,与参照系水平持平。在"贫困保障水平"二级指标下,DC 区在 7 个指标中,有 4 个指标数据值与参照系指标数据值相等,分别为"贫困家庭学生入学率"100%,"贫困家庭学生义务教育辍学率"0.01%,"贫困家庭学生失学率"为 0,"《中华人民共和国义务教育法》(以下简称《义务教育法》)相关规定履行情况"经主观评价打分后得分 88。整体来看,DC 区在贫困保障水平方面的教育扶贫政策绩效基本合格,有超过半数的指标数据值与参照系指标数据值呈现同等水平，未显现出明显优势或差距。

在发展性维度中，二级指标"教育系统发展"共有14个指标，DC区指标数据值与参照系完全相同的共有2项，分别为"办学标准达标率"100%，"慕课数量"均为0，与参照系指标数据值基本相同，略微超前的指标是"特岗教师"数量，参照系数据值为156，DC区数据值为164。在此三项工作中，DC区的教育扶贫政策绩效基本达标。二级指标"教育对象发展"下，DC区在5个指标中有1个指标与参照系指标数据值相同，是"农村劳动力创业培训次数"项，表明DC区较重视农村劳动力的职业技能培训和职业发展服务工作，为增强贫困地区劳动力的内生动力和自我发展能力发挥了政策支持的作用。

在人本性维度中，DC区在"个体选择机会"方面相比"个体素质培养"方面要做得更好，"个体选择机会"中有一项指标"中等职业教育生均资助经费"属于优势项指标，另外3项指标"普通高中教育生均资助经费""高等职业教育生均资助经费""本专科生均资助经费"为持平项指标，说明DC区为政策对象提供了更多的支持和援助来接受义务教育之后更高层次的教育，为受教育者提供了更多的选择机会和平台。但是，在"个体素质培养"方面，DC区无优势项指标，且仅有一项持平项指标，即"音体美课程器材保障"得分为87分，略低于参照系指标数据值，表明了DC区在对政策对象开展知识教育之外的素质培养方面还存在较大差距。

在回应性维度中，DC区无一持平项指标，所有指标均为劣势项指标。

（3）劣势项指标。公平性维度中，二级指标"教育普及程度"共包括12个指标，DC区共有三个指标数据值水平低于参照系指标数据值，分别为"财政性教育经费""义务教育生均资助经费"和"特殊教育生均资助经费"。其中，虽然"财政性教育经费"57777万元，与参照系数值81674万元相比水平较低，但是DC区财政性教育经费占GDP比例达到了20.8%，表明虽然数额较低，但DC区政府对于教育事业的投入仍处于超前的水平。但是，"义务教育生均资助经费"和"特殊教育生均资助经费"资助水平较低值得关注，义务教育与特殊教育是教育扶贫政策中的重要内容，帮助和支持适龄学生接受义务教育与特殊教育也是教育扶贫政策中极其关键的举措和任务，DC区在这两项指标中呈现明显劣势，很大程度上说明DC区虽在教育发展中投入不少，但用于义务教育阶段的学生接受教育的资助经费却存在不足。在二级指标"贫困保障水平"中，DC区有两项指标属于劣势项指标。"城乡学校师资差异"得分64，相较于参照系81分，存在一定差距。"建档立卡贫困家庭学生生均资助经费"3000元，大约达到参照系数据值的75%，与"教育普及程度"中的两个劣势项指标意义相似，均表明DC区对于学生上学的资助力度尚存在一定差距。

在发展性维度中，二级指标"教育系统发展"下共有14个指标，DC区有7个指标都属于劣势项指标。其中，"学校平均规模""多媒体教室数量""义务教育学校优秀校长和优秀教师轮岗比例""教师培训次数"4个指标与参照系指标数据值相比差距尤其明显。具体分析来看，一方面，多媒体教室是现代化优质教育的必要教学设备，DC区多媒体教室数量明显低于参照系，说明DC区在提升学校教育的质量和水平方面投入不够，不够重视优质教育设施资源的保障和提升；另一方面，优秀校长和优秀教师轮岗、教师培训等有益于提升学校管理水平和教师教学水平的政策要求，是保证学校教育质量的重要任务和必要举措，但DC区在这两项指标中均处于劣势水平。虽然DC区"国培计划"教师参训率达到了100%，但教师培训次数只达到参照系指标数据的一半，表明了DC区在结合当地教育发展实际，为教师提供具有针对性的教育培训方面做得不够。在"教育对象发展"5个指标中，DC区有3个处于劣势水平，且得分均距参照系数据值有较大差距，总体说明DC区在为毕业生提供就业指导和服务、为劳动力提供技能传授和培训方面还有上升的空间和必要。

在人本性维度中，DC区在"个体选择机会"方面的教育扶贫政策绩效明显高于"个体素质培养"方面的政策绩效。"个体选择机会"中，DC区仅有一个劣势项指标，研究生生均资助经费为0，但考虑到在为政策对象提供教育选择的机会方面，从高中阶段到本专科阶段DC区都为学生提供了较高水平的资助，在资助金额总量有限的客观情况下，尤其是像DC区这样的深度贫困县，研究生阶段无经费资助可以理解。但在"个体素质培养"方面，5个指标中，DC区有4个指标都属于明显劣势项指标，说明 DC 区在相关领域未给予足够的重视。

DC 区在回应性维度的评估结果应特别引起重视，"政策知晓度"和"政策满意度"中的所有指标，DC 区得分大多数都低于参照系指标数据值，尤其是"留守儿童就学政策""残疾儿童就学政策""'两后生'就学政策"三项政策的知晓度，以及"易地扶贫搬迁学生就学政策""留守儿童就学政策""残疾儿童就学政策""'两后生'就学政策"和"教育教学水平"四项政策的满意度，这七项政策的得分明显低于参照系的指标得分。可以看出，DC 区政策知晓度和满意度都较低的政策基本上都属于针对较特殊受教育群体的政策，如留守儿童、残疾儿童、"两后生"等，在政策对象中属于人数较少的群体，极其容易在政策的制定和执行过程中被忽视，但这些群体也是最弱势的群体，最应该得到支持和保护，因此 DC 区应及时做出调整，从政策层面对相关受教育对象给予更多的关注和帮助。

2. DQ 县结果微观分析

（1）优势项指标。在公平性维度的"教育普及程度"12 个指标中，DQ 县处于优势水平的指标共有 8 个，其中，"财政性教育经费占GDP 比例""义务教育生均资助经费"两个指标数据值与参照系指标数据值相比明显较高，"学前教育阶段入园率""义务教育毛入学率""残疾儿童义务教育阶段毛入学率""义务教育巩固率"和"高中教育阶段毛入学率"5 项指标数据值略高于参照系指标值，参照系指标"初中阶段辍学率"是 0.47%，而 DQ 县将初中阶段的辍学率控制在 0 的水平。总体来看，DQ 县在教育普及方面做得较好，超过半数的指标与参照系相比都处于超前水平。在"贫困保障水平"的 7 个指标中，DQ 县有一个指标"建档立卡贫困家庭学生生均资助经费"属于优势项指标，根据本书调研了解，参照系指标数据 4030 元在全省范围内对于建档立卡学生受教育对象的经费资助都属于领先水平，DQ 县的这一指标数据值可以超过参照系数据值，说明 DQ 县的教育扶贫政策中，对于特别贫困家庭的学生资助水平特别高，值得其他县区学习。总体来看，DQ 县教育扶贫政策在公平性维度绩效突出，无论是教育整体经费投入，对政策对象的经费资助，还是各级教育的入学率保障方面，都做得较好。

在发展性维度中，二级指标"教育系统发展"下共 14 个指标，DQ

县仅有4个指标数据值是优势项指标,包括"生师比""对口支援教师数量""义务教育学校优秀校长和优秀教师轮岗比例"和"'国培计划'教师参训率",在一定程度上表明了DQ县的教育扶贫政策较为注重师资力量的吸引和补充方面,DQ县属于深度贫困县,经济社会发展程度很低,地理位置偏远,自然条件恶劣,在这样的客观条件下,DQ县教育扶贫政策中加大了针对对口支援教师的吸引措施,也有一定成效,使对口支援教师数量明显高于其他县区。同时,DQ县的"义务教育学校优秀校长和优秀教师轮岗比例"也明显高于参照系数据值,且高于除SP县其他所有样本县区的数据值,这说明DQ县较注重教育管理质量的保证和提升,对于保证当地的教育质量,促进教育系统整体发展会起到一定的作用。二级指标"教育对象发展"下,DQ县仅有一项指标"少数民族普通话培训质量"得分略高于参照系指标数据值,这与该县属于藏族自治区有密切的关系,当地很大一部分农村劳动力从小生活在少数民族地区,普通话普及程度较低,很大程度上阻碍了他们就业创业的机会和能力,因此该县在教育扶贫政策中针对性地加强了农村劳动力的普通话培训投入和服务,有效帮助政策对象克服语言障碍造成的就业壁垒,适应产业发展趋势,帮助他们加深与周边区域的合作,促进个人职业发展。

在人本性维度中,DQ县在"个体选择机会"方面比"个体素质培养"方面的教育扶贫政策绩效明显更高。"个体选择机会"5个指标中,DQ县有3个指标的数据值都高于参照系的指标数据值,而且是明显高于参照系水平,分别是"普通高中教育生均资助经费""中等职业教育生均资助经费"和"研究生生均资助经费",其中"普通高中教育生均资助经费"额比参照系高出近一倍,"中等职业教育生均资助经费"与"研究生生均资助经费"均处于所有样本县区的最高水平,且在其他5个样本县区的"研究生生均资助经费"都为0的情况下,DQ县的资助经费达到了参照系数值的4倍。充分说明DQ县在教育扶贫政策中,在为政策对象提供选择的机会和能力方面的投入特别突出,政策绩效明显高于参照系与其他样本县区。但是,在二级指标"个体素质培养"5个指标中,DQ县只有1个优势项指标,"体质健康及格率"达到100%,高于参照系指标数据值97.60%。虽然这一指标数据值的优势表明DQ县在保证学生身体素质方面有一定成效，但总体来说，DQ县在教育扶贫政策"人本性"价值定位中，为受教育对象提供中高等教育的机会方面投入很多，绩效明显，但在知识和技能培养以外的其他方面绩效较差，针对学生音乐、美术和社会实践能力等方面的培养重视度不够。

在回应性维度中，DQ县在17个指标中有两个优势项指标，"教师补助政策"满意度得80分，相较于参照系指标数据71分，处于较高水平，"政策执行与服务"略高于参照系。说明了DQ县教育扶贫政策的实施虽有一定成效，在教育普及和为个体提供选择机会等方面绩效处于较高水平，但在关注政策对象的体验、感受和需求方面做得还不够，政策绩效存在较大差距。

（2）持平项指标。公平性维度，"教育普及程度"共12个指标中，DQ县除了有7个指标属于优势项指标外，还有1个指标属于持平项指标，"农村留守儿童义务教育毛入学率"与参照系数据值一样，达到了100%，使DQ县在教育普及方面保证了所有教育阶段的入学率均处于参照系和样本县区的最高水平，更进一步地说明了DQ县在教育普及方面的政策绩效特别卓越。二级"贫困保障水平"中，虽然DQ县只有1个优势项指标，但其余5个指标中，有4个指标的数据值都与参照系指标数据值持平，其中，"城乡学校办学条件差异"得分只比参照系低1分，得75分，基本上属于良好水平。"贫困家庭学生入学率"和"贫困家庭学生失学率"与参照系数据完全相同，分别达到了入学率100%和失学率0。"《义务教育法》相关规定履行情况"得分也只比参照系得分低1分，达到87分，接近优秀水平。总体来说，DQ县在公平性维度的"持平项"指标中也有很多指标与参照系数据值一样，达到了最高水平，从本质上说，这些指标也属于优势项指标，更加明确地表明了DQ县的教育扶贫政策在公平性维度绩效方面特别突出。

发展性维度，"教育系统发展"14个指标中，DQ县有3个指标属于持平项指标，其中，"办学标准达标率"100%，与参照系指标一样，达到最高水平。然而另外两个指标"慕课数量"和"民汉双语教师补助"都为0，这两项工作是参照系和DQ县都比较欠缺的方面，应引起关注，加大投入。"教育对象发展"中，有1个指标与参照系指标数据值基本持平,参照系指标"农村劳动力创业培训次数"为2次,DQ县为1次,数据值基本持平,但都属于偏低水平,都应该从政策层面提高要求,增加对农村劳动力的创业培训,拓宽农村劳动力的职业发展路径。

在人本性维度中,"个体选择机会"方面是DQ区教育扶贫政策绩效水平特别高的方面,除3个优势项指标外,还有1个持平项指标,"高等职业教育生均资助经费"达到3000元,因此,在个体选择机会5个指标中,DQ县有4个指标数据值都位于参照系和其他样本县区的最高水平。二级指标"个体素质培养"中,DQ县无持平项指标。

在回应性维度中,如前文所阐述的,DQ县的政策绩效水平较低,只有1个优势项指标,而持平项指标数量也不多,17个指标中只有4个基本持平项指标。"政策知晓度"中,"留守儿童就学政策"和"教师补助政策"知晓度基本与参照系指标数据值持平,"政策满意度"中,"资助政策"和"政策执行与服务"满意度基本与参照系指标数据值持平。分析数据可以得知,教师补助政策的知晓度和满意度得分都较高,是DQ县教育扶贫工作中成效比较好的方面,同时,资助政策和政策执行与服务满意度均得分偏高,充分说明DQ县的教育扶贫政策在公平性维度和发展性维度方面绩效较高,为推行教育普及,为政策对象提供教育选择机会,对各级受教育对象提供的经费资助等方面的投入和服务,得到了政策对象的肯定,满意度较高,但其他方面的政策对象回应性绩效仍然存在差距,有上升的空间。

(3)劣势项指标。公平性维度中,DQ县教育扶贫政策绩效水平优异,18个指标中仅有4个劣势项指标,包括"财政性教育经费""特殊教育生均资助经费""小学阶段辍学率"和"城乡学校师资差异"。其中,虽然"财政性教育经费"数额低于参照系指标数额,但是财政性教育经费占GDP比例高于参照系数据值一倍多,因此,可以说DQ县教育扶贫政策中对于教育方面的经费投入并不算低。"特殊教育生均资助经费"是DQ县所有类型的资助经费中唯一一个劣势项指标,且资助金额与参照系指标数据值差距并不是很大,参照系特殊教育生均资助经费为7430元/生/年,DQ县达到了6000元/生/年,虽相对较低,但与其他样本县区相比依然处于较高水平。值得警惕的是,DQ县"小学阶段辍学率"达到了0.62%，在从国家到地方都高度重视"保学控辍"的背景下，DQ县的小学辍学率数据非常不理想。"城乡学校师资差异"得分75，较参照系得分少了6分，这与DQ县是深度贫困县，城乡地区经济发展程度相差较大有很大的关系，而缩小城乡地区学校的教育资源差距，是保障贫困地区学生接受同等质量教育的重要条件，因此，该县教育扶贫政策的设计应着重考虑这一方面的发展。

发展性维度，是DQ县教育扶贫政策绩效较差的维度，二级指标"教育系统发展"中，有一半以上的指标都属于劣势项指标，且每一项指标的数据值都远远低于参照系指标数据值，尤其是"学校平均规模"210人，不足参照系数据的一半；"人均受教育年限"8年，远远低于参照系数据13.5年，且在所有样本县区中排名靠后，多媒体教室数量差距尤其明显，只有165间，不到参照系指标数据的20%。在师资力量方面，"特岗教师"数量为0，"乡村教师补助"约为参照系的一半，"教师培训学时"28小时明显低于参照系数据90小时，"教师培训次数"约为参照系的1/3。由此可以看出，DQ县教育扶贫工作中大量的重点都放在对受教育对象的经费资助中，但学校的建设、师资的培育等方面尚存在很多问题，教育系统发展迟缓，师资配备大多依靠对口支援教师，当地优势师资难以得到开发和挖掘。二级指标"教育对象发展"中，同样有半数以上的指标都属于劣势项指标，包括"毕业生就业服务质量""农村劳动力实用技能培训次数"和"农村实用技术培训质量"，都表明了DQ县帮助毕业生和其他劳动力就业创业等方面的服务做得较差，教育扶贫政策未给予充分的支持和帮扶。

在人本性维度中，"个体选择机会"只有一个劣势项指标，"本专科生均资助经费"，低于参照系指标数据水平，但在全省范围内处于中间水平，总体来看，在"个体选择机会"方面DQ县的教育扶贫政策绩效水平都很高。相反，"个体素质培养"5个指标中，有4个指标DQ县都处于劣势水平，且数据值差距很大，"音体美课程教师配备"和"音体美课程器材保障""减负政策执行情况""实践活动课程开展情况"四项帮助学生培养业余爱好、促进综合能力和素质提升的指标都处于较差的水平，今后DQ县教育扶贫政策应在这几个方面有较大幅度的修正和完善。

回应性维度 17 个指标中有 14 个指标都属于劣势项指标,其中"政策知晓度"中差距明显的指标包括"易地扶贫搬迁学生就学政策""进程务工人员随迁子女就学政策""残疾儿童就学政策"和"'两后生'就学政策"知晓度,以及"进城务工人员随迁子女就学政策""残疾儿童就学政策"和"教育教学水平"满意度,这表明 DQ 县针对部分特殊群体的教育扶贫政策制定、执行和服务等都还存在较大问题,应予以重视。

3. GS 县评估结果微观分析

(1) 优势项指标。在公平性维度中,"教育普及程度"的政策绩效要明显差于"贫困保障水平"二级指标的政策绩效。在"教育普及程度"12 个指标中,仅有 2 个优势项指标,"财政性教育经费占 GDP 比例",参照系数据值为 4.14%,GS 县达到了 12.31%,表明 GS 县对于教育的重视程度较高,投入较多,从政策层面予以了倾斜。"残疾儿童义务教育阶段毛入学率"GS 县达到了 100%,比参照系指标高出近 10 个百分点,是 GS 县对于各级教育和各类受教育对象的政策支持和服务做得较好的方面。"贫困保障水平"方面,GS 县有一半的指标属于优势项指标,总体说明了 GS 县在保障贫困家庭学生受教育等方面的教育扶贫政策绩效较好。三个优势项指标中,"城乡学校办学条件差异""城乡学校师资差异"两个指标数据值明显高于参照系指标数据值。一直以来,缩小城乡地区学校办学条件和师资条件差异都是各级政府发展当地教育事业和实施教育扶贫战略的重点和难点,GS 县在这两项指标中表现优异,充分说明该县的教育扶贫政策从制定到执行各环节都对相关工作投入了较多的重视和努力。另一个优势项指标是"《义务教育法》相关规定履行情况",GS 县得 90 分,略高于参照系指标得分。

GS 县教育扶贫政策在发展性维度总体表现都较差,"教育系统发展"和"教育对象发展"两个二级指标共 19 个指标中,GS 县只有 3 个优势项指标,即"生师比""对口支援教师数量"和"'国培计划'教师参训率",极大地说明了 GS 县教育扶贫政策发展性维度的政策绩效差距很大,成效很少,当地政府应提高警惕,在这两方面提高要求,加大投入。

人本性维度中,GS 县的指标数据值也不是太好,10 个指标中,仅有 1 个优势项指标，即"普通高中教育生均资助经费"，该项指标数据值 3904 元/生/年与参照系 2500 元/生/年相比高出较多。总体来看，GS 县教育扶贫政策在"人本性"维度的政策绩效也较差。

回应性维度中，GS 县依然表现不佳，"政策知晓度"中无优势项指标，"政策满意度"中只有 2 个优势项指标"政策执行与服务"和"教育教学水平"，且指标得分与参照系指标数据值相比高出较多，表明 GS 县虽然在教育发展的硬件和软件保障上虽然还有较大差距，但是在教育扶贫政策的执行过程中，执行力度和服务质量都水平较高，得到了当地政策对象的极大认可。

（2）持平项指标。公平性维度中，GS 县共有 5 个持平项指标，其中"教育普及程度"中 3 项，包括"义务教育毛入学率""农村留守儿童义务教育毛入学率"和"义务教育巩固率"，"贫困保障水平"中 2 项，包括"贫困家庭学生入学率"和"贫困家庭学生失学率"。从"持平项"指标数据来看，GS 县在义务教育阶段的政策绩效较好，基本保障了义务教育阶段的各项指标与参照系持平，尤其是"农村留守儿童义务教育毛入学率"达到 100%，与参照系一样达到了较高水平，"贫困家庭学生入学率"与"贫困家庭学生失学率"分别为 100% 和 0，同样都达到了最高水平。从数据来看，公平性是 GS 县教育扶贫政策绩效最高、表现最优的维度，尤其是"贫困保障水平"方面，指标数据虽没有特别突出的，但基本都处于较高水平。

发展性维度中，二级指标"教育系统发展"中共有 4 个"持平项"指标，其中，"办学标准达标率"达到 100%，属于最高水平，"乡村教师补助"数据值为 600 元，略低于参照系数据值，"慕课数量""民汉双语教师补助"与参照系相同，指标数据值都为 0，"教育对象发展"中无持平项指标。可以说，GS 县教育扶贫政策在发展性维度中，除了"办学标准达标率"和"乡村教师补助"两个指标与参照系一样达到很高的水平之外，其余"持平项"指标的数据值都极低。

人本性维度中，二级指标"个体选择机会"下 GS 县共有两项持平项指标，"高等职业教育生均资助经费"和"本专科生均资助经费"，资助水平较高，表明该县在为政策对象提供接受不同教育种类的机会方面有所投入，在此二级指标中绩效较好。二级指标"个体素质培养"

下，GS 县同样有 2 个持平项指标，"体质健康合格率"和"减负政策执行情况"，数据值均略高于参照系指标数据值。

回应性维度中，GS 县共有 4 个持平项指标，其中"政策知晓度"下 2 项，"政策满意度"下 2 项，分别是"资助政策"和"易地扶贫搬迁学生就学政策"知晓度，以及"学校办学条件"和"教育教学水平"满意度，值得提出的是，GS 县除了在"政策执行与服务"指标中表现优异，数据值高于参照系外，对于"学校办学条件"和"教育教学水平"的满意度方面也基本与参照系数据值持平，更进一步地说明了 GS 县在制定和执行教育扶贫政策时，较好地回应了当地群众的要求和需求，有效提升了政策对象对于教育系统硬件配备和软件支撑的满意度。

（3）劣势项指标。公平性维度中，如前文所述，GS 县在"教育普及程度"方面比"贫困保障水平"方面绩效要差很多，从指标数据值来看，"教育普及程度"中有超过半数的指标都属于劣势项指标，"贫困保障水平" 7 个指标中只有 1 个是"劣势项"指标，特别值得注意的是，GS 县"小学阶段辍学率"达到了 0.30%，"初中阶段辍学率"达到了 0.90%，数据值本身并不算高，但是国家一直提出高标准，要求义务教育阶段的辍学率为 0，因此 GS 县 0.30% 的小学阶段辍学率和 0.90% 的初中阶段辍学率其实离国家的要求还有较大差距。"学前教育阶段入园率" 68.27% 和"高中教育阶段毛入学率" 69.87% 两个指标数据值距离参照系指标数据值都相差甚远。可以得出，GS 县大部分的入学率都与参照系存在较大差距，应引起重视。"贫困保障水平" GS 县绩效出色，唯一的劣势项为"建档立卡贫困家庭学生生均资助经费" 1200 元，与参照系数据 4030 元相比差距较大，建档立卡户是脱贫攻坚战略中的重点帮扶对象，当地政府应进一步加大投入。

发展性维度中，GS 县在 19 个指标中有 12 个指标都属"劣势项"指标，其中"教育对象发展"下所有指标都是"劣势项"指标。同时，与参照系指标数据值差距较大的指标数量也较多，"教育系统发展"中"人均受教育年限"几乎只达到参照系的一半，"多媒体教室数量"仅仅是参照系的十分之一，"义务教育学校优秀校长和优秀教师轮岗比例"也仅仅是参照系的一半，"教育对象发展"中"毕业生就业服务质量"也不足参照系的一半,"农村劳动力创业培训次数"为0,意味着GS县的教育扶贫政策中对于劳动力的创业帮扶作为极少。

人本性维度中,"个体选择机会"政策绩效较好,虽然在5个指标中有2个劣势项指标,但其中一个指标"中等职业教育生均资助经费"3000元,与参照系数据4000元差距不算很大,"研究生生均资助经费"为0,GS县属于深度贫困县,为政策对象提供义务教育以上教育阶段的资助是教育扶贫政策的难点,能够资助到本专科阶段可以说已经达到了较高水平。GS县"个体素质培养"的政策绩效与"个体选择机会"的政策绩效相比明显较差,除2个持平项指标外,其余的指标都是劣势项指标,且"音体美课程器材保障"和"实践活动课程开展情况"的数据值特别低,说明GS县素质教育的开展、对学生能力的培养方面还有所欠缺。

回应性维度中,GS县几乎所有指标都是劣势项指标,其中,"残疾儿童就学政策"和"'两后生'就学政策"知晓度数据值差距较大,"易地扶贫搬迁学生就学政策"和"教师补助政策"满意度数据值差距较大。

4. MD县评估结果微观分析

(1)优势项指标。公平性维度,在"教育普及程度"中,MD县共有5个优势项指标,分别是"财政性教育经费占GDP比例""学前教育阶段入园率""义务教育毛入学率""农村留守儿童义务教育毛入学率"和"义务教育巩固率",这5项指标都是教育扶贫政策在普及义务教育方面较为重要的指标,MD县这5项指标数据值水平能够高于参照系指标数据值,说明MD县在教育普及方面的政策绩效是有一定成效的。然而,在"贫困保障水平"二级指标下,MD县并没有优势项指标,说明此方面的政策绩效与"教育普及程度"相比较差。

发展性维度MD县的指标数据值也不容乐观,19个指标中仅有2个优势项指标,分别是"教育系统发展"下的"生师比"和"'国培'计划参训率",而"教育对象发展下"无优势项指标。其中,"'国培'计划参训率"指标数据值最好,参训率达到了100%,"生师比"11.6∶1,与参照系指标数据值12.52∶1相比略具优势。整体来看,MD县在教育系统内部发展方面以及帮助毕业生和劳动力就业创业方面的政策绩效都不算太好。

在人本性维度中，MD县的政策绩效依然不是很好，有2个优势项指标，即"音体美课程教师配备"和"实践活动课程开展情况"，指标数据值高于参照系数据值较多，都隶属于二级指标"个体素质培养"，而"个体选择机会"二级指标中无优势项指标。回应性维度中，MD县同样无优势项指标。

总体来看，MD县的教育扶贫政策绩效在四个维度都较差，优势项指标数量少，距离参照系有较大差距，教育扶贫各方面都存在一定的问题，发展中障碍较多。

（2）持平项指标。在公平性维度中，MD县的持平项指标数量也算很多，"教育普及程度"共12个指标中有2个，"贫困保障水平"共7个指标中有3个。其中，"贫困家庭学生入学率"与参照系数据值一样，达到了100%，"贫困家庭学生义务教育辍学率"和"贫困家庭学生失学率"为0，这三个指标都达到了最优水平，是MD县教育扶贫政策绩效水平较好的方面，表明MD县在保障贫困学生接受义务教育的权利方面有一定成效。另外两个持平项指标分别是"残疾儿童义务教育阶段毛入学率""高中教育阶段毛入学率"，都与参照系指标一样，达到了较高的水平。结合优势项指标来看，MD县教育扶贫政策在"保障教育公平"方面基本达到了要求，各级教育的入学率都较高，无明显漏洞，是教育扶贫政策四个维度中绩效表现最优的一个维度。

在发展性维度中，"教育系统发展"下有3个持平项指标，其中"办学标准达标率"与参照系一样，达到了100%的最高水平，而"慕课数量"和"民汉双语教师补助"与参照系一样，都为0，是MD县和参照系都极欠缺的方面。"教育对象发展"下，MD县有一个持平项指标，"农村劳动力创业培训次数"1次。总体来看，MD县在发展性维度中的教育扶贫政策绩效较差。

人本性维度中MD县的持平项指标数量较多，占到总指标数量的一半，"个体选择机会"下有2个，"中等职业教育生均资助经费"和"高等职业教育生均资助经费"，与参照系指标数据值一样，分别是4000元/生/年和3000元/生/年，处于中高等职业教育阶段对学生进行资助的较高水平。可以看出，MD县对于学生选择接受职业教育给予了较多的支持和鼓励。"个体素质培养"下，共有3个持平项指标，"体质健康及格率"96.87%，稍稍低于参照系数值97.60%；"减负政策执行情况"得分82，也是略低于参照系数据值83分。总的来说，MD县在"人本性"维度的政策绩效基本达到要求，大部分指标数据值都与参照系指标数据值持平或略有优势，在确保受教育对象自主选择教育方式方面和对受教育对象进行除知识教育以外的兴趣培养和体质训练方面都做得较好。

回应性维度中，MD县在17项指标中有5个持平项指标，且得分都较高，"资助政策""易地扶贫搬迁学生就学政策"和"教师补助政策"知晓度均达到了90分左右的水平，知晓度反馈效果较好。"政策满意度"中有2个持平项指标，"进城务工人员随迁子女就学政策"满意度和"学校办学条件"满意度，分别是84分和88分，其余均是劣势项指标。

（3）劣势项指标。在公平性维度19个指标中，MD县中共有9个劣势项指标。"教育普及程度"下，虽然MD县财政性教育经费41379万元，只占参照系指标值81674万元的一半，但财政性教育经费占GDP的比例为8.38%，是参照系指标数据值的2倍，表明MD县对于教育经费的投入虽数额不高，力度依然较大。"义务教育生均资助经费"和"特殊教育生均资助经费"都低于参照系，但差距不是很大。值得注意的是，"小学阶段辍学率"和"初中阶段辍学率"都明显高于参照系指标数据值，达到了0.23%和0.76%，数据值表现不佳。"贫困保障水平"中，有4个劣势项指标，"城乡学校办学条件差异""城乡学校师资差异""建档立卡贫困家庭学生生均资助经费"和"《义务教育法》相关规定履行情况"，它们的数据值与参照系数值相比存在较大差距，充分说明MD县对于缩小城乡教育条件和质量方面的政策绩效较差，存在问题，需要警惕和改善。

发展性维度中，MD县在19个指标中有13个劣势项指标，"劣势项"指标数量偏多，且其中有9个指标的数据差距都很大，包括"教育系统发展"下的"人均受教育年限""多媒体教室数量""'特岗教师'数量""义务教育学校优秀校长和优秀教师轮岗比例""教师培训次数"，以及"教育对象发展"下的"毕业生就业服务质量""农村劳动力实用技能培训次数""少数民族普通话培训质量"和"农村实用技术培训质量"。整体来看，MD县在发展性维度的教育扶贫政策绩效普遍较差。

人本性维度是MD县教育扶贫政策绩效较优的维度，劣势项指标有4项，其中"普通高中教育生均资助经费"和"研究生生均资助经费"为0，差距明显，"本专科生均资助经费"虽达到3000元/生/年，但仍距离参照系数据值5000元/生/年有一定差距。"音体美课程器材保障"得分70，数据值不够理想。

回应性维度中共有12个劣势项指标，其中数据值较低的包括"进城务工人员随迁子女就学政策"和"残疾儿童就学政策"知晓度以及"残疾儿童就学政策"和"'两后生'就学政策"满意度。可以看出，MD县的教育扶贫政策中，部分针对少数群体的政策知晓度和满意度都得分较低，说明该县在这些特殊性政策的制定和执行过程中存在一定问题，未能很好地满足相关利益群体的需求。另外，"教育教学水平"和"政策执行与服务"的满意度得分也很低。总体来说，MD县的教育扶贫政策无论是在硬件发展还是软件支撑等各方面绩效都较差，存在很多问题。

5. QB县评估结果微观分析

（1）优势项指标。公平性维度中，QB县的教育扶贫政策绩效并不理想，两个二级指标下，只有3个优势项指标，但这3项优势项指标都是极其重要的投入性指标，包括"财政性教育经费""财政性教育经费占GDP比例"和"义务教育生均资助经费"，说明QB县在教育方面的经费投入力度非常大，三个优势项指标都隶属于"教育普及程度"二级指标中，而"贫困保障水平"中无一优势项指标。

发展性维度QB县的优势项指标数量也并不算多，19个指标中占5个，"教育系统发展"中较多，共4个优势项指标，"多媒体教室数量"明显高于参照系指标数据值，是所有样本县中数量最多的，"义务教育学校优秀校长和优秀教师轮岗比例"达到25.51%，几乎是参照系指标数据值的2倍，最值得赞赏的是"'国培计划'教室参训率"148.00%，高出参照系指标数据值近5倍，数据值特别突出。其他两个指标"教师培训次数"和"农村劳动力创业培训次数"略高于参照系指标数据值。总体来说,发展性维度中,QB县虽在大部分指标中没有特别优异的表现,但有部分指标水平特别高。

人本性维度中,QB县有1个优势项指标,"音体美课程教师配备",得分明显高于参照系指标,隶属于二级指标"个体素质培养"下。

回应性维度中,"政策知晓度"和"政策满意度"中各有一个优势项指标,且都是关于同一类政策,即"教师补助政策"知晓度和满意度。说明QB县的教育扶贫政策中,教师补助政策与教师的期望较符合,政策绩效较好,但其他政策都有提升的必要和空间。

(2)持平项指标。公平性维度中,QB县的持平项指标数量不多,共有6个,但指标数据值都非常优异,其中有5个都达到了最高水平,"义务教育毛入学率"100.75%,"农村留守儿童义务教育毛入学率"100%,"贫困家庭学生入学率"100%,"贫困家庭学生义务教育辍学率"和"贫困家庭学生失学率"都为0,这5项指标QB县与参照系一样,最后一个持平项指标"《义务教育法》相关规定履行情况"得分87,水平同样较高,5个持平项指标表现都十分优异,使QB县教育扶贫政策在公平性维度的政策绩效水平有很大提升。

发展性维度中,QB县在19个指标中共3个持平项指标,其中一个指标数据值较优,其他两个指标数据值很差,数据值优的指标是"办学标准达标率"达到100%,数据值差的指标是"慕课数量"和"民汉双语教师补助"均为0,三个指标都隶属于"教育系统发展"二级指标中,"教育对象发展"中无持平项指标。

人本性维度中,"个体素质培养"下有一个持平项指标,即"体质健康及格率"为97%,数值较高。

回应性维度中,"政策知晓度"和"政策满意度"下各有2个持平项指标,其中,"进城务工人员随迁子女就学政策"的知晓度和满意度都与参照系指标数据基本持平,另外两个指标是"资助政策"知晓度和"教育教学水平"满意度,表明了QB县教育扶贫政策中的进城务工人员随迁子女就学政策的执行和服务质量较高,获得了较全面的认同。"教育教学水平"满意度72分虽得分不算太高,但几乎达到了参照系指标数据水平,基本达标。

第五章 西部贫困地区教育扶贫政策绩效评估体系的实证检验

（3）劣势项指标。公平性维度中，有二分之一的指标属于劣势项指标，其中特别值得关注的共有 5 个，"小学阶段辍学率"为 0.15%，"初中阶段辍学率"为 1.65%，尤其是初中阶段辍学率数据值过高，差距巨大，问题明显。"义务教育巩固率"仅达到 59.63%，"高中教育阶段毛入学率"仅达到 48.53%，两个指标都只达到参照系指标数据值的一半。另外一个劣势项指标属于"贫困保障水平"下"建档立卡贫困家庭学生生均资助经费"，此项指标是帮扶和支持贫困家庭学生享有接受教育权利的重要政策举措，但 QB 县的资助经费为 2823 元/生/年，距参照系指标数据值有较大差距。

发展性维度中，"教育系统发展"下共 14 个指标，QB 县有 7 个指标是劣势项指标，其中"人均受教育年限"8.4 年，与参照系指标数据值 13.5 年比较相差较多，"对口支援教师数量"为 0，"教师培训学时"只有 60 学时，仅达到参照系数据的三分之二，这几个指标属于数据较差的。而"教育发展对象"的政策绩效则更令人担忧，5 个指标中有 4 个都属于劣势项指标，尤其是"少数民族普通话培训质量"和"农村实用技术培训质量"，得分都很低。QB 县总体来看在发展性指标中的政策绩效都不够理想。

人本性维度，QB 县在"个体选择机会"二级指标下的表现最差，所有指标均是劣势项指标，义务教育之后的各级教育资助力度都较弱。"个体素质培养"下也有大半指标是劣势项指标，尤其是"实践活动课程开展情况"指标得分仅 51 分。

回应性维度中，QB 县共 11 个劣势项指标，"残疾儿童就学政策"的知晓度和满意度都较低，与参照系指标数据值差距较大，说明该项政策的制定和执行存在很大问题，其他指标也在一定程度上与参照系数据值有差距。

6. QJ 县评估结果微观分析

（1）优势项指标。QJ 县在公平性维度两个二级指标的绩效表现不均衡，"教育普及程度"表现较优，有一半的指标都是优势项指标，而"贫困保障水平"中无优势项指标。"教育普及程度"中指标值特别优异的指标包括 3 项经费投入性的指标，即"财政性教育经费""财政性教育经费占 GDP 比例"和"义务教育生均资助经费"，尤其是"财政性教育经费占 GDP 比例",是参照系指标数据值的三倍多,其他 3 个优势项指标的数据值也尤其出色,"义务教育毛入学率"达到了 112.39%,"残疾儿童义务教育阶段毛入学率"达到了 128.11%,"义务教育巩固率"也接近最高值,达到了 99.58%,几项数据优质的优势项指标使 QJ 县在普及教育方面的政策绩效突出,但"贫困保障水平"方面应引起相关部门重视。

发展性维度是 QJ 县教育扶贫政策绩效特别差的维度,所有指标中仅有 1 个优势项指标,"'国培计划'教师参训率"为 38.1%,虽然与参照系相比有一定优势,但实际上指标数据值并不算高。可以看出 QJ 县虽然在教育事业方面经费投入很高,但对教育系统和教育对象的发展没有获得太好的政策绩效,并未很好地达到促进教育系统硬件和软件发展,以及帮助受教育对象就业创业的政策目标。

在人本性维度中,QJ 县仍然表现不佳,同样只有 1 个优势项指标,且数据值只是略微高于参照系指标数据值。回应性维度中,QJ 县没有优势项指标。

总体来看,QJ 县教育扶贫政策在四个评估维度的政策绩效都处于平均水平以下,只有"教育普及程度"基本达到了要求,有少量指标数据水平较高,其他方面都有较大问题。

(2)持平项指标。公平性维度中,二级指标"教育普及程度"下 QJ 县无在持平项指标,二级指标"贫困保障水平"下持平项指标数量较多,共有 5 个,占据指标数量的大半,其中"贫困家庭学生入学率"100%,"贫困家庭学生义务教育辍学率"0.03%,"贫困家庭学生失学率"0,这三个指标几乎达到了最高水平,另外两个指标"城乡学校办学条件差异"和"《义务教育法》相关规定履行情况"得分分别为 75 分和 86 分,与参照系一样,指标得分数据处于中偏上的水平。

发展性维度中持平项指标数量不多,仅有 2 个,但 2 个指标数据值都很差,"慕课数量"为 0,"民汉双语教师补助"也为 0,亟须提高关注力度并予以改善。

人本性维度中,"个体选择机会"下有 1 个持平项指标,"高等职业教育生均资助经费"3000 元/生/年,"个体素质培养"下有 2 个持平项指标,"体质健康及格率"97.47%,"减负政策执行情况"得 80 分,可以说明 QJ 县在为学生提供体能培训和综合能力培养等方面有一定成效,基本达到参照系标准。

回应性维度中,"政策知晓度"下的持平项指标占比相较于"政策满意度"下的持平项指标占比高,"政策知晓度"下超过一半的指标都与参照系指标数据持平,包括"资助政策""易地扶贫搬迁学生就学政策""进城务工人员随迁子女就学政策"和"教师补助政策"知晓度,充分说明 QJ 县在教育扶贫政策的执行过程中,对于政策的宣传和解读比较到位,促进了政策对象对政策的了解和熟悉程度,能够帮助利益相关群体更好地享受政策福利。但是,"政策满意度"中只有"教师补助政策"的满意度达到了参照系的标准,得 70 分,评价基本满意。

(3)劣势项指标。公平性维度中 QJ 县的"劣势项"指标共有 8 个,"特殊教育生均资助经费"3030 元/生/年,不足参照系指标数据值的一半,资助力度不高。"学前教育阶段入园率"68.65%,"农村留守儿童义务教育毛入学率"98.58%,"高中教育阶段毛入学率"42.3%,三个指标与参照系指标数据值都有差距,其中"学前教育阶段入园率"和"高中教育阶段毛入学率"都过低,逆向指标"小学阶段辍学率"和"初中阶段辍学率"指标数据值都未达到参照系标准。"贫困保障水平"中有 2 个劣势项指标,其中"城乡学校师资差异"得 73 分,略低于参照系水平 81 分,"建档立卡贫困家庭学生生均资助经费"2687 元/生/年与参照系指标数值 4030 元/生/年相比差距较多。总体来说,虽然有 8 个劣势项指标,但 QJ 县教育扶贫政策在公平性维度的政策绩效是四个维度中水平较高的。

发展性维度 QJ 县的教育扶贫政策绩效较差,有 80% 以上的指标都属于劣势项指标,且大部分指标数据水平都远远低于参照系标准,应特别予以重视。"教育系统发展"下,"办学标准达标率"17%,数据值极低,远远低于参照系水平;逆向指标"生师比"数据高达 24.46:1,几乎是参照系指标数据值的 2 倍;"乡村教师补助"仅 75 元/生/年,仅占参照系 640 元/生/年的 1/10;"教师培训学时"仅 35 学时,只有参照系数据的 1/3 左右。"教育对象发展"下,对于劳动力的技能培训次数和质量都偏低,"农村劳动力实用技能培训次数"仅 2 次,"农村劳动力创业培训次数"为 0,且培训质量得分也特别低,仅 35 分。由此看来，QJ县在"发展性"维度的教育扶贫政策绩效水平过低，"劣势项"指标数量多，且大量指标数据值都差距很大，应引起当地政府的重视和警惕。

在人本性维度中，"个体选择机会"和"个体素质培养"的政策绩效相差不大，各有3个劣势项指标，特别值得一提的是，在"个体选择机会"下，QJ县对于高等教育的资助力度偏弱，"本专科生均资助经费"和"研究生生均资助经费"都为0，不利于政策对象接受高层次的学历教育和培养，政策未对高层次人才的进一步深造给予足够的鼓励和帮助。"个体素质培养"下，对于培养学生课余兴趣爱好和实践能力方面的指标，QJ县的指标数据值都不佳。

在回应性维度中，"政策知晓度"的指标数据值较为可观，虽有3个劣势项指标，但数据值与参照系指标数据值相比差得不算太多。但"政策满意度"下，各项政策和教育教学水平、政策执行服务的满意度都较低，除一个持平项指标外，其余指标都是劣势项指标，尤其是针对少数群体的几项政策，包括"易地扶贫搬迁学生就学政策""进城务工人员随迁子女就学政策""留守儿童就学政策""残疾儿童就学政策""'两后生'就学政策"等得分都很低，说明QJ县受教育对象及其家庭对于教育扶贫政策的满意度普遍偏低，政策设计或执行环节存在较多问题。

7. SP县评估结果微观分析

（1）优势项指标。在公平性维度中，SP县的优势项指标较少。"教育普及程度"下有2项，"财政性教育经费占GDP比例"9.59%，比参照系指标数据值高出一倍，说明SP县对教育发展的经费投入不低，"残疾儿童义务教育阶段毛入学率"99.30%，略高于参照系指标数据值90.32%。在"贫困保障水平"二级指标下，SP县仅有一项优势项指标，"《义务教育法》相关规定履行情况"得分92，在所有样本县中处于最高水平。

在发展性维度中，SP县的教育扶贫政策绩效也不尽如人意，只有3个优势项指标，存在于"教育系统发展"中，"'国培计划'教师参训率"达到100%，"义务教育学校优秀校长和优秀教师轮岗比例"高达40%，"教师培训次数"达到了40次，这两项指标的数据值尤其优异，远远高于参照系指标水平。而"教育对象发展"二级指标中则无一优势项指标。表明SP县在"发展性"维度中虽有少量数据值特别突出的指标，但整体政策绩效水平不高。

在人本性维度中，SP县仍然表现不佳，只有1个优势项指标，即二级指标"个体素质培养"下的指标"音体美课程教师配备"，得分60，虽然与参照系指标数据值相比有一定优势，但并未高出很多，充分表明了SP县的教育扶贫政策在人本性维度也没有优于参照系的方面，各方面绩效水平都偏低，政策过程存在问题。

回应性维，SP县没有1项优势项指标。

（2）持平项指标。虽然SP县在公平性维度中没有特别突出的绩效表现，优势项指标数量较少，但部分持平项指标表明该县在普及教育和保障贫困家庭学生接受教育方面有一定成效，如"义务教育毛入学率"达到100.05%和"农村留守儿童义务教育毛入学率"达到100.01%，"贫困家庭学生入学率"与参照系指标数值持平，趋近于最高水平。同时，逆向指标"小学阶段辍学率"为0，"初中阶段辍学率"为0.49%，"贫困家庭学生义务教育辍学率"为0，"贫困家庭学生失学率"为0等几个与辍学率相关的指标都几乎为0，表明了SP县在公平性维度虽缺乏特别优秀的绩效，但重要指标基本达到了参照系水平。

发展性维度中，"教育系统发展"下有4个持平项指标，其中"生师比"12.98∶1，"'特岗教师'数量"160人，与参照系指标水平相当，但"慕课数量"和"民汉双语教师补助"指标数据值均为0，是参照系和SP县都亟待提高的两个方面。"教育对象发展"下有1个持平项指标，"农村劳动力创业培训次数"1次。从持平项指标数据值来看，SP县在"发展性"维度中的教育扶贫政策绩效评估结果并不乐观。

人本性维度共10个指标中，SP县仅1个持平项指标，"高等职业教育生均资助经费"3000元/生/年。

回应性维度中SP县的持平项指标数量也极少，17个指标中仅有3个持平项指标，分别是"易地扶贫搬迁学生就学政策"知晓度得分90，与参照系指标数据一样，得分很高。"教师补助政策"和"政策执行与服务"政策满意度得分分别为74分和78分，与参照系指标数据接近，处于较高水平。

（3）劣势项指标。由前文分析可知，SP县在四个维度中，优势项和持平项指标数量都不多，表明该县劣势项指标居多。公平性维度是SP县政策绩效评估水平最高的维度，"教育普及程度"下劣势项指标共5个，稍稍低于该二级指标中所包含指标数量的一半，其中差距较大的是"义务教育巩固率"87.3%和"高中教育阶段毛入学率"77.07%。"贫困保障水平"下有3个劣势项指标，"城乡学校办学条件差异""城乡学校师资差异"和"建档立卡贫困家庭学生生均资助经费"，其中"建档立卡贫困家庭学生生均资助经费"差距特别明显，仅占参照系指标水平的1/3左右。

在发展性维度中，二级指标"教育系统发展"下共有8个劣势项指标，占指标总数的一半左右。与参照系数据值相比差距较大的指标包括"人均受教育年限"9.1年，参照系指标数据为13.5年，"教师培训学时"72小时，参照系指标数据为90小时。"教育对象发展"只有1个持平项指标，其余4个指标都是劣势项指标，其中"毕业生就业服务质量"得分仅45分，还达不到参照系指标数据的1/2，"农村劳动力实用技能培训次数"仅2次，远远低于参照系指标数据值10次，其余2个劣势项指标为"少数民族普通话培训质量"和"农村实用技术培训质量"。

在人本性维度中，SP县有80%的指标都是劣势项指标，且大部分指标数据值都与参照系指标数据值相差甚远，尤其是"普通高中教育生均资助经费"801元/生/年，仅达到参照系数值的1/3，参照系中"本专科生均资助经费"和"研究生生均资助经费"分别为5000元/生/年和1000元/生/年，但SP县这两项指标数据均为0，充分表明SP县在为政策对象提供教育选择的机会时投入力度有所欠缺。而"个体素质培养"5个指标中，SP县也有4个劣势项指标。该县在人本性维度的教育扶贫政策绩效整体较差。

在回应性维度中，SP县除"政策知晓度"中的1个持平项指标和"政策满意度"中的2个持平项指标以外，其余所有指标都是劣势项指标，且有超过半数的劣势项指标数据值都很低，说明SP县政策回应性绩效较差，政策知晓度和满意度都未得到政策对象的普遍认可。

二 评估结果外部宏观分析

1. 评估对象教育扶贫政策绩效评估结果综合分析

（1）评估对象教育扶贫政策绩效评估得分。根据西部贫困地区教育扶贫政策绩效评估指标体系的计分方法，本书分别对 7 个样本县/区的数据进行了统计计算，得到了各县/区的教育扶贫政策评估总分，DC 区得分 0.8602、DQ 县得分 0.8226、GS 县得分 0.7941、MD 县得分 0.7646、QB 县得分 0.9137、QJ 县得分 0.7318、SP 县得分 0.8351。7 个样本县教育扶贫政策绩效评估得分情况如图 5-1 所示。

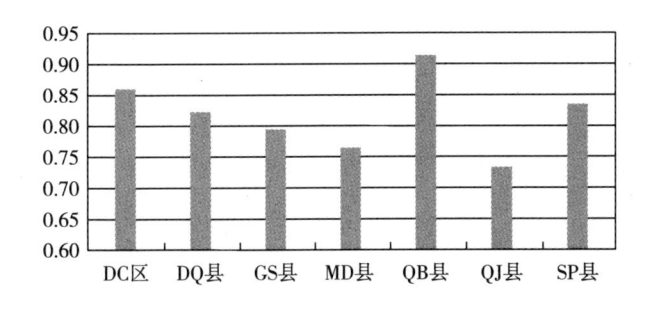

图 5-1　7 个样本县教育扶贫政策绩效评估得分情况

在 7 个样本县/区中，QB 县的教育扶贫政策绩效评估结果最好，得分 0.9 以上，排名第一，其次是 DC 区、SP 县和 DQ 县三个县/区，教育扶贫政策绩效评估结果得分在 0.8 以上、0.9 以下，接下来是 GS 县、MD 县和 QJ 县，教育扶贫政策绩效评估结果得分在 0.7 以上、0.8 以下。7 个样本县/区的教育扶贫政策绩效评估结果得分排名为 QB 县、DC 区、SP 县、DQ 县、GS 县、MD 县、QJ 县。

（2）评估对象教育扶贫政策绩效评估结果等级划分。按照西部贫困地区教育扶贫政策绩效评估指标体系评估结果的等级划分方法，7 个样本县区中，有 1 个县/区处于"优秀"等级，3 个县/区处于"良好"等级，3 个县/区处于"中等"等级，无样本县/区处于"合格"和"较差"等级。具体情况如表 5-6 所示。

表5-6　　7个样本县教育扶贫政策绩效评估结果等级划分

评估结果等级划分	等级分值描述	评估对象
优秀	教育扶贫政策绩效评估得分≥0.9	QB县
良好	教育扶贫政策绩效评估得分0.8—0.8999	DC区、SP县、DQ县
中等	教育扶贫政策绩效评估得分0.7—0.7999	GS县、MD县、QJ县
合格	教育扶贫政策绩效评估得分0.6—0.6999	
较差	教育扶贫政策绩效评估得分<0.6	

QB县在本次教育扶贫政策绩效评估中结果等级划分为"优秀"，从评估指标体系中QB县的指标得分情况来看，QB县在发展性维度的绩效评估结果特别优秀，得分在样本县/区中最高，且得分明显高于其他7个评估对象，同时QB县在回应性维度得分也位居第一，因此，QB县的教育扶贫政策绩效能够在所有评估对象中表现最佳，主要得益于发展性维度和回应性维度的政策绩效特别突出，充分说明了QB县的教育系统发展较超前，为教育对象的发展提供了更优质和充足的支持，教育扶贫政策的制定较能符合政策对象的期望和需求，政策在执行过程中宣传解读以及提供服务等方面都较能够获得政策对象的认可。另外，QB县在公平性维度和人本性维度的教育扶贫政策绩效也基本在7个样本县/区中处于中上水平。也就是说，QB教育扶贫工作在4个维度各方面整体水平均高，没有太明显的落后和欠缺的方面。

评估结果等级划分位于"良好"等级的3个样本县/区DC区、SP县和DQ县较有优势、教育扶贫政策绩效较好的方面和较处于落后水平、教育扶贫政策绩效较差的方面各有不同。DC区在公平性维度的政策绩效特别优异，得分第一，说明DC区在普及教育和保障贫困人口接受教育等方面做得特别好；发展性维度和人本性维度的得分处于中间水平；但是DC区在"回应性"维度的政策绩效特别差，得分最低，大大地拉低了DC区教育扶贫政策绩效的整体水平。SP县在发展性维度的政策绩效较好，得分位于评估对象的第二位；回应性维度的得分处于中间水平，但在公平性维度和"人本性"维度SP县的得分都较低，处于落后水平，也是这两方面的欠缺使SP县的总体得分受到影响，未被列入"优秀"等级中。DQ 县教育扶贫政策在公平性维度和人本性维度的政策绩效比较均衡,虽然没有特别突出的方面,但基本处于所有评估对象平均水平之上,是 DQ 县整体绩效评估等级划分为"良好"的"拉分项";但是其他两个维度 DQ 县的表现都不佳,得分基本处于评估对象得分的较低水平,尤其是人本性维度,DQ 县得分特别低,基本处于最低水平。

评估结果等级划分位于"中等"等级的 3 个样本县/区 GS 县、MD 县和 QJ 县教育扶贫政策在各维度的得分都较低,各方面的政策绩效都有待提高,各项工作都存在一定的问题。其中,GS 县和 MD 县的四个维度绩效比较平均,得分都处于中等偏下的水平,没有表现优异的方面,但也没有明显落后于其他评估对象的方面;但 QJ 县情况稍有不同,各维度得分总体偏低,且得分不均衡,公平性维度和回应性维度得分处于中等偏下水平,而发展性维度和人本性维度的教育扶贫政策绩效特别差,两个维度的得分都是最低分,且得分与其他评估对象得分差距较大。

2. 评估对象教育扶贫政策绩效各维度评估结果比较分析

在教育扶贫政策绩效分析的过程中,除了对 7 个样本县/区的教育扶贫政策绩效的总体得分进行分析外,针对各个维度进行所有评估对象的比较分析也十分重要。

(1) 公平性维度评估结果对比分析。在公平性维度中,7 个样本县/区的得分排名顺序从高到低依次为 DC 区、QJ 县、DQ 县、QB 县、GS 县、SP 县、MD 县。各样本县/区公平性维度得分情况为 DC 区 0.2629、QJ 县 0.2449、DQ 县 0.2422、QB 县 0.2372、GS 县 0.2271、SP 县 0.2182、MD 县 0.2133。各评估对象具体得分情况如图 5-2 所示。

根据评估结果可知,DC 区的教育扶贫政策在公平性维度绩效特别突出,相较于其他样本县/区得分较高,排名第一,这很大程度上得益于 DC 区在该维度的大部分指标都远超参照系指标数据值,且在所有样本县/区中居于超前水平,例如,财政性教育经费占 GDP 比例,各级教育入学率如学前教育、义务教育、残疾儿童义务教育、高中阶段入学率等以及各级各类教育辍学率如小学、初中辍学率等。排名位于第二、第三位的 QJ 县和 DQ 县得分相近,政策绩效水平也基本属于所有样本县/

图 5-2 7个样本县/区公平性维度评估结果雷达图

区的前列。QJ 县在财政性教育经费投入、义务教育生均资助经费、义务教育各项入学率以及义务教育巩固率等方面较有优势，指标数据水平比参照系和其他评估对象都高出许多，拉高了 QJ 县在本维度的整体政策绩效。DQ 县虽然整体教育投入经费较少，但政策执行效率较高，有力保障了各级各类入学率和义务教育巩固率，且对于建档立卡贫困家庭学生的资助力度在参照系和所有样本县/区中排名第一。排名第四位的 QB 县，虽然财政性教育经费投入数额以及占 GDP 的比例都相对较高，但却没有获得较好的政策产出，学前教育入园率、残疾儿童义务教育阶段毛入学率、高中阶段毛入学率、小学和初中辍学率、城乡学校办学条件差异和师资差异、建档立卡贫困家庭学生资助经费等几项重要指标得分均低于其他县/区，使 QB 县在公平性维度整体表现并不理想。排名第五的 GS 县与 QB 县情况类似，GS 县教育投入经费虽数额不高，这与 GS 县贫困程度较深有很大关系，但由财政性教育经费占 GDP 的比例可以看出，当地政府对教育事业发展和服务提供的重视程度其实并不低，在所有样本县/区中处于居中水平，且高于参照系水平，但遗憾的是，教育扶贫政策在教育普及方面的政策绩效较差，且数据值与参照系相比差距较大，导致这一维度得分很低，虽然在贫困保障方面 GS 县不算很差，但整体来看公平性维度政策绩效位于所有样本县/区的中后段水平。排名最后两位的 SP 县和 MD 县得分相近，公平性维度各指标的得分情况也较相似,之所以会处于落后水平,主要是因为财政性教育经费的投入无论是金额还是占比,都基本处于所有样本县的最低水平,且该维度的产出性指标得分也较低,如学前教育阶段入园率、义务教育毛入学率、城乡学校办学条件差异和师资差异、建档立卡学生生均资助经费等,尤其是MD县,小学和初中辍学率都较高,这几项指标数据的差距使这两个样本县在公平性维度的教育扶贫政策绩效在样本县/区中处在末端。

(2)发展性维度评估结果对比分析。在发展性维度中,7个样本县/区的得分排名顺序从高到低依次为QB县、SP县、DC区、DQ县、GS县、MD县、QJ县。各样本县/区"发展性"维度得分情况为QB县0.2460、SP县0.2311、DC区0.2082、DQ县0.1692、GS县0.1611、MD县0.1564、QJ县0.1023。各评估对象具体得分情况如图5-3所示。

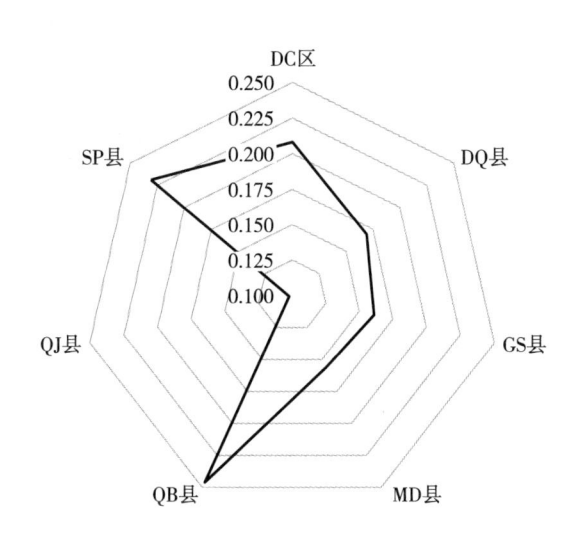

图5-3 7个样本县发展性维度评估结果雷达图

从评估结果来看,QB县教育扶贫政策在发展性维度之所以能够有较好的绩效表现,主要得益于该县在本维度中有几个指标数据值特别优异,得分远远高于其他的样本县/区,如多媒体教室数量、"国培计划"教师参训率、农村劳动力创业培训次数等,这几项指标均是发展性维度中较为重要的指标，对于提升学校教育质量和帮助劳动者就业有着至关重要的作用，QB县在这几项指标中得分较高，使该县发展性维度的政策绩效得到了整体提升。SP县在发展性维度绩效得分排名第二，仔细研究数据后可以发现，SP县在该维度绩效较优主要是因为该维度中基本上各项指标数据都位于样本县/区前列，除了毕业生就业服务质量和农村劳动力实用技能培训次数两项指标得分较低外，其他指标得分都处于较高水平，且学校平均规模、义务教育学校优秀校长和优秀教师轮岗比例两项指标得分是样本县/区中的最高分，表明了SP县在教育系统和教育对象两方面的发展较为均衡，且发展水平较高。排名第三的DC区与排名第二的SP县该维度绩效得分差距较大，形成了较大的落差，分析DC区的指标得分可知，DC区在该维度各方面中都表现平平，未出现能够拉高整体绩效得分的特别优异的指标数据，大部分指标得分都处于中间水平。排名位于第四、第五、第六的DQ县、GS县和MD县三个样本县得分比较相近，其中，DQ县的排名不够靠前主要是因为发展不均衡，有得分较高的指标，也有得分特别低的指标，如生师比、对口支援教师数量、义务教育学校优秀校长和优秀教师轮岗比例、少数民族普通话培训质量4项指标，DQ县得分都是所有样本县中最高的，然而学校平均规模、人均受教育年限、多媒体教室数量、"特岗教室"数量、教师培训学时和次数、农村劳动力实用技能和创业培训次数、少数民族普通话培训质量9项指标的得分却是所有样本县/区中最低的，如此不均衡的发展导致了DQ县教育扶贫政策在发展性维度整体得分较低，在这些方面有较大改善的空间。GS县与DQ县有相似之处，指标中出现了不少最低分指标，如人均受教育年限、多媒体教师数量、"特岗教师"数量、毕业生就业服务质量等，使GS县该维度绩效较差。MD县在该维度各项指标基本都处于中等偏下水平，充分说明该县在发展教育系统和为政策对象提供支持和服务等方面都乏善可陈，发展能力不足。排名最后的QJ县得分与MD县又一次形成了一个断层，差距较大，分析QJ县指标得分可知，该县在发展性维度存在许多低分项指标，且得分与其他样本县差距均很大，如办学标准达标率指标数据值只达到17%，使该指标得分在其他样本县区均大于0.008的情况下，得分只有0.0016，其他指标如乡村教师补助、教师培训学时、农村劳动力创业培训次数、农村实用技术培训质量等，不但绩效得分最低，且分值远远低于其他样本县区，如此一来，QJ 县教育扶贫政策在发展性维度的绩效得分整体都距离其他样本县/区有很大差距，该县应特别重视教育扶贫在教育系统发展和教育对象发展方面的投入和产出，提升该维度的政策绩效。

（3）人本性维度评估结果对比分析。人本性维度中，7 个样本县/区的得分排名顺序从高到低依次为 DC 区、DQ 县、GS 县、QB 县、MD 县、SP 县、QJ 县。各样本县/区"人本性"维度得分情况为 DC 区 0.1873、DQ 县 0.1822、GS 县 0.1805、QB 县 0.1792、MD 县 0.1730、SP 县 0.1482、QJ 县 0.1467。各评估对象具体得分情况如图 5-4 所示。

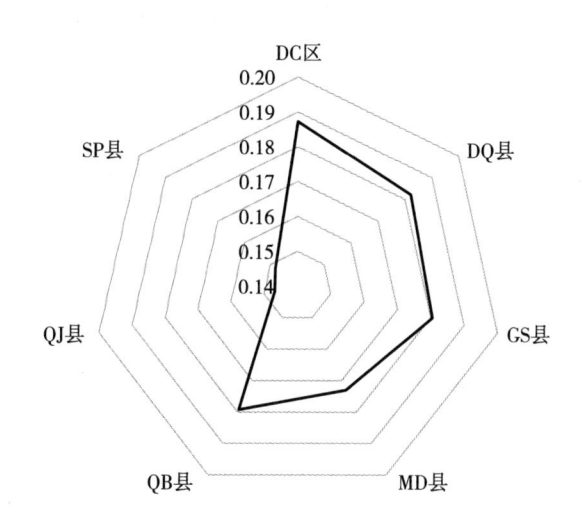

图 5-4　7 个样本县"人本性"维度评估结果雷达图

在人本性维度中，DC 区、DQ 县和 GS 县三个样本县/区排名前三，且得分相近，由前文各样本县/区指标数据值微观分析可知，在该维度所有样本县的指标数据值都没有太优异的绩效表现，超过参照系指标数据值的优势项指标不多，各样本县/区都有提升该维度教育扶贫政策绩效的必要和空间，但就样本县/区的横向比较来看，DC 区、DQ 县和 GS 县三个地区的指标得分较高，尤其是在"个体选择机会"方面，三个县对于义务教育以上的各级教育所投入的资助经费都比其他样本县/区要高，包括普通高中、中等职业教育、高等职业教育和本专科生的生均资助经费，而研究生阶段，DQ县的资助力度特别大，在大部门样本县/区无能力给予资助的情况下，DQ县的资助金额达到了4000元/生/年，因此，这三个样本县/区在人本性维度的政策绩效较好。分析排在第四名和第五名的QB县和MD县指标得分可知，两个县在该维度的绩效得分相近，但具体的指标得分项和失分项情况不太相似，QB县的得分项在于研究生生均资助经费和音体美课程教师配备两项指标，研究生生均资助经费虽不算太高，但相较于其他无资助经费的样本县/区来说，得分较高，音体美课程教师配备不但高于参照系指标数据，且得分是所有样本县/区中的最高分，但普通高中生均资助经费、本专科生均资助经费和实践活动课程开展情况均处于靠后的水平，其他指标得分水平基本居中。MD县的大部分指标数据值都位于所有样本县/区前列，在本维度的政策绩效本该较好，但出现了两个特别低的指标得分，即"普通高中教育生均资助经费"和"研究生生均资助经费"均为0，大大拉低了该县在本维度的绩效水平。排名最后的两个县SP县和QJ县在人本性维度的绩效表现很差，由评估结果可知，这两个县本维度的绩效水平距离其他县/区差距很大，SP县除音体美课程教师配备得分稍高以外，其他指标绩效得分全部偏低，尤其是普通高中、本专科和研究生生均资助经费，以及音体美课程器材保障和减负政策执行情况，几乎都处于所有样本县/区的最低水平。QJ县同样如此，除中等职业教育生均资助经费处于中间水平外，其余指标绩效得分都很低，包括普通高中、本专科和研究生生均资助经费，体质健康及格率和减负政策执行情况等。横向比较下来，SP县和QJ县在人本性维度的投入性指标、产出性指标以及反馈性指标得分都整体偏低，导致了这两个县在该维度的政策绩效表现特别不佳。

（4）回应性维度评估结果对比分析。西部贫困地区教育扶贫政策绩效评估指标体系中回应性维度的设计主要是为了充分收集和分析政策对象对教育扶贫政策的评价和反馈，从各方面考量政策的制定和执行等各环节是否满足公众的需要，是否迎合公众的偏好，是否符合公众的价值标准。在评估过程中，需要根据政策内容对政策对象发放调查问卷和进行访谈调查，全面了解政策对象对于政策的熟悉程度、知晓程度以及满意程度，虽然在政策绩效评估体系中，每一个三级指标的绩效最终都只以一个综合得分呈现，但笔者认为，每一项指标的得分都应该是该项指标所涉及的政策中各步骤、各环节、各方面内容等的综合体现，为此，本书设计了一套针对西部贫困地区教育扶贫政策绩效回应性维度评估的体系框架，并据此设计了调查问卷和访谈提纲。具体的西部贫困地区教育扶贫政策绩效回应性维度评估体系框架如图5-5所示。

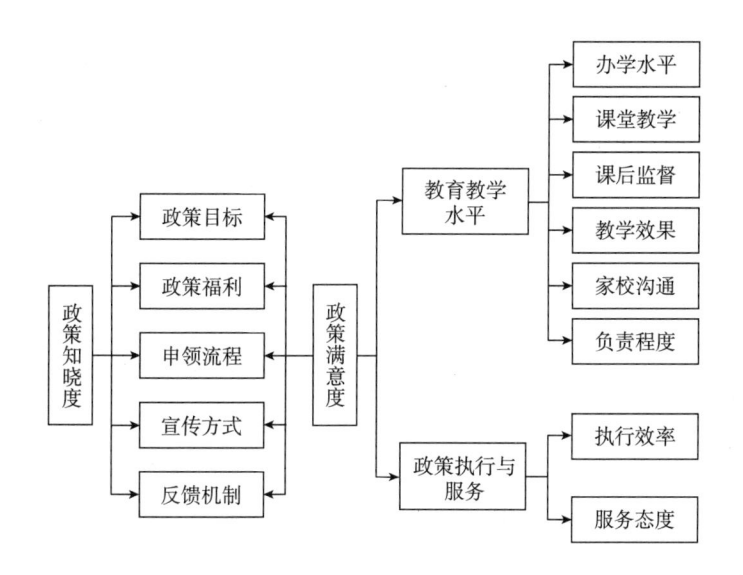

图5-5 西部贫困地区教育扶贫政策绩效回应性维度评估体系框架

该体系的设计与西部贫困地区教育扶贫政策绩效评估指标体系回应性维度的二级指标设计相对应，主要涉及两方面的调查评估，即政策知晓度和政策满意度。本书认为，政策知晓度和政策满意度的评估有部分是针对同样的内容，即政策在制定和执行中所包含的各方面内容，包括政策目标、政策福利、申领流程、宣传方式和反馈机制五个方面。其中，政策目标是指政策在设计和制定时所计划达到的目的和产生的效果等，公众对政策目标有较高、较全面的了解程度，可以帮助政策更为顺利地执行和开展，在政策对象的配合和监督下更高效地达成预期目标，若政策对象对政策目标缺乏宏观全局的认识，则可能在执行过程中，尤其是政策效果尚未显现时，遭到来自公众的抵触或反对，从而增加政策执行的阻力和困难，降低执行效率，甚至产生过多的副外部效应。而针对政策目标进行满意度调查也十分必要，可以在政策制定的最开端和最根源处了解政策对象对政策内容的感受和评价，用以评估政策的设计是否足够合理，足够满足公众的需求和预期。政策福利是指政策对象可以从该项政策中直接获得和享受的帮扶、补助和服务等，公众对政策福利有较高的知晓度是其享受相应福利待遇的前提，而公众对政策福利的满意度则是评价相关福利待遇与公众的期望相契合的重要指标。申领流程和宣传方式是针对政策执行技术层面的评估，目的在于评估政策执行主体是否以清晰明了且易于传播的宣传方式，将获得和享受各项福利的渠道和流程告知政策对象，避免政策对象因错过申领时间或缺少申领资料等而导致无法获得政策福利。反馈机制是指在整个政策执行过程中，政策对象是否具备和政策制定、执行主体对话的空间和平台，是否在遇到问题或不满意时有咨询或投诉的平台和渠道。

与西部贫困地区教育扶贫政策绩效评估指标体系一致，政策满意度的测评除了以上五个方面以外，还包括教育教学水平和政策执行与服务两个方面。其中，教育教学水平涉及受教育对象在接受教育时，可能影响到教育质量的各方面，主要包括学校办学水平、教师的课堂教学水平、课后监督、教学效果、家校沟通以及负责程度。政策执行与服务主要包括政策执行主体的执行效率和相关工作人员的服务态度两个方面。

本书根据回应性维度的评估体系，将政策知晓度划分为5个评价等级，即"很不了解""不了解""了解很少""基本了解"和"很了解"，将政策满意度也划分为5个评价等级，即"很不满意""不满意""一般""满意"和"很满意"，并分别为5个评价等级赋值0、25、50、75、100。之后在样本县/区向对应的政策对象发放问卷，开展访谈调研，最终得到了不同政策对象群体针对评估体系中每一项内容的评分，在此基础上对各选项的频度和百分比进行统计和计算，得到了西部贫困地区教育扶贫政策绩效评估指标体系中回应性维度各指标的综合得分，具体得分情况如表5-7所示。

表 5-7　回应性维度各指标的综合评分统计

政策知晓度 资助政策	DC 区	DQ 县	GS 县	MD 县	QB 县	QJ 县	SP 县
政策目标	92	93	95	90	93	97	95
政策福利	91	88	93	95	93	95	94
申领流程	86	95	89	92	95	94	89
宣传方式	90	93	85	88	90	90	78
反馈机制	80	77	86	85	79	92	81
综合评分	88	89	90	90	90	94	87
易地扶贫搬迁学生就学政策	DC 区	DQ 县	GS 县	MD 县	QB 县	QJ 县	SP 县
政策目标	95	85	92	88	90	93	88
政策福利	92	78	92	95	86	92	84
申领流程	87	72	82	88	78	88	96
宣传方式	76	63	80	85	69	79	95
反馈机制	72	54	78	79	90	96	85
综合评分	84	70	85	87	83	90	90
进城务工人员随迁子女就学政策							
政策目标	90	74	84	73	92	88	94
政策福利	78	75	88	83	94	94	90
申领流程	66	58	70	74	86	78	78
宣传方式	69	50	69	50	90	89	81
反馈机制	75	40	82	57	78	93	84
综合评分	76	59	79	67	88	88	85
留守儿童就学政策							
政策目标	71	78	74	75	80	80	90
政策福利	64	88	80	82	74	82	88
申领流程	56	89	67	69	82	74	61
宣传方式	66	92	55	66	73	69	65
反馈机制	60	86	66	68	79	90	69
综合评分	63	87	68	72	78	79	75

续表

		DC区	DQ县	GS县	MD县	QB县	QJ县	SP县
残疾儿童就学政策								
		DC区	DQ县	GS县	MD县	QB县	QJ县	SP县
	政策目标	60	60	50	45	70	76	66
	政策福利	51	66	44	39	64	74	67
	申领流程	23	45	38	47	68	75	55
	宣传方式	15	35	35	50	65	77	79
	反馈机制	16	37	42	42	71	72	60
	综合评分	33	49	42	45	68	75	65
"两后生"就学政策								
		DC区	DQ县	GS县	MD县	QB县	QJ县	SP县
	政策目标	50	60	55	73	68	67	78
	政策福利	45	54	46	75	79	68	60
	申领流程	38	47	43	65	76	61	68
	宣传方式	62	60	43	66	77	60	54
	反馈机制	40	55	50	73	78	57	81
	综合评分	47	55	47	70	76	63	68
教师补助政策								
	政策目标	83	92	83	93	95	97	90
	政策福利	70	94	82	92	97	91	88
	申领流程	80	90	78	88	96	89	80
	宣传方式	70	88	78	86	93	96	80
	反馈机制	75	84	77	89	95	94	83
	综合评分	76	90	80	90	95	93	84
政策满意度								
资助政策								
	政策目标	88	92	90	80	90	80	88
	政策福利	90	95	89	75	87	82	86
	申领流程	82	93	90	77	90	85	84
	宣传方式	85	88	85	77	92	78	85
	反馈机制	82	84	88	80	83	84	83
	综合评分	85	90	88	78	88	82	85
易地扶贫搬迁学生就学政策								

续表

	DC 区	DQ 县	GS 县	MD 县	QB 县	QJ 县	SP 县
政策目标	80	80	70	72	82	71	77
政策福利	78	82	56	78	85	70	79
申领流程	70	84	60	68	83	66	69
宣传方式	76	78	62	80	79	65	78
反馈机制	74	86	63	73	69	67	76
综合评分	76	82	62	74	80	68	76
进城务工人员随迁子女就学政策							
	DC 区	DQ 县	GS 县	MD 县	QB 县	QJ 县	SP 县
政策目标	68	68	65	87	90	70	77
政策福利	66	71	60	85	92	72	76
申领流程	72	66	72	80	79	66	84
宣传方式	75	64	73	82	87	63	80
反馈机制	70	68	69	83	85	65	75
综合评分	70	67	68	84	87	67	78
留守儿童就学政策							
政策目标	40	83	70	68	80	66	73
政策福利	46	83	72	75	77	62	68
申领流程	50	75	60	78	70	65	73
宣传方式	42	76	63	80	69	64	63
反馈机制	46	77	65	78	72	68	68
综合评分	45	79	66	76	74	65	69
残疾儿童就学政策							
	DC 区	DQ 县	GS 县	MD 县	QB 县	QJ 县	SP 县
政策目标	25	62	78	43	66	55	55
政策福利	40	56	76	40	64	54	47
申领流程	35	50	68	50	73	65	45
宣传方式	33	48	66	49	72	45	35
反馈机制	28	55	70	42	67	55	52

续表

	DC区	DQ县	GS县	MD县	QB县	QJ县	SP县
综合评分	32	54	72	45	68	55	47
"两后生"就学政策							
综合评分	DC区	DQ县	GS县	MD县	QB县	QJ县	SP县
政策目标	43	75	67	52	65	50	64
政策福利	50	78	65	50	68	55	56
申领流程	38	72	58	57	72	60	60
宣传方式	45	68	65	59	73	47	60
反馈机制	44	62	58	49	68	55	61
综合评分	44	71	63	53	69	53	60
教师补助政策							
	DC区	DQ县	GS县	MD县	QB县	QJ县	SP县
政策目标	80	83	56	58	80	68	75
政策福利	78	84	54	50	75	66	81
申领流程	67	78	55	63	72	73	70
宣传方式	68	69	54	56	83	69	74
反馈机制	70	85	56	59	76	76	72
综合评分	73	80	55	57	77	70	74
教育教学水平							
办学条件	76	77	85	88	75	85	79
课堂教学	60	45	77	43	80	69	65
课后监督	50	60	75	56	79	50	66
教学效果	55	44	67	48	75	75	68
家校沟通	57	48	77	54	60	70	67
负责程度	58	52	74	40	64	74	63
综合评分	56	50	74	48	72	68	66
政策执行与服务							
	DC区	DQ县	GS县	MD县	QB县	QJ县	SP县
执行效率	61	80	85	66	75	68	75
服务态度	59	76	80	64	65	72	81
综合评分	60	78	83	65	70	70	78

通过评估结果计算，7个样本县/区在回应性维度的得分排名顺序从高到低依次为 QB 县、QJ 县、SP 县、DQ 县、GS 县、MD 县、DC 区。各样本县/区人本性维度得分情况为 QB 县 0.2513、QJ 县 0.2379、SP 县 0.2376、DQ 县 0.2290、GS 县 0.2254、MD 县 0.2219、DC 区 0.2018。各评估对象具体得分情况如图 5-6 所示。

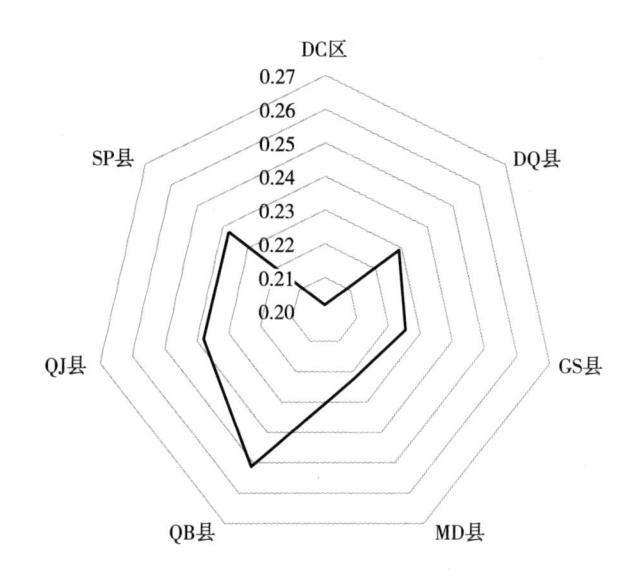

图 5-6　7 个样本县回应性维度评估结果雷达图

（1）"政策知晓度"评分分析。回应性维度评估结果分析可知，"政策知晓度"方面，对资助政策的知晓度 7 个样本县/区的总体评分都较高，QJ 县分数最高，SP 县分数最低，但所有评分都高于 75 分，即对资助政策知晓度总体评价介于"基本了解"和"很了解"之间。其中，针对政策目标的评分全部高于 90 分，QJ 县达到了 97 分。针对政策福利的知晓度评分，DQ 县略低于其他县/区，低于 90 分，其他县/区全部高于 90 分。针对申领流程的知晓度评分总体稍低，有三个县/区低于 80 分，分别是 DC 区、GS 县和 SP 县。宣传方式的知晓度评分中，SP 县评分较低，为 78 分，这也是导致 SP 县该指标综合评分最低的主要原因之一。反馈机制知晓度中，DQ 县和 QB 县的评分偏低，低于 80 分，QJ 县的评分最高，达到 92 分，其他几个地区处于中间水平。

对"易地扶贫搬迁学生就学政策"的评分中,只有一个样本县的综合评分低于75分,DQ县综合评分为70分,评价等级位于"了解很少"和"基本了解"之间,说明该县对于该项政策的宣传和解读还有待加强,其中评分最低的方面是宣传方式和反馈机制的知晓度,分别为63分和54分,评价等级介于"不了解"和"了解很少"之间,更进一步说明了该县未能很好地向政策对象宣传此类政策,导致政策对象对政策宣传的方式和政策执行的信息反馈渠道缺乏了解。其余样本县/区中,MD县、GS县、DC区和QB县综合评分在80—89分,政策知晓度属于"基本了解"和"很了解",其中,DC区的反馈机制知晓度低于75分,未能达到"基本了解"的评价等级,GS县和MD县的五项评分中,同样也是对反馈机制知晓度的评分最低,仅略高于75分。QB县与这三个县/区情况不同,宣传方式知晓度评分最低,仅69分。该指标中综合评分最高的是QJ县和SP县,都达到了90分。

"进城务工人员随迁子女就学政策"的综合评分与前两项政策相比明显偏低,QB县和QJ县综合评分最高,为88分,但两个县五个方面的评分分布不同,QB县政策目标、政策福利和宣传方式评分很高,申领流程和反馈机制评分较低;QJ县政策福利和反馈机制评分很高,政策目标、申领流程和宣传方式评分较低。SP县综合评分85分,略低于QB县和QJ县,其中申领流程知晓度评分偏低,拉低了该县该指标的综合评分。GS县和DC区的综合评分略高于75分,且两个县情况类似,针对申领流程和宣传方式的知晓度评分在五项评分中处于较低水平,评价等级介于"了解很少"和"基本了解"之间。MD县在该指标综合评分中分数不是很理想,仅67分,五项评分中只有一项政策福利知晓度高于75分,反馈机制知晓度得分相对较低,仅57分,宣传方式知晓度得分最低,刚刚达到50分,属于"了解很少"评价等级。该项政策知晓度综合评分最低的是DQ县,仅59分,其中申领流程和宣传方式属于"了解很少"评价等级,反馈机制知晓度评分特别低,仅40分,评价等级为"不了解"。

"留守儿童就学政策知晓度"与前几项政策知晓度评分相比也有一定差距,综合评分中,只有DQ县较高,达到了87分,特别是宣传方式知晓度92分,远远高于其他县/区的评分。另外有三个县/区综合评分介于75—80分，QJ县、QB县和SP县，得分分别为79分、78分、75分，评价等级达到"基本了解"，且三个县的五个方面评分高低有很多相似之处，政策目标、政策福利和申领流程评分都较高，宣传方式和反馈机制评分都偏低。其余三个县/区综合评分不太理想，MD县72分，距离政策知晓度"了解很少"尚有一些差距，特别是申领流程、宣传方式和反馈机制知晓度，均未达到70分。GS县和DC区综合评分均低于70分，GS县68分，申领流程、宣传方式和反馈机制知晓度评分特别低，DC区除了这三项评分低外，政策福利知晓度评分也偏低，且横向各项评分，DC区几乎所有方面评分都最低。

"残疾儿童就学政策知晓度"综合评分是所有知晓度中评分最低的指标，只有QJ县刚好达到75分，评价等级达到"基本了解"，QB县和SP县综合评分分别为68分和65分，评价等级介于"了解很少"和"基本了解"之间，其中QB县政策福利知晓度评分最低，SP县申领流程知晓度评分最低。其余四个县/区的综合评分全部低于50分，表明这四个县/区政策对象对于残疾儿童就学政策的知晓程度基本处于"不了解"的状况，四个县/区该项政策的知晓度普遍偏低，但特别欠缺的方面各有不同，DQ县宣传方式和反馈机制评分特别低，GS县申领流程和宣传方式评分特别低，MD县则是政策福利和反馈机制评分特别低，DC区的评分在所有政策知晓度的评分中都处于落后水平，综合评分仅33分，除政策目标和政策福利知晓度高于50分外，其余三项评分均低于25分，宣传方式和反馈机制知晓度只有15分左右，可以说，DC区相关政策对象对该项政策的知晓度极低，相关部门基本未对该项政策进行任何宣传和解读，很有可能影响政策对象享受政策福利，从而影响教育扶贫政策的整体绩效。

"'两后生'就学政策"7个样本县/区的整体评分与"残疾儿童就学政策"相比较高，但依然未达到理想水平，只有QB县的综合评分刚达到"基本了解"评价等级，五项评分中政策目标的评分较低，只有68分，其他四项评分在75分以上。评价等级位于"了解较少"和"基本了解"之间的有4个样本县/区，其中最高分是MD县，为70分，其次是SP县和QJ县，分别为68分和63分，接下来是DQ县，为55分。未达到50分的是DC区和GS县，两个样本县/区综合评分都是47分，每一个县的五项评分中分别有两项略高于50分，DC区宣传方式知晓度评分稍高，为62分，政策目标知晓度刚好50分，GS县政策目标知晓度55分，反馈机制知晓度刚达到50分。

"教师补助政策"与"资助政策"评分情况相近，在所有知晓度指标中绩效排名前列，水平较高。综合评分有4个县/区超过了90分，分别为QB县、QJ县、DQ县和MD县，且每个县/区的五项评分大部分超过85分，政策知晓度接近"很了解"评价等级。GS县和SP县的综合评分介于80—89分，该项指标绩效也属于较高水平。在"教师补助政策"知晓度的评分中，只有DC区综合评分稍低，为76分，属于"基本了解"评价等级，其中政策福利和宣传方式的评分较低。

（2）"政策满意度"评分分析。"政策满意度"的评分主要由两部分构成，第一部分与"政策知晓度"一致，是面向不同的政策对象群体而开展的不同种类政策满意度调查评估，第二部分是面向所有政策对象群体而开展的针对教育教学水平和政策执行与服务的单独调查评估。"资助政策"评分结果显示，政策满意度与政策知晓度情况类似，在所有政策类型中属于满意度较高的一类政策，7个样本县/区的满意度综合评分都高于75分，整体呈现出满意度较高的情况。其中，DQ县资助政策满意度最高，达到了90分，尤其是政策目标、政策福利和申领流程三项满意度，都在90分以上。MD县资助政策满意度相对最低，综合评分78分，但五项评分都在75分及以上。其余5个样本县/区的综合评分都介于80—89分。

"易地扶贫搬迁学生就学政策"的满意度相对较低，DQ县和QB县综合评分在80分以上。DC区和SP县综合评分刚好达到"满意"评价等级，其中DC区易地扶贫搬迁学生就学政策的申领流程和反馈机制满意度评分较低，介于"一般"和"满意"之间；SP县易地扶贫搬迁学生就学政策的申领流程满意度评分较低，未达到"满意"的评价等级。MD县综合评分略低于75分，主要问题出现在政策目标、申领流程和反馈机制满意度三个方面，拉低了该项政策的整体满意度。QJ县和GS县的满意度综合评分比较不理想，分别是68分和62分，且所有评分项满意度都处于"一般"和"满意"之间。

"进城务工人员随迁子女就学政策"满意度综合评分与"易地扶贫

搬迁学生就学政策"情况相似，大部分样本县/区得分在50—75分，满意度最差的DQ县、QJ县和GS县，综合评分低于70分。DC区政策满意度整体情况稍好，刚好达到70分，但政策目标和政策福利满意度评分过低，只有68分和66分，与其他样本县/区横向比较处于最低水平。评价等级介于"满意"和"很满意"的有三个县，QB县满意度最高87分，其次是MD县84分，这两个县区所有打分项评分都在75分以上，且QB县政策目标和政策福利满意度超过了90分。排在第三位的是SP县78分，其中申领流程和宣传方式满意度特别高。

"留守儿童就学政策"满意度评价整体水平不高，有两个样本县达到"满意"的水平，DQ县79分，MD县76分，两个县评分高度分布不同，DQ县政策目标和政策福利满意度较高，其余三项较低，MD县情况相反，申领流程、宣传方式和反馈机制满意度较高，其余两项较低。QB县该项政策满意度综合评分74分，主要是因为申领流程、宣传方式和反馈机制三项满意度评分较低，拉低了整体满意度。SP县、GS县和QJ县的综合评分位于60—69分，基本属于满意度"一般"等级。DC区"留守儿童就学政策"满意度评价特别低，综合评分仅45分，且五个评分项中有4个都处于"不满意"评价等级中，应特别引起当地政府和相关部门重视。

"残疾儿童就学政策"满意度评分在各类政策中处于较低水平，没有一个样本县/区满意度综合评分达到"满意"等级，全部在75分以下，达到"一般"等级，即50分以上的有GS县72分，QB县68分，QJ县55分，DQ县54分，其余3个样本县/区未达到50分，评价等级为"不满意"，其中DC区综合评分最低，仅32分，是DC区第二项政策绩效在所有样本县/区中最低的指标。

"'两后生'就学政策"满意度评分与"残疾儿童就学政策"评分相近，只有DQ县综合评分稍高，为71分，但依然未达到"满意"评价等级，有5个样本县/区达到"一般"等级，其中综合评分最高的是QB县69分，之后是GS县和SP县，分别63分和60分，MD县和QJ县低于60分，均为53分。特别值得注意的是，DC区依然是所有样本县/区中综合评分最低的，仅44分，进一步说明了DC区针对少数群体政策对象的相关教育扶贫政策内容、要求或执行环节存在较大问题，导致相关政策满意度极低，很大程度上会影响该地区教育扶贫政策的"回应性"维度绩效。

由上文政策知晓度评分结果分析可知，"教师补助政策"知晓度与"资助政策"知晓度评价等级类似，在各类政策中处于领先水平，但"教师补助政策"的满意度却未达到"资助政策"满意度评价水平，只有两个县达到"满意"等级，其中 DQ 县综合评分最高，为 80 分，QB 县略低，达到 77 分，其他样本县/区综合评分都低于 75 分。SP 县 74 分，满意度较差的方面主要是申领流程和反馈机制；DC 区 73 分，满意度较差的方面主要是申领流程、宣传方式和反馈机制；QJ 县 70 分，但该县反馈机制满意度评分达到了 76 分，达到"满意"等级，但政策目标、政策福利和宣传方式满意度分数过低，拉低了总体评分。满意度最低的是 MD 县和 GS 县，基本处于"一般"评价等级。

针对"教育教学水平"的满意度评价结果同样不是特别理想，无样本县/区综合评分达到"满意"等级，评分稍高的是 GS 县和 QB 县，GS 县在办学条件、课堂教学、课后监督和家校沟通四个方面达到"满意"等级，QB 县在办学条件、课堂教学、课后监督和教学效果四个方面达到"满意"等级。QJ 县、SP 县、DC 区和 DQ 县达到"一般"评价等级，MD 县综合评分 48 分，是所有样本县/区的最低分。"政策执行与服务"满意度评价中，GS 县评价等级较高，为 83 分，其次是 DQ 县和 SP 县，均为 78 分，这三个县在该指标中绩效较高，达到了"满意"等级，其余三个县/区综合评分都介于 60—70 分。整体来看，所有样本县/区的政策执行与服务满意度不算很高，几乎处于"一般"水平，有加以提升的必要。

总体来看，在政策"回应性"评估中，政策目标和政策福利的知晓度和满意度所有样本县/区的综合评分都较高，申领流程大部分处于居中水平，而宣传方式和反馈机制基本属于知晓度和满意度都较低的水平，而政策对象对于教育教学水平和政策执行与服务的满意度评价也未达到十分理想的状况。充分表明了教育扶贫政策在政策主体的行动过程中还存在问题，在很多方面尚未得到政策客体的充分响应和认可，政策的制定或实施未能完全契合受教育者的需求，政策回应性维度的绩效亟须加强和提升。

3. 一般贫困县与深度贫困县教育扶贫政策绩效评估结果对比分析

（1）评估总分对比分析。通过对 7 个样本县/区教育扶贫政策四个维度的指标数据进行收集整理、统计计算，本书得到了各样本县/区教育扶贫政策绩效的最终评估得分，由于样本县/区中包含一般贫困县和深度贫困县，因此，有必要对国家划分的贫困程度不同的地区教育扶贫政策绩效结果进行对比，分析归纳其中存在的规律和趋势。具体数据对比情况如图 5-7 所示。

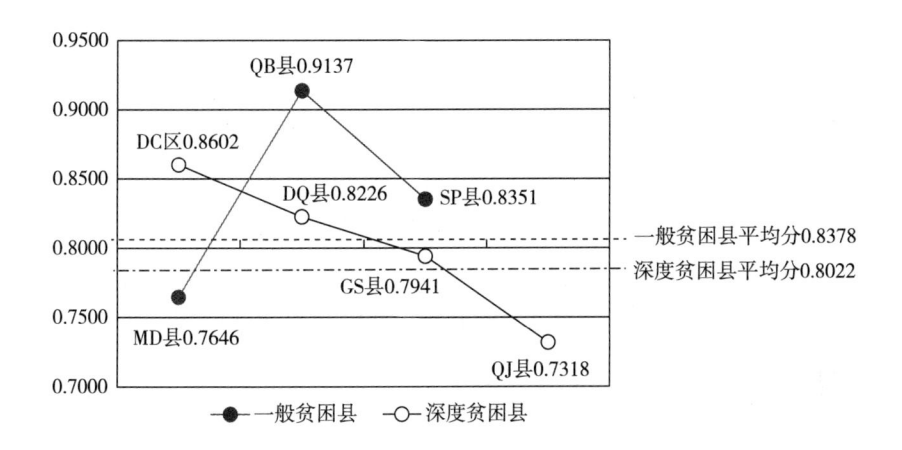

图 5-7　7 个样本县评估结果总分对比

我国规定的贫困县及其贫困程度划定标准主要是以当地年人均收入作为依据，而各地区人口的收入又与当地经济社会发展程度密切相关，一般情况下，地区人口收入越高，说明该地区的经济社会发展程度越高，那么在一定程度上可以推断该地区社会事业包括教育事业的发展状况越好。由此可以假设一个地区的贫困程度应与当地教育扶贫政策绩效呈现正相关关系，贫困程度越深，教育扶贫政策各方面工作的推动和落实越困难，教育扶贫政策绩效所呈现的结果也就相对越差。然而，从本书中 7 个样本县/区教育扶贫政策绩效评估的结果来看，一般贫困县与深度贫困县的教育扶贫政策绩效并没有呈现出明显的差异，部分深度贫困县的教育扶贫政策绩效是高于一般贫困县的，如 DC 区教育扶贫政策绩效得分高于 SP 县，DQ 县和 GS 县教育扶贫政策绩效得分高于 MD

县。该结果充分说明了目前国家划定的地区贫困程度和当地教育发展状况并无完全耦合的相关关系，其原因主要是在于现有的贫困划分标准是一个涵盖了经济、教育、卫生、文化、科技、体育等各方面发展状况的综合性指标，也就是说现有的国家贫困县划分标准无法全面而准确地反映当地教育发展状况和教育扶贫政策执行情况，因此，有必要专门设计一套教育扶贫政策绩效评估指标体系，对贫困地区教育发展状况和相关政策绩效进行更细化且更有针对性的评估。

与此同时，从评估结果可知，3个一般贫困县的教育扶贫政策绩效平均分为0.8378，4个深度贫困县的教育扶贫政策绩效平均分为0.8022，说明一般贫困县教育扶贫政策绩效从整体上看是优于深度贫困县的，这一结果说明了本书所设计的教育扶贫政策绩效评估指标体系与国家贫困县判定标准并不冲突，而是互相吻合，但是，从个体来看，一般贫困县和深度贫困县的教育扶贫政策绩效结果互相之间存在得分的差异，绩效结果有高有低，更进一步地说明了现有的贫困县判定是一种宏观的判定，容易忽略个体差异，针对性较弱，那么政策的制定和执行也就容易脱离各地区的实际状况，无法根据各地区当前的教育扶贫政策绩效、教育发展状况以及当地群众的实际需求来设计和实施下一阶段的教育扶贫政策。因此，在国家的贫困县判定标准和脱贫标准的基础上设计一套独立的教育扶贫政策绩效评估指标体系是各地区教育扶贫政策规划、调整、完善的现实需求和必要依据。

(2) 各维度得分对比分析。在对7个样本县/区教育扶贫政策绩效评估总分进行了对比分析和解释说明后，还有必要更加细化地对比分析各维度中一般贫困县和深度贫困县教育扶贫政策评估结果。各维度具体数据对比情况如图5-8所示。

从各维度一般贫困县和深度贫困县教育扶贫政策绩效结果对比情况来看，发展性维度和回应性维度中，大部分一般贫困县的教育扶贫政策绩效高于深度贫困县的教育扶贫政策绩效，主要是因为在本书所构建的西部贫困地区教育扶贫政策绩效评估指标体系中，发展性维度和回应性维度中产出性指标和反馈性指标较多，一般贫困县的经济社会发展状况要领先于深度贫困县，教育综合发展的底子厚，基础好，政策在推动和执行的过程中阻力少，效率高，因此，一个地区的经济发展状况、前期

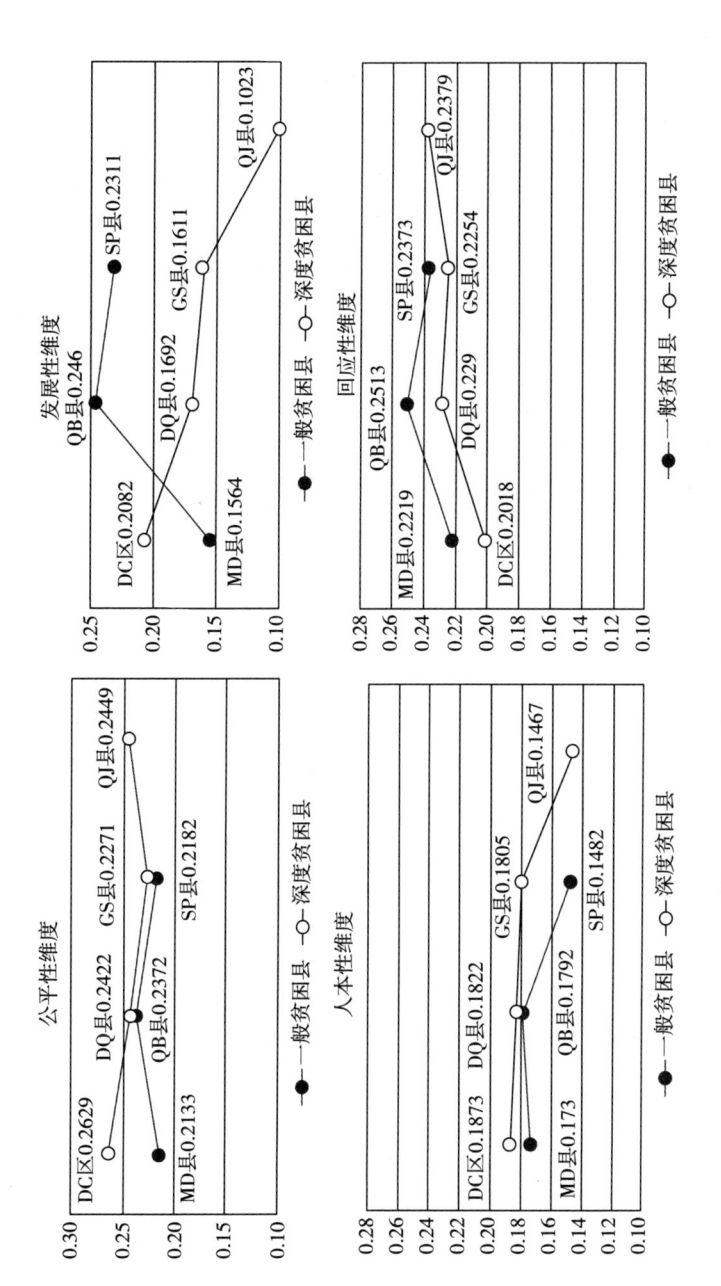

图 5-8 7个样本县评估结果各维度得分对比

教育发展情况、教育扶贫政策所涉及的各利益相关群体的能力和素质等基础性指标，在很大程度上影响着该地区教育扶贫政策的绩效表现。

另外，公平性维度和人本性维度对比结果相似，深度贫困县教育扶贫政策绩效普遍高于一般贫困县教育扶贫政策绩效，其原因主要是在于本书在指标体系公平性维度和人本性维度中设计了大量的投入性指标，用于测评国家和地区对各县/区保障教育公平和促进教育人本化所投入的力度大小。按照贫困县的划分标准，国家和省、市级政府会相应地对深度贫困县/区给予政策倾斜和经费照顾，以弥补因经济发展程度不同而带来的地区之间教育扶贫能力的差异，增强深度贫困县的教育扶贫力量，本书的评估结果中也由此呈现出深度贫困县公平性和人本性教育扶贫政策绩效普遍较好的现象。因此，上级政府的支持和帮扶对于贫困县/区的教育扶贫政策绩效和教育事业发展有着极大的影响和帮助。

第六章

西部贫困地区教育扶贫政策的问题诊断

本书通过理论分析,构建了西部贫困地区教育扶贫政策绩效评估指标体系,并选取7个样本县/区,对指标体系进行了实证检验,得到了各样本县/区的教育扶贫政策绩效评估结果,但是,评估体系构建与实证检验的目的并非仅仅是简单的政策绩效评分和结果分析,而是要在此基础上深入洞察和剖析当前西部贫困地区教育扶贫政策制定和执行过程中存在的主要问题,探寻西部贫困地区教育扶贫战略实施中的关键性掣肘因素,从而为西部贫困地区教育扶贫的下一步实施提供对策建议。

通过本书构建的西部贫困地区教育扶贫政策绩效评估指标体系,从公平性、发展性、人本性和回应性四个维度对样本县/区开展的评估,发现西部贫困地区教育扶贫还存在较多的问题,政策绩效有较大的提升空间。在上一部分中,本书对样本县/区各维度和总体评估结果进行了内部微观分析和外部宏观分析,但都是对评估体系内在结构的各方面展开分析,这一部分,笔者将会借鉴其他相关研究成果,结合西部贫困地区教育扶贫政策绩效评估指标体系评估结果和调研过程中获得的一手资料,对西部贫困地区教育扶贫政策存在的问题进行更加全面系统和深入的分析。本书认为,西部贫困地区教育扶贫政策存在发展理念、发展规划、发展模式、就业衔接、信息化程度、运行机制和制度体系等方面的问题。

第一节　教育扶贫"全面系统性"发展理念不足

　　自党的十八大以来，教育扶贫一直是我国扶贫开发"四个全面"总体战略布局的重要部分，国家和地方都将教育扶贫列为我国扶贫开发的根本大计，认为教育扶贫是帮助贫困地区群众增强内生动力、实现脱贫致富的根本之策，也是真正能够阻断贫困代际传递的关键性举措。为此，国家针对教育扶贫战略进行了一系列的顶层设计，对教育扶贫的发展理念进行了统一的规划和部署，明确了教育扶贫的总体发展思路、具体目标任务和保障措施等。通过对西部部分贫困地区的教育扶贫政策绩效进行评估，可以看到教育扶贫在国家扶贫开发中确实发挥了重要功能，对于提高贫困地区的人口素质，提升贫困地区家庭的自我发展能力起到了关键性的作用。但是，目前的教育扶贫理念总体来看缺乏全面性和系统性，对于贫困地区人口从根本上摆脱贫困现状，实现"造血式"可持续发展尚存在政策价值定位和发展维度设计等方面的不足。

　　一　顶层设计中价值定位"非全面性"

　　西部贫困地区教育扶贫政策顶层设计中价值定位的"非全面性"主要体现在三个方面，即政策顶层设计对部分价值定位的忽视，政策执行过程中执行主体对价值定位的扭曲以及随着扶贫工作的推进而逐渐凸显的政策价值知行错位。

　　（一）对政策价值定位的忽视

　　教育扶贫从本质上看是一项从理念层面到技术层面都具备很强的系统性的庞大工程，而教育扶贫政策顶层设计中最初的价值定位，又是政策实践的逻辑起点和行动指南，因此，政策价值定位是否全面，从根本上决定了政策行为努力的方向和最终的效果是否能够涵盖教育扶贫的方方面面。从本书对样本县/区的评估结果来看，目前教育扶贫政策在很大程度上未关注到教育扶贫的整体价值，较重视教育公平方面的价值追求，而忽略了尊重受教育对象的个体差异并对其需求予以回应和支持等方面的价值追求。因此在政策设计中也就会将教育扶贫的总体目标局限于普及基础教育和保障教育公平之中，而政策执行主体也自然会将教育扶贫的工作重心和资源聚焦于更容易体现任务完成量和凸显"政绩"

的相关领域，从而忽视了其他同等重要且更能促进政策对象实现可持续发展的价值功能，致使贫困地区在脱贫攻坚的巨大压力下，极易出现思维局限，出现形式化和短视化的教育扶贫结果。

（二）对政策价值定位的扭曲

政策价值的实现很多时候取决于政策制定者和政策执行者对政策价值定位认同的统一度和耦合度，政策执行者常会因为意识或能力的局限而产生对政策价值取向不清楚等问题，或在政策执行过程中由于追求个人私利或过度受决策者的偏好影响而出现政策价值发生扭曲的现象。西部贫困地区教育扶贫政策评估的结果表明，部分贫困地区在政策实施的过程中存在过度追求物质发展，一味追求发展增量和发展速度，却选择忽略真正能够使政策对象受益的质量发展等问题，加之教育扶贫相对于其他扶贫战略来说，具有过程长期性和效果迟缓性等特点，驱使着政策执行主体在实际工作中将教育扶贫视为一项政治任务来落实，主观地舍弃一些效果不明显或操作较烦琐的政策实践，如指标体系中人本性和回应性维度所包含的很多指标，大部分样本县/区政策绩效得分都偏低，这一问题的出现看似是政策实施重点投放和方法技术层面的偏差，实则是政策执行主体在思维理念上对政策价值定位的扭曲，严重影响了教育扶贫政策价值功能的全面性实现，降低了教育扶贫政策的整体绩效。

（三）政策价值的知行错位

教育扶贫政策设计之初的价值取向设定是宏观层面的顶层设计，通过政策行为究竟能不能够实现这些目标，产生预设的政策效果和影响，与政策执行主体的每一个行政工作人员是否践行了政策中的每一项任务和要求息息相关，这是政策在微观层面的具体落实和体现，也是政策宏观价值功能是否能够发挥效用的必要因素。在本书调研开展的过程中，笔者通过访谈的方式与政策执行主体和政策对象分别就教育扶贫的重要性、功能及作用等进行了深入探讨，了解到各利益相关方对于教育扶贫的真实看法和评价。通过调查可知，绝大多数政策执行主体即县级政府和相关部门工作人员对"扶贫先扶智，治贫先治愚"的理念和思想都具有高度的认同，很多干部都表示，扶贫工作做的时间越长，与农户打交道的程度越深，越能够感受到教育扶贫在各种扶贫方式中重中之重的地位，只有通过教育的方式从根本上改变农户落后的思想观念、较低的教育水平和滞后的劳动技能，才能真正调动农户脱贫致富的主观能动性并将知识和技能内化为自身增加收入、提升生活质量的工具和能力，同时也表示，通过国家和地方的财政支持和政策倾斜进行农村基础设施建设、开展产业帮扶等措施，都是"救急不救穷"的做法，只能在脱贫攻坚战略实施的关键时期起到短暂性的作用，长远的发展还是需要通过教育提升农户的内生发展动力，才能逐步实现脱贫且不返贫的目标。另外，在与农户进行访谈的过程中笔者也发现，大部分农户对教育扶贫也具有普遍的认可度，家长们主观上都认同受教育的重要性，认为通过让孩子多读书，自己多学实用技能，可以帮助家庭摆脱贫困。然而，大部分农户也表示，对教育扶贫政策的认同程度随着政策的推进也在逐渐减弱，其中最大的原因还是政策的效果与农户的预期存在较大差距。一方面，政策执行中存在问题，使政策预设的效果未能显现；另一方面，教育成果转化为农户的实际收入需要有较长的时间和过程，大部分农户缺少持续投入的能力和等待的耐心，转而对教育扶贫产生消极情绪。在这样的阻力下，尽管政策执行主体对教育扶贫的价值认同，但实际工作中的积极性和责任感会随之减弱，将工作重心转向贫困人口的刚性需求或其他收益较明显、"受欢迎度"较高的其他扶贫措施上。因此，从实践层面来看，随着扶贫工作的推进、政策要求时限的临近，政策执行主体和客体对政策价值的知行错位越发凸显，导致教育扶贫在整个扶贫战略中处于相对劣势的地位，教育扶贫的现实作用和价值功能遭到弱化，大大影响了教育扶贫政策的绩效表现。

二 政策制定中发展重心"非系统性"

扶贫战略实施以来，国家针对教育扶贫出台了一系列帮助贫困地区人口获得受教育权的法律、法令、措施、意见和规划等。2017年，党的十九大再次强调要优先发展教育。可以说，国家对贫困地区的教育发展做出了全面的部署和规划，各地区也根据中央文件精神相继出台了诸多结合地方实际的政策，对于发展贫困地区教育事业、保障贫困地区人口受教育的机会和能力起到了巨大的推动和促进作用。但是，通过本书开展的教育扶贫政策绩效评估及调研资料来看，西部贫困地区的教育扶贫在整体推进、全面发展的规划背后，依然存在许多碎片化的情况，主要表现在政策内容和发展维度的完整性、系统性不足上。

(一) 政策内容的"非系统性"

当前我国脱贫攻坚的主要任务和主要脱贫标准是"两不愁、三保障","两不愁"即不愁吃、不愁穿,"三保障"即义务教育、基本医疗、住房安全有保障。也就是说,虽然在教育发展规划中对贫困地区的教育扶贫作了全面系统的规划和要求,但是扶贫战略中针对教育扶贫的底线要求仅限于义务教育有保障,导致了大部分贫困地区教育扶贫政策的内容设计和工作重心都偏向于义务教育阶段,轻视其他教育阶段,如学前教育阶段、高中及以上教育阶段,都在不同程度上缺乏地方政府及相关部门的重视及政策支持。

研究显示,贫困地区的人们对早期教育的观念存在很大误区。学前教育阶段是人的智力发展、道德发展以及个性品质发展的重要阶段,对于儿童之后的社会性发展也具有重要作用,学前教育扶贫对于教育扶贫整体战略目标的实现具有奠基础、先决性的现实意义[①]。然而在西部贫困地区教育扶贫的实践中,学前教育的政策绩效却普遍不佳。从本书教育扶贫政策绩效评估数据可以看出,7个样本县/区学前教育入园率都普遍偏低,尤其是与义务教育阶段入学率相比,存在很大差距。调研资料显示,西部贫困地区的学前教育还面临着总体性贫困的窘境,受访人员提出,入园率较低的主要原因之一是贫困地区的家长对于适龄幼儿入园持有消极的态度,认为幼儿园教育对子女的发展没有太大用处,不愿意在此阶段对子女进行教育投入,基本上还是保持着传统的育儿观念,政策执行者很难说服家长将子女送入幼儿园接受学前教育,加之贫困地区政策资源有限,并未将学前教育列为优先性考量,因此缺乏一定的政策支持和保障措施,因此各贫困地区的学前教育发展相对滞后。另外,由于学前教育发展的政策推动乏力,贫困地区幼儿园建设规模也受到严重阻碍。根据云南教育厅统计数据,到2020年全省幼儿入园儿童要增加30.5万人,城区、镇区和乡村的增幅都在20%以上。目前幼儿园的数量不足,且办学条件还普遍较差,特别是乡村,2016年人均校舍建筑面积仅为4.45平方米。针对学前教育资源的供给性政策保障,发达

[①] 汤颖、邬志辉:《贫困地区早期教育扶贫:地位、挑战与对策》,《教育治理研究》2019年第1期。

地区已陆续对大规模增长的教育需求予以了回应。截至2017年7月，全国有北京、天津、上海等15个省市出台了《公办幼儿园教职工编制标准》，明确幼儿园班级规模，教师编制核定比例、专任教师与保育员的结构比例，而云南省的政策尚未出台，进一步反映出贫困地区对于学前教育发展未予以重视的客观问题。

除了学前教育阶段，高中阶段和高等教育阶段也面临同样的发展困境，国务院颁布的《关于建立普通高中家庭经济困难学生国家资助制度的意见》中明确指出："目前我国普通高中家庭经济困难学生国家资助制度尚未完全建立，多数普通高中家庭经济困难的学生尚未得到资助。"从本书的教育扶贫政策绩效评估中可得知，各地区重视程度不同，但对这两个阶段的贫困学生都还没有实现资助体系的全面覆盖。与此同时，贫困地区学生接受高等教育还存在竞争力不够的问题，目前我国实行农村专项招生计划，即各地高校给予贫困地区专项的招生指标，以弥补地区之间教育质量的差距，贫困地区的学生只需要与当地学生竞争入学名额，该计划的实施大大提高了贫困地区学生接受高等教育的机会，但从贫困地区适龄受教育人口的总量来看，政策倾斜力度依然不够，计划指标的数量远远难以满足贫困地区学生接受高等教育的需求，导致贫困地区学生受教育年限及质量难以有实质性地提升，更不可能达到培养贫困地区人才的政策目标。总体来看，教育扶贫政策内容缺乏全面性，导致各地区对各阶段教育的重视程度不一，造成了各地各级各类教育的纵向关联性较低，从而对教育扶贫政策的整体绩效产生负面影响。

针对特殊群体的教育扶贫政策也存在政策设计的缺失和政策执行服务不到位的情况，本书开展的西部贫困地区教育扶贫政策绩效评估显示，很多少数群体，如易地扶贫搬迁学生、进城务工人员随迁子女、留守儿童、残疾儿童、"两后生"等，都表现出不同程度的政策知晓度和满意度偏低，说明当前教育扶贫政策的制定和执行尚不能满足此类特殊群体的需求。虽然从比例上来看，这几类特殊群体属于少数群体，但是从数量上来看，特殊群体的数量正在逐年攀升，据我国民政部、教育部、公安部摸底排查，2016年我国现有农村留守儿童902万人，中西部省份占 90%①，针对这些群体的教育扶贫还存在总体性贫乏，造成了相关群体的教育资本缺失。

（二）发展维度的"非系统性"

本书构建的西部贫困地区教育扶贫政策绩效评估指标体系从公平性、发展性、人本性和回应性四个维度对贫困地区教育扶贫政策绩效进行了评估。从样本县/区评估结果来看，现有的教育扶贫政策的发展重点在四个维度上存在不同程度的"偏位"现象，7 个样本县/区的公平性维度政策绩效都较好，发展性维度政策绩效居中，人本性和回应性全部处于偏低水平，明显地反映出当前教育扶贫政策在设计和实施中都存在发展维度和发展重点系统性不强的问题。客观现实中，教育扶贫政策的实施要考虑到教育发展和教育扶贫功能的可持续性和长效发展的战略意义，但是，鉴于教育扶贫资源的相对有限性以及教育发展规律中存在的阶段性特点，各地各级政府不得不对教育发展的方向有所取舍，对教育发展的维度有优先考量。然而，从长远的发展规划和国家整体战略目标来看，教育扶贫要从四个维度综合发力、全面推进虽然艰难但也是必需的路径选择，政策制定和执行主体应当突破客观障碍，充分调动主观能动性，积极创新举措，实现教育扶贫的系统性发展。

第二节 教育扶贫"高质量内涵式"发展规划不足

当前西部贫困地区教育扶贫政策涉及教育扶贫高质量内涵式发展规划方面，还存在比较严重的制约因素，严重影响着西部贫困地区的教育质量提升，对于缩小发达地区与欠发达地区的教育水平极其不利，问题主要体现在硬件发展与软件发展不同步、城市教育与乡村教育不均衡、知识教育与素质教育不平衡等方面。

一 硬件发展与软件发展不同步

从当前教育扶贫政策的内容来看，各地区都高度重视教育系统的硬件发展，在学校基础设施建设和设施配备等方面的财政支持力度很高，

---

① 国家统计局：《中华人民共和国 2016 年国民经济和社会发展统计公报》2017 年第 2 期。

例如，学校标准化建设，各地政府投入了大量的教育扶贫资源来支持学校建设宽敞的运动场、设备先进的实验室、多媒体教室、图书室和阅览室等。但是，硬件的完善并不能代表教育质量的整体提升。从本书西部贫困地区教育扶贫政策绩效各维度的得分来看，教育系统发展的绩效成绩普遍高于教育对象发展的绩效成绩，硬件配备的指标数据值也明显优于软件支撑的指标数据值。从指标体系回应性维度中涉及政策对象对教育质量的满意度也可以看出，贫困地区受教育对象对学校教育教学质量的整体评价不高，针对其中的细化指标，即课堂教学水平、课后监督、教学效果、老师负责程度等的满意度评价也都存在较大的提升空间。国家和贫困地区各级政府为加强贫困地区师资力量，先后制定了多项关于加强和促进乡村地区师资教师队伍建设的政策，《关于实施教育扶贫工程的意见》《教育脱贫攻坚"十三五"规划》等国家顶层设计的政策中都明确规定，要加强对口支援，加大教师帮扶力度，组织大中城市和东部地区学校的专家学者、优秀教师、离退休专业技术人员和志愿者到贫困地区学校服务，吸引东部地区人才到贫困地区从教。《乡村教师支持计划（2015—2020年）》《落实集中连片特困地区乡村教师生活补助政策》等专门针对提高乡村教师、特岗教师、对口支援教师等福利待遇的一系列政策也相继出台。然而，从西部贫困地区教育扶贫政策绩效评估结果来看，大部分样本县/区学校中，来自发达地区的优秀教师和本地区培养的优秀教师数量都远远达不到提升学校教育教学质量的要求，贫困地区吸引优质师资的相关政策并没有发挥其通过提升教学质量而促进当地教育扶贫"内涵式"发展的功能。笔者就此情况向贫困县/区教育主管部门及学校管理层展开了调研，两方受访人员均表示，难以吸引和留住发达地区优秀师资的主要原因在于政策福利供给不够，当前政策规定的对乡村教师、特岗教师、对口支援教师等师资的补助还达不到教师的心理期望，且对教师今后的职业发展没有太多实质性的益处，此问题在本书构建的评估指标体系部分指标中也得到了印证。也就是说，当前贫困地区教师队伍建设的相关政策中，尚未将教师到贫困地区支教的经历和成效渗入到教师职业生涯发展评价体系当中，大部分到贫困地区从教的老师都是迫于所在学校或地区的行政命令压力，不得不选择到贫困地区"走过场"式地从教一段时间，对推动当地教育发展起不到太大的促进作用。在某样本县/区某中学调研中，学校高层也提到，每年的支教教师都是刚毕业的年轻教师，本身没有太多教学经验和方法，基本上都是按照学校安排的教学大纲或教学模式承担部分教学任务，并没有按照政策目标设定的向贫困地区学校传授优秀教育教学方法。有少量支教教师因个人爱好和选择留在贫困地区从教，但数量较少，力量微薄，总体上无法明显带动贫困地区教育质量发展。

同时，从与贫困户的访谈调研中可知，很多贫困家庭的家长对教育扶贫的功能之所以会丧失信心，很大程度上是因为未感受到子女接受教育产生的实际效果，如成绩提升、能够考入更高教育阶段的学校等。深入分析其原因，还是教育扶贫政策中欠缺"内涵式"的发展规划，政策无法推动和促进高质量的教育发展，教育系统的发展大部分局限于浮于表面的硬件发展。除此之外，从现实中各地对教育发展的考核指标来看，考核内容仅限于入学率、辍学率等，极度缺乏能够直接反映出教育质量的考核指标，更缺乏对教育对象个体发展的跟踪体系，无法衡量各级教育究竟对政策对象的发展是否产生了正面影响，产生了多少正面影响。政策中要求的考核内容往往是政策执行主体实际工作的驱动力和"方向盘"，决定着政策资源的投入重点以及相关部门和干部的工作重心，现行教育扶贫政策并未引领教育扶贫向"高质量内涵式"的方向发展。

二 城市教育与乡村教育不均衡

我国1986年公布实施的《中华人民共和国义务教育法》（以下简称《义务教育法》），提出我国实行九年义务教育制度，2011年所有省（区、市）通过了国家"普九"验收，用25年全面普及了城乡免费义务教育，从根本上解决了适龄儿童少年"有学上"问题，基本上实现了义务教育的全面普及化，但区域之间、城乡之间、学校之间办学水平和教育质量差距问题逐渐凸显出来，贫困受教育对象不断增长的高质量教育需求与供给不足的矛盾日益突出。2012年9月，国务院印发《关于深入推进义务教育均衡发展的意见》，对缩小城乡教育差距、促进教育公平做出了全面的部署，要求各地切实缩小校际差距，加快缩小城乡差距，努力缩小区域差距，在城乡教育资源共享、办学资源和教室资源均衡配置、农村地区义务教育质量提升等方面都作了明确规定。2019

年，教育部部长陈宝生在全国教育工作会上指出，乡村教育是中国教育的"神经末梢"，我国是个农业大国，农村教育是中国教育的重要阵地，城镇化越是加快，农村教育越要加强。但从西部贫困地区教育扶贫政策绩效评估结果中可以窥见，城市教育与乡村教育发展中依然存在教育水平差距大、师资实力差距大、教育资源差距大等发展不均衡的问题。目前的义务教育均衡发展的相关政策中，大部分只关注和重视贫困地区入学率、辍学率、学校操场、桌椅、图书等方面的达标程度，缺乏能够缩小城乡教育水平和质量的实质性政策措施。单方面看，虽然贫困地区的教育质量确实呈现上升的趋势，但在整体的竞争环境中，优质教育资源其实是在逐年向城市地区倾斜，城乡教育水平差距其实是在不断增大。义务教育阶段是国家和地区政策扶持的重点，但政策结果尚且如此，更何况义务教育以上的各级教育，贫困地区的教育资源和实力水平更是与城市无法比拟。城市学校在享受国家教育资源的分配方面，如建设资金、教学设备、师资力量等占有绝对优势，农村地区始终处于劣势和落后地位，贫困地区的教育教学水平也因此而愈加落后。目前经济发达地区的优质学校普遍采用教学标准化管理，在课程设置、课堂教学、课后监督等全方位设置了统一模块，保证了教学效果长期维持在较高水平，吸引到更多的优质师资和生源，实现良性发展。但类似的发展模式在农村学校却因基础薄弱、优质资源欠缺、管理水平低下等掣肘而难以推行。因此，城市教育和乡村教育发展不均衡的问题其实正在逐年恶化。

长此以往，贫困地区更易陷入"教育质量低—学生移民数量增加—学校萎缩严重"的恶性循环中，贫困地区有条件的学生为寻求更高质量的教育，选择移民到城市就学，造成农村学校生源流失，农村学校的优质生源普遍向城市学校流动，造成农村学校的生源质量进一步下滑。笔者调研中也发现不少农村存在"空壳学校"，这直接导致了贫困地区教育资源的浪费，从而引发农村学校出现萎缩化趋势，农村中小学学生人数负增长的情况下，城镇化的快速进程可能进一步引发乡村学校生源减少、留守儿童增加、学校撤并、师资减少、课程开设不全，导致成本增高，办学质量进一步降低，最终导致城乡教育差距越来越大，彻底背离教育扶贫政策为贫困地区培养人才、带动当地经济发展的预期目标。

三 知识教育与素质教育不平衡

长期以来,国家不断对知识教育与素质教育的平衡提出要求,要求各地区各级政府要树立科学的教育质量观,减轻学生过重的课业负担,开展素质教育,培养学生的创新能力、实践能力,促进学生全面发展。建立学生体质健康状况通报制度,纠正加重学生课业负担的行为,要求学校不得随意提高课程难度,不得挤占体育、音乐、美术及综合实践活动课时,科学合理安排学生作息时间。然而,研究显示,我国西部地区素质教育的重视和投入程度与东部地区相比还存在较大差距。以义务教育阶段生均体育运动场(馆)面积和培养锻炼学生实践动手能力的仪器设备配备为例,这两方面西部地区的数值都仅达到东部地区的一半左右,具体数据情况如图6-1和图6-2所示。

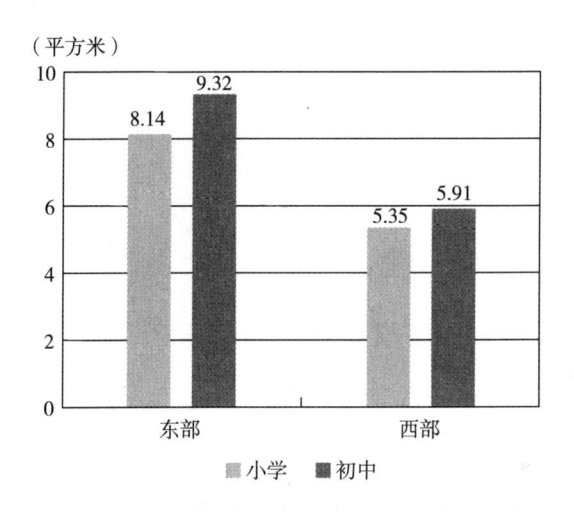

图6-1 我国东西部地区生均体育场(馆)面积对比

西部贫困地区教育扶贫政策绩效评估实践检验结果表明,各贫困县/区在素质教育方面的指标数据值都较差,政策绩效较低。从目前各地实行的教育扶贫政策内容来看,各贫困地区普遍重视知识教育的政策供给和质量提升,对素质教育的任务部署和考核要求几乎空白。知识教育与素质教育极度不均衡的政策驱使和导向使贫困地区素质教育处于不断被"边缘化"的危险之中,目前的政策规划中,既缺乏对于素质教育的评价机制,也缺乏加强和提升素质教育的保障机制,如音体美课程和社会实践课程的规划安排、师资的培养补充和设备的配备,均没有统一的标准和要求,造成政策执行主体在相关领域执行力度低下,学校开展素质教育动力不足,课程设置中缺乏加强科技、体育、艺术、社会实践等活动的安排,教师的教学方向和方式偏差较大,未形成增强学生体质、开发学生业余兴趣、培养学生综合实践能力的教学氛围和教学习惯。

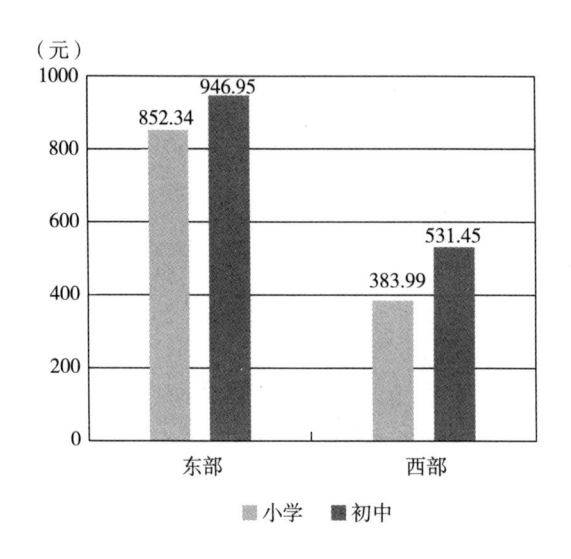

图 6-2 我国东西部地区生均仪器设备对比

第三节 教育扶贫"需求导向式"发展模式不足

西部贫困地区教育扶贫的制度设计与政策供给必须紧扣地区实际,最大限度地满足区域性经济社会发展的需求以及当地受教育对象的个性化需求,才能使教育扶贫政策发挥其功能,实现其价值追求和目标定位,但本书通过实际运行西部贫困地区教育扶贫政策绩效评估指标体系,发现相关地区教育扶贫依然无法实现"需求导向式"发展模式,具体表现在政策措施的供给与政策对象的需求不匹配、政策执行主体与客体的沟通渠道不顺畅等方面。

一 政策措施的供给与政策对象的需求不匹配

1. 政策供给未能回应政策对象的心理需求

在教育扶贫政策的整体规划中,"保学控辍"是各地区各学校的一项极其重要的任务。笔者通过调研了解到,各地行政部门基本采取的是行政强制与说服动员相结合的方式来推动政策实施,根据《义务教育法》相关规定,父母或者其他监护人必须送适龄的子女或者被监护人入学接受规定年限的义务教育,不履行这项义务的,相关部门须对其进行批评教育,经教育仍拒不送其子女或者其他被监护人就学的,可视具体情况处以罚款,并采取其他措施使其子女或者其他被监护人就学。因此,义务教育阶段相关行政人员会根据法律规定对家长进行教育或处罚,其他教育阶段行政人员主要是采取反复入户劝说的方式来说服家长或学生接受教育。但是,笔者通过对贫困家庭的访谈了解到,大部分行政人员在入户时并没有耐心地了解学生辍学的深入心理原因,更没有相应地采取政策帮扶。笔者的调研资料显示,当前贫困县区虽然从数据上看辍学率不高,但实际中有一定比例的学生并不能完整地完成学业,学生保留学籍,未办理退学手续,但其实并未到校上课。例如,样本县/区中的某初中,在校生有1100人左右,初一进校的学生只有40%能读到初中毕业,每班40—50人,到了初三,有的男生选择出去打工,有的女生就结婚了,平均每个班级都会流失20—25人。另外,间歇性失学的情况也普遍存在,即很多学生几天到校上课,过几天又不来上课了。针对这些情况,笔者对贫困家庭的家长或学生进行访问,了解其中的原因,其中心理原因主要是家长和学生思维中的"上学无用论",家长认为子女学习成绩差,升学无望,不如早点回家务农或外出打工,身边也不乏没上过学但照样赚大钱的例子,这种思想在家长和学生中传播蔓延,也滋生了学生的厌学情绪。究其原因,主要是贫困地区交通不便,信息闭塞,人均受教育程度低,易满足现状,经济意识淡薄,个别地方"等靠要"思想严重,对知识和发展的需求不高,部分家长对送子女入学持消极态度,也比较反感政府的动员和要求。另外,在一些少数民族地区,当地居民依然习惯比较原始的生存旧习,甚至不与外界通婚、交流,严重影响其经济社会发展水平,对村民接受教育也产生重要影响。如样本县 GS 县,居民对教育的预期不高,劳动力不足的家庭,更愿意留子女在家务农劳动。然而,当地教育扶贫的行政工作人员并未积极创新举措,调动当地群众接受教育的积极性。

2. 政策供给无法解决政策对象的客观困难

笔者通过走访贫困户开展调研访谈,分析了贫困地区接受教育主观能动性较差的原因,主要总结为以下几方面:①少数民族节日影响。少数民族传统节日较多,并且每个村落过节时间不统一,每逢节日,父母都会要求子女回家过节,导致部分学生陆续短期流失。②家庭劳动影响。农忙期间,父母会让上初中的子女回家帮忙,一回家就是一两周,有的学生还会借机不来上学,常常是考试前才回学校。③宗教信仰影响。如布朗族和傣族的男孩子都有入寺修习佛法的传统,每天要到寺庙里念经(经过学校协调现在更多的情况是学校放假时才去寺庙念经),并且家长认为修过佛法的孩子更听话,修行比读书更重要。④交通因素影响。很多贫困户居住地距学校较远,且道路状况极差,到校交通不便。⑤贫困影响。贫困人口收入有限,学生会因家庭经济困难而造成短期失学。⑥疾病影响。由于贫困地区医疗保障程度较低,父母一旦生病,子女就要回家照顾家庭。这些失学原因都是贫困地区群众面对的难以靠自身能力解决和改变的客观问题,并且是与非贫困地区学生就学动力不足原因不同的特殊性原因,但是当地政府未能根据贫困地区的特殊情况,从政策角度采取具有针对性的措施。

3. 政策供给无法适应现实发展状况

第一,当前我国发展的趋势是城镇化进程增速,但部分教育扶贫政策未根据现实情况进行调整,明显不能适应城镇化进程的需求。首先,财政投入较强调项目资金往乡村倾斜,资金向农村义务教育倾斜确实有利于发展乡村教育,但是现实情况中,一些乡村学校生源不断萎缩,城镇学校不堪重负,却又无力扩大教育基础,造成了大量教育资源的浪费。其次,随着城市规模的扩大,一些原属乡村学校已处于城镇区域,但学校的性质没有改变,学校性质与所处区域不一致,在申报某些特定项目时身份与现实不符合。例如,样本县某小学,原属于乡村小学,学校编码属性为乡村,经城镇化建设后,已处在城市建成区。但在申报城区建设项目时,因编码问题不能申报;在申报农村改薄项目时,又因地理位置属于城区而不符合要求。学校属性和所处区域的错位极大地阻碍了乡镇学校的整体发展。

第二,从人口流动来看,义务教育进城务工人员随迁子女逐年增加。云南省数据显示,截至2016年,云南省小学随迁子女42.05万人,比2015年增加1.85万人,其中由外省迁入的学生15.07万人,占随迁学生的35.84%,本省外县迁入的26.98万人,占64.16%。但外来务工人员打工地点常更换,居住地不稳定,学生跟着父母随迁入学,部分家长履行义务教育责任的意识薄弱,不将搬迁信息告诉学校,也未办理离校手续,家庭住址和电话号码变更,学校无法联系。样本县某中学流失的学生几乎都是这种情况。该地区大小企业80多家,企业中大部分是外来务工人员,因为企业近年来不景气,有些外来务工人员居无定所,学生离开学校,老师很难联系家长和学生,平均每所学校学生流失都高达10%左右。

第三,从整体来看,无论是城区学校还是乡村学校,学校在校生规模距发展要求差距很大。根据2020年基础教育适应城镇化需要的城乡学生数预测,按照国家和云南有关各学段办学标准和建设标准的要求,考虑云南省经济、社会和自然条件以及办学实际等因素进行推算,预测2020年各学段发展规模如表6-1所示。

本书对样本县/区的教育扶贫政策绩效评估显示,样本县/区的办学规模得分都普遍偏低,同时在调研过程中笔者了解到,贫困地区各级政府和教育部门的相关工作人员都认为就目前各地区各阶段的教育发展情况和办学规模来看,难以在时限内达到政策要求。以高中阶段和高等教育阶段为例,根据云南省教科院在"云南省'十三五'教育事业规划编制前期研究"课题的人口预测(具体情况如表6-2所示),到2020年,16—18周岁的人口约有186万人。按照2020年高中阶段毛入学率90%计算,有167万人进入高中阶段学习,难以达到政策中规定的"高中阶段教育在校生185万人"的目标,其中普通高中95万人,中等职业教育在校生90万人。

从实际经验来看,2015年云南省中等职业学校在校生人数59.8万人,距2020年中等职业教育在校生90万人的预期目标,还需要扩大30万人的中等职业教育规模。高职高专22.9万人加上试点转型本科9.1

表6-1 2016—2020年云南省基础教育城乡各学段学生增长预测

单位：万人

学段与数据	全省 2016年	全省 2020年	全省 增长人数	全省 增幅（%）	城区 2016年	城区 2020年	城区 增长人数	城区 增幅（%）	镇区 2016年	镇区 2020年	镇区 增长人数	镇区 增幅（%）	乡村 2016年	乡村 2020年	乡村 增长人数	乡村 增幅（%）
幼儿园	131.50	162	30.5	23.19	33.26	42	8.74	26.28	47.16	58	10.84	22.99	51.08	62	10.92	21.38
小学	376.61	356	-20.61	-5.47	65.44	73	7.56	11.55	103.50	105	1.5	1.45	207.67	178	-29.67	-14.29
初中	187.32	184	-3.32	-1.77	32.17	40	7.83	24.34	99.22	100	0.78	0.79	55.92	44	-11.92	-21.32
普通高中	80.58	84	3.42	4.24	26.99	33	6.01	22.27	50.09	48	-2.09	-4.17	3.49	3	-0.49	-14.04

资料来源：2016年云南省教育事业统计数据。

表6-2　　　云南省2016—2020年13—22岁人口预测　　　单位：人

应就读学段	年龄（岁）	2016年	2017年	2018年	2019年	2020年
初中学段	13	606903	627986	570557	582622	570719
	14	645512	606580	627653	570256	582313
	15	671204	645150	606238	627303	569939
高中学段	16	687229	670739	644702	605816	626869
	17	662227	686704	670226	644208	605349
	18	727425	661588	686047	669585	643590
高等教育学段（专科、本科）	19	703937	726666	660902	685342	668896
	20	680105	703223	725927	660233	684655
	21	741835	679330	702418	725094	659481
	22	738665	740993	678535	701594	724241

资料来源：云南省十三五规划编制前期研究云南省教科院课题组统计分析资料。

表6-3　　　云南省2020年各教育层次在校生规模

教育层次	2015年在校生（万人）	2020年在校生规划目标（万人）	根据2020年人口预测数（万人）	预期增量（万人）
初级中学	189.3	175	172	-17.3
普通高中	78.3	95	85	6.7—16.7
中职学校	59.8	90	85	15—20
专科教育	22.9	50	50	27.1
本科教育	38.6	56	54	15.4—17.4

资料来源：《云南省中长期教育事业改革与发展纲要（2015—2020年）》、云南省十三五规划编制前期研究云南省教科院课题统计分析资料。

万人共32万人，距2020年50万人的预期目标有较大差距，还需要扩大18万人的高等职业教育规模。按照目前的政策推进情况，要达到以上目标非常困难，尤其是贫困地区，普通高中和中高等职业教育发展的数量和质量都与预期目标相差甚远，要完成这个目标，必须加强政策供给，增强普通高中和中高等职业教育的吸引力，扩大初中升学率，才能增大高中阶段毛入学率，努力普及高中阶段教育。

二 政策执行主体与客体的沟通渠道不畅

在教育扶贫的现实中,教育扶贫政策是教育扶贫对象利益的具体体现,在政策主体进行决策时,因对教育扶贫政策各阶层、各利益集团、各群体的利益进行充分考虑,最大限度地获取和协调各方利益诉求,建立起政策主体与政策对象等各利益相关方的对话空间、沟通协商机制,这对于保障政策对象的利益、回应和满足政策对象的利益诉求和现实需求极其重要。尤其是独立于政策执行主体之外的表达和沟通机制,对于追求利益公平分配,帮助弱势群体享受政策福利,提升教育扶贫政策对教育利益冲突的化解能力和缓冲能力则更是重中之重。本书通过分析西部贫困地区教育扶贫政策绩效评估"回应性"维度绩效以及实际走访调研获得的资料可知,当前在相关地区的教育扶贫政策活动中,"政策对象缺位"的情况十分严重,政策问题建构、价值定位、目标设定、保障措施以及政策的执行、监督、评估等各个教育扶贫政策的实践环节中都缺失了合适的政策对象利益表达渠道,政策对象几乎未被赋予利益和诉求表达的空间,教育扶贫政策的制定和实施未建立起政策各利益相关群体的良性互动关系,也就不具备政策主体和政策客体的利益平衡机制。在政策行为中,政策对象存在不同程度的缺位,造成了政府、学校和受教育对象及其家庭等对于政策的预期目标设定不同,对于政策制定和执行中所获取的信息不对称,严重影响了教育扶贫政策的知晓度和满意度,尤其是处于政府、教育行政机构以及学校之外的政策对象,其利益诉求往往被边缘化甚至被完全忽略,导致了各方利益得不到有效平衡的非良性政策运行环境,影响教育扶贫政策的整体绩效。

第四节 教育与就业"立交桥"未完全贯通

西部贫困地区教育扶贫政策的执行过程中,最为明显的挑战和难点之一在于激发政策对象的积极性和主动性,强化政策对象对教育扶贫内涵的深刻理解,帮助政策对象摆脱宿命论的约束,相信自身可以通过接受教育、提升能力素质,获得脱贫致富的能力和机会,而实现这一目标的重要渠道即是贯通教育与就业的衔接机制,使受教育对象及其家庭感受到教育带来的直观福利。但现实中,教育与就业的衔接依然存在不少问题，主要包括衔接机制不健全、劳动力技能培训效果不佳等问题。

一 教育与就业的衔接机制不健全

贫困地区的学生因家境贫寒，社会资本匮乏，个人综合能力有限，获取就业信息渠道较窄，实习和就业的机会较少，在这样的客观现实下，教育扶贫政策应重点关注教育与就业的有机衔接，尤其是在职业教育领域，更应帮助受教育对象解决就业难题，让受教育对象及其家庭从实质上享受政策福利，真正感受到教育成本投入所获得的回报，从而提升政策对象的积极性，带动教育扶贫政策的绩效提升。从目前西部贫困地区教育扶贫政策运行的状况来看，虽然从国家到地方对于职业教育校企合作、产教融合等方面都采取了一定的融通措施，但政策效果依然不太理想，各贫困地区都存在许多共性问题，导致企业利益、学校发展、学生需求普遍缺乏共同的着力点。在政策中，校企共同开发课程没有成为必需的要求，校企共同监管和指导教学质量没有形成必要的机制，校企合作的保障和实施机制还不健全。深入分析，最根源的问题在于校企双方的内生动力都尚未被激发出来，专业建设和课程开发是学校对企业需求的内生动力，特定体制机制下所产生的责任和利益是企业参与职业教育的内生动力。但是在当前的政策实践中，缺乏对学校和企业深度融通合作的具体规划和要求，导致校企联合办学常常流于形式，功能失效，职业学校的学生毕业后依然面临就业前景差的问题。调研中发现，在部分贫困县/区，职业学校的校长有联合企业提升办学质量的积极性，但教育扶贫政策和教育行政部门在相关方面却长期缺位，导致职业学校的发展举步维艰，目前办学质量较高的职业学校几乎都得益于学校高层社会资源丰富，整合能力强，学校领导只能凭借自己的"私人社会关系"来推动学校发展，政策供给和支持乏力。

与此同时，贫困地区教育扶贫政策对职业教育发展的投入力度也十分有限，造成了职业学校的发展核心培训实训条件较差。笔者在调研中发现，大部门职业学校都没有能力为学生提供实训的硬件和技术支持，如样本县/区中某汽修学校完全没有配备可以供学生操练技术的汽车，也没有供学生实习的合作企业，学校领导、老师和学生均表示就学期间只能学到浅显的理论知识，几乎接触不到真正的技术练习，更无从培养技术型人才，就业前景堪忧。目前，国家实行了职业教育的对口帮扶，开展招生计划协作，非贫困地区发展较好的职业学校会定期到贫困地区招生，免除学费，为贫困地区学生入学提供了非常好的入学机会，但由于政策投入乏力，未解除学生路费、生活费、住宿费等后顾之忧，不少学生因现实困难不得不放弃入学资格。

另外，政策执行中也存在行政人员组织不力、服务不到位等问题，目前职业教育发展的核心力量之一是民办职教机构，大部分机构都为学生的教育与就业建立了无缝对接的服务机制，不但与省外优质企业合作，为学生提供实训机会和场地，还每年专门派老师陪同学生赴省外学习，全方位提供管理和服务，帮助学生适应就业环境，促进学生就业发展。然而，贫困地区的学生普遍没有接受民办职教机构教育的经济实力，加之政策支持和高质量公办职业教育的缺失，导致高质量职业教育供给与贫困地区学生的需求极度不匹配。

除此之外，教育扶贫是国家脱贫攻坚的其中一个扶贫战略，并未与其他扶贫战略进行资源整合，如产业扶贫主要采取的是"企业+农户"的扶贫模式，缺乏与职业教育开展合作，贫困地区职业教育作为为贫困地区培养技术型人才、扶持地方产业发展的重要一环却被孤立在了产业扶贫整个过程之外，是政策设计缺乏创新思维的表现，存在一定的政策狭隘，使扶贫战略各方面无法形成融会贯通、相互带动的良性发展局面。

二 劳动力技能培训效果不佳

在西部贫困地区教育扶贫政策绩效评估指标体系中，本书专门设计了关于劳动力技能培训数量和质量的评估指标，从7个样本县/区的指标数据来看，涉及农村劳动力技能培训开展的政策绩效均不佳。在笔者与教育行政部门访谈的过程中，大部分行政人员反映虽然政策有要求，也有资金支持，但是在执行中难度很大，大部分农村劳动力缺乏参加培训的主观能动性，尤其是农忙期间，大部分农户都不愿意花时间参加培训，导致每次培训参训率很低。一段时间之后，劳动力培训往往流于形式，主管部门为完成上级行政命令或政策考核要求草率组织培训，对劳动力技能提升未起到太大作用。笔者就此也对农村劳动力进行了访谈，接受访谈的几乎所有人都认为技能培训水平低下、针对性不强，培训的知识技能对其在家务农或外出打工没有任何效用，因此完全没有参加培训的积极性。目前,大部分贫困地区所采取的农村劳动力培训都缺乏分类培训机制,一方面由于组织培训的人力物力财力等资源不足,另一方面由于技能培训的师资极其有限,真正掌握高端技术的人员培训费较高,行政部门无力承担,政策的顶层设计中也缺乏相关科研机构或技术人员对贫困地区进行技术指导和帮扶的具体规定,导致技能培训普遍采取的是集中时间、地点,集合所有劳动力一起开展的整体培训,但现实中,外出务工的劳动力需要的是木工、汽修、建筑等方面适应城市发展的实用技能,留在农村务农的劳动力需要的是关于科学种植养殖的实用技能,目前开展的浮于表面的"全员参与式"技能培训完全无法发挥其功能,无法创造任何实际政策效用。

第五节 教育扶贫信息化程度不足

2018年,教育部印发《教育信息化2.0行动计划》,明确提出要办好网络教育,积极推进"互联网+教育",在教育领域全面深入地运用现代信息技术来促进教育改革与发展的过程,在教育发展和实践中充分融合现代新媒体技术,以提高教育的质量和效率。总体来说,可以将教育信息化分为两部分,即教学信息化和大数据分析。教学信息化,主要是指将信息技术与教育教学深度融合,在教学过程中充分运用信息化技术手段,从而实现优质教育资源共享,提升教学质量和效率;大数据分析,主要是指在实现教育扶贫大数据平台建设的基础上,形成全方位的教育扶贫数据网络,建立知识储备库和教育治理数据库,将现有的教育扶贫数据进行整理和分析,提取和总结高质量、高效率、适应贫困地区发展现状的教学模式、方法和教育发展路径,利用数据推动教育扶贫,实现大数据支撑和推进教育扶贫的价值功能。然而,西部贫困地区教育扶贫信息化建设还存在诸多不足之处,制约了教育扶贫政策绩效的提升。

一 教育扶贫信息平台建设整体规划缺失

由于不同贫困地区贫困程度存在差异,加之教育扶贫实践中尚存在政府部门"条块分割"的治理屏障,目前西部贫困地区教育扶贫政策中缺失了信息平台建设的顶层设计与整体规划,各地区教育发展信息技术建设仍然处于"闭门造车"的碎片化发展状态，无论是教育系统内部，还是跨区域行政部门之间都缺乏信息共享的规划与平台建设标准。从纵向上来说，各级行政部门信息化建设标准不统一，无法实现信息高效率地上下连通，信息重复录入现象严重，政策效率低下；从横向上来说，教育扶贫各协同部门、社会组织以及政策对象之间无法通过统一的信息平台实现信息实时更新、互通和共享，"信息孤岛"和"数据孤岛"现象十分严重，导致贫困地区教育扶贫信息和数据无论是在内部还是在外部都缺乏动态性，未能发挥出信息平台和数据共享为教育扶贫发展增速提效的功能。同时，由于缺乏统一规划，各级政府重复建设，造成了教育扶贫资源的大量浪费。

二　教育扶贫信息技术基础设施建设不足

目前，学术界对于肯定大数据重大意义和价值功能的成果已不胜枚举，实践中国家和地方也都不断强调将大数据运用于国家治理和地区行政的必然趋势和迫切需求，但是信息基础建设不足仍然是各地区各领域大数据治理的掣肘。虽然我国在国家层面上，信息基础设施建设已经取得了较好的成绩，经济发达地区的信息基础建设甚至已经成为国际超前水平，但是对于贫困地区来说，信息基础设施的建设由于受到自然、地理、经济基础、建设资金等因素的制约，推进十分困难。以网络布局为例，由于贫困地区自然条件恶劣，地理环境复杂，交通不便，网络基站建设困难，网络接入成本很高，且运行速度较慢，制约了信息化的推广和普及，同时，贫困地区缺乏相关领域的软件技术支持和技术人才储备，造成了教育扶贫信息化水平不高，制约了教育扶贫政策绩效的提升。我国中西部地区教育信息化建设差距巨大。研究显示，教育信息化生均经费投入东部地区达到西部地区的3—4倍，东部地区每百名学生拥有计算机台数也几乎是西部地区的2倍，具体数据如图6－4所示。

三　教育扶贫信息技术应用滞后

在国家的技术引领和政策支持下，经济较发达的地区已经逐步迈入了网络化、数据化与智能化治理的时代，互联网、物联网、云计算、大数据等先进智能的信息技术也开始在公共部门中普及。近年来，数字政府、智慧政府、智慧治理、"互联网＋政务"等创新型治理理念获得了越来越多的关注和重视。从理论层面看，将信息技术运用于教育扶贫

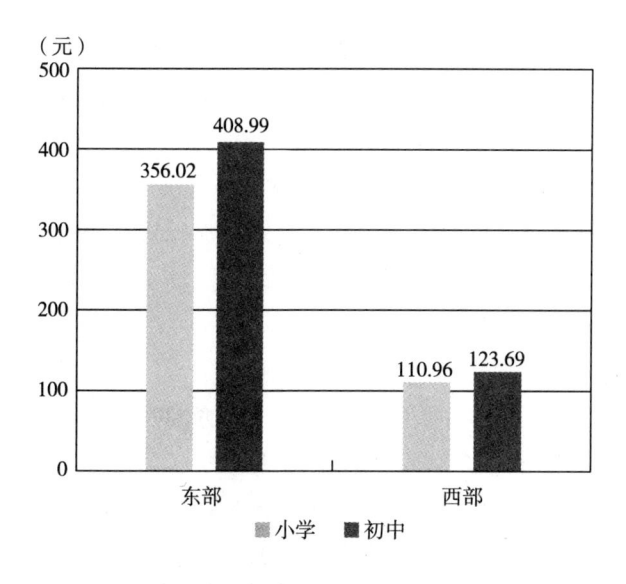

图6-3 我国东西部地区生均信息化经费投入对比

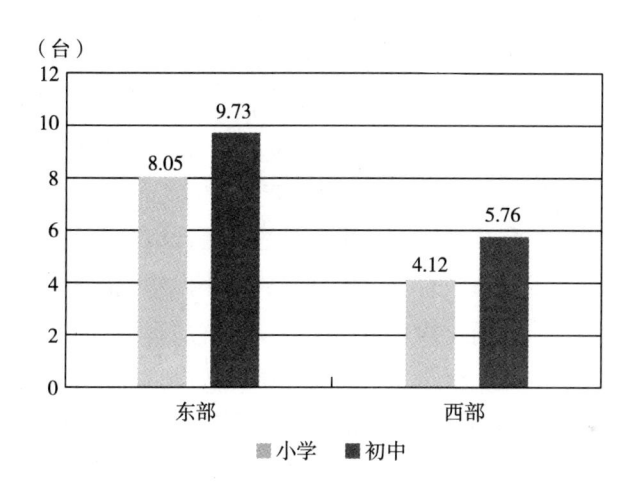

图6-4 我国东西部地区每百名学生拥有计算机台数对比

中,正好可以帮助贫困地区教育扶贫走出教育质量偏低、教育资源匮乏、教育投入贫瘠的困境,实现城乡教育扶贫政策绩效差距缩小。但是从实践层面看,教育扶贫信息技术的推广和应用还相当滞后,一方面贫困地区信息系统智能化程度普遍偏低,信息平台的应用中漏洞和缺陷较多,不利于信息平台应用的推广;另一方面贫困县/区各部门之间还未形成教育扶贫综合信息系统，无法实现信息实时共享共通，且普遍存在信息采集标准不统一、数据不规范、信息来源分散、数据库维护不到位等问题，加之政策执行主体尚未形成教育扶贫高度信息化的政策执行理念和技术能力，缺乏运用信息平台对政策目标、政策内容、政策福利、政策要求等具体信息的实时公布和更新，更加无法实现政策对象通过信息平台对政策发布、政策执行状况进行即时跟踪了解和监督，或对政策内容和执行效果进行反馈或投诉。

与此同时，在教育教学方面，信息技术的运用还仅仅停留在改善学习环境层面，并未嵌入学习系统中去。通过西部贫困地区教育扶贫政策绩效评估可以看出，多媒体教室在贫困地区学校已基本普及，贫困地区教育教学经过前期投入和一段时间的发展，已经基本实现了教育资源观的初步转变，调研中大部分的农村教师都表示会在课堂上运用多媒体教学，但是也有不少教师表示，由于技术培训不够，多媒体教学还停留在使用简单的PPT等初级阶段，还没有真正实现教育信息化政策中"知识资源数字化、平面资源立体化"的目标。同时，《教育信息化2.0行动计划》中提出，"要实现思维类型转变，当今的教育教学思维方式还停留在工业时代，教师的思维类型急需从工具型思维转向人工智能思维"，贫困地区的教学距此目标差距还非常大。

除了教师将信息技术作为教学工具进行授课以外，教育信息化的另一重要功能是实现优质教育资源的共享，缩小发达地区和贫困地区之间教育质量的差距，如通过信息技术实现城市优质师资对贫困地区学生网络授课，并提供教师与学生实时沟通互动等功能。自2008年起，全世界范围内的高等教育学校都开始大量推广慕课课程（MOOC, Massive Open Online Course），即"大规模开放在线课程"，该课程的设计是运用统一的课程结构，包括定期的课堂讲授、问题研讨、现场答疑以及阅读建议等，脱离传统的面授形式，将规范的课程材料公布于互联网上，实现全世界范围内的优质教学资源共享。发展到2013年，MOOC在我国也受到了很多关注，在全国各大高校中得到推广，不少高校已将慕课课程设置为学生的必修课程。但是，目前中国的慕课学习者还主要分布在一线城市和教育发达城市，且仅限于高等教育阶段。贫困地区教育扶贫政策绩效评估中"慕课课程"数量全部为0，笔者调研中也了解到大部分学校领导层和教师，甚至教育行政主管部门的决策者，都没有听说过慕课课程。可见，贫困地区依然是教育信息化全面推广的盲区，也是优质教育资源难以触及的末端。

第六节 教育扶贫运行机制不健全

西部贫困地区教育扶贫政策体系经过多年的健全和优化，虽已取得了巨大的成效，政策体系基本构建完成，管理效能得到大幅提升，但从当前政策体系运行的实际来看，依然存在很多制约教育扶贫质量提升的关键性问题，包括教育扶贫管理体制缺乏协调性、政策执行过程缺乏统筹性、政策宣传缺乏长效性和针对性、政策制定缺乏创新性、多元主体参与机制不完善、教育扶贫资源监督体系不健全等。

一 管理体制缺乏协调性

教育扶贫攻坚战略是一项复杂程度很高的系统工程，亟须各领域、各部门、各利益相关群体之间的协同配合，健全、完善的教育扶贫管理体制，是推进教育扶贫攻坚战略的必要保障和前提，然而从现实的政策行为中可以窥见，目前西部贫困地区教育扶贫因制度设计中的缺陷和不足、管理体制缺乏协调性等问题而导致的政策执行偏差，正导致政策实践出现不同程度的混乱与低效，成为制约西部贫困地区教育扶贫政策绩效提升的核心障碍。通过运行西部贫困地区教育扶贫政策绩效评估，本书发现目前教育扶贫的管理体制仍然不完善，在各地推进教育扶贫各项工作的过程中，部分地方政府在制度设计上还存在缺陷，管理体制中条块分割严重，各行政管理部门实行纵向管理监督，即各部门只对其上下级主管部门负责，缺乏横向协力的合作机制，导致各部门之间缺少统一协同的工作思维和政策规划，造成教育扶贫格局整体上呈现出明显的细碎化特点，导致教育扶贫工作的推进处于零散性、非协调性强的运行状态，这主要表现在教育扶贫多项行政事务实行多头管理，教育扶贫政策执行主体除了教育部门之外，还有民政部门、团委、妇联和残联等，各部门缺乏统一的统筹协调主体，部门之间权责分工不明晰，事务叠加严重，常出现政出多门、力量分散、分工无序和重复投入等，此外，由于各部门职责边界不清晰，教师扶贫事务中出现履职空白或缺位也时常发生。例如，各地区教育主管部门和民政部门所负责的事务和责任存在一定的交叉，农村劳动力培训和毕业生就业引导服务等相关事宜由两个部门同时推进，双方在履行其职责的时候，常会出现难以界定政策执行主体和主要负责方的情况，导致政策执行中双方重复履职，互相介入和干预，不但使教育扶贫公共资源存在很多浪费和低效的情况，而且双方职责分工不明确，也常互相推诿，出现履职空白，导致政策对象最终无法享受到应有的政策福利。笔者在样本县/区调研时多次感受到此类问题，如收集该样本县/区年度劳动力培训次数时，教育部门反映此项工作由民政部分负责，数据由民政部门统计，但笔者在走访民政部门时，相关工作人员却提出虽然具体工作由民政部门推进，但政策实施情况的最终考核权设在教育部门，相关工作的验收及最终的数据统计应由教育部门开展，双方互相推诿的情况下，教育扶贫政策执行的质量和效果难以保证。通过本次评估，样本县/区对评估所需数据进行了整理，完成了本次评估的数据收集，但此项工作并未形成长效机制，并未纳入相关部门日常工作中，沦为西部贫困地区教育扶贫的空白区域。其他样本县/区也有类似情况，部分地区虽在政策目标完成情况考核中对此类数据有所统计，但笔者发现当地教育部门和民政部门的统计数据不一致，经多次协调和沟通才得以确定最终数据，充分暴露出政策执行的随意性。这种教育扶贫管理体制的非协调性极易导致政策实施中有些事务出现多头管理，而有些事务却又缺位的结果。此外，制度层面的部门协同管理乏力，也严重阻碍了政府内部教育扶贫信息公开和资源共享，大大降低了教育扶贫政策绩效。

二 政策执行缺乏统筹性

从理论上来说，同一公共项目的推进过程中，不同的参与主体之间的合作应具备重复循环，不断沟通的机制，项目推进是往复的过程而非线性的过程，各合作主体必须通过不断沟通达成一致的行动目标和理念，不断调整和更新行动策略，才能有效推进项目进程，如果存在沟通机制不畅，信息不对称的情况，必然会导致项目和政策执行的偏差。当前我国西部贫困地区教育扶贫的管理体制缺乏协同性，必然会导致政策执行的统筹性不足，虽然在制度设计中各地区教育扶贫由扶贫办主导实施，各部门在职责范围基础上协同合作推进工作，但实际中扶贫办与各职能部门,以及各职能部门之间都缺乏高效的沟通合作机制。笔者通过调研了解到,部分样本县/区的教育局在开展农村劳动力培训时,通过扶贫办得到了接受培训的人口数量,但培训项目实施过程中却发现实际人口数量并没有那么多,造成了教育资源和项目资金的浪费。笔者向当地扶贫办询问原因时,负责人表示数据来源于当地民政局上报的统计数据,但从项目组织到项目实施经历了一段时间,实际数据已有所更新,各部门的合作缺乏实时沟通的联动机制,导致信息更新不及时,最终政策无法实现其预期目标,行政资源被浪费。另外,政策执行统筹性差不但影响了政策执行的实际效果,也大大降低了政策对象的体验感和满意度,调研中不少民众反映,多项政策在实施的前期、中期和后期,他们都遇到过"咨询无门""投诉无门"的情况,向政府部门询问政策内容和政策福利获得渠道或反映问题时,都遭遇过各部门互相推诿、无人担责的情况。由于我国行政管理体制的复杂性和教育扶贫的系统性,许多具体的事务管理不是某一个职能部门能够解决的,需要不同政府部门的通力合作,当前西部地区教育扶贫合作机制不够完善,缺乏长效稳固的合作机制和畅通的沟通机制,扶贫办作为协调主体,其受重视程度和决策力度不足,功能未能充分发挥,很多教育扶贫项目的最终成效依赖于各部门决策者的主动推动和责任意识,一旦部门"一把手"重视程度不足或工作积极性不高,就极易导致政策失效,影响政策对象的实际利益。

三 政策宣传缺乏长效性和针对性

政策宣传除了起到让政策对象了解政策目标、政策内容、政策福利和要求等具体信息的作用外,还承担着对政策相关群体进行利益引导和利益调节的功能。在我国当前的社会发展阶段,区域发展不均衡,资源分配不平衡,经济发达地区与贫困地区还存在不公,不同社会阶层、行业和地区之间的利益差距不断增大,贫困地区人民对政治、社会、文化、生态及个人发展、幸福感和获得感等物质和非物质的需求日益增强,作为政策执行主体,政府扮演着不可或缺和替代的利益引导和协调的角色,其中政策宣传就是一个直观且有效的渠道。贫困地区人口长期收入低微,生活困苦,发展艰难,生存质量难以提高,个人价值难以实现,在社会中极易滋生和蔓延利益观念的偏差,由于对社会利益分化的认识不足，产生强烈的平均主义利益思想，一旦对政府和政策行为存有盲点或诉求表达不畅，便转而与政策执行主体对立。因此，通过政策宣传，建立起行之有效的利益引导机制和协调机制，可以帮助政策对象树立正确的利益观，正确看待和处理不同群体的利益关系。

本书在构建西部贫困地区教育扶贫政策绩效评估指标体系时，针对性地设计了与政策知晓度有关的评估指标，其中对政策目标、政策福利、申领流程、宣传方式和反馈机制的知晓度等方面都进行了较细化的评估。评估结果显示，样本县/区对政策目标的知晓度与其他几个方面相比较高，涉及人口数量较多的政策如资助政策、教师补助政策等的政策福利知晓度较高；但少数群体相关政策如易地扶贫搬迁学生就学政策、留守儿童就学政策、残疾儿童就学政策、"两后生"就学政策等的政策福利知晓度较低；申领流程、宣传方式和反馈机制知晓度三个方面，样本县/区评估结果都不佳。教育扶贫政策绩效评估结果充分暴露出西部贫困地区的教育扶贫政策执行主体在政策宣传上存在较多问题，未能将政策目标有效传达给政策对象，让政策对象了解和熟悉政策给予自身的利益及其获得的方式，也未能赋予政策对象诉求得到回应的获得感和幸福感。调研中笔者了解到，目前贫困地区信息化程度低，政府和职能部门所采取的政策宣传方式主要是定期召开政策宣导会以及扶贫人员到户宣讲，但政策对象普遍表示，政策宣讲会时间和人力有限，且一般只对新实施的政策进行一次性解读，造成政策解读不够清晰，很多群众无法通过会议了解所有政策相关资讯，加之宣导会召开次数有限，如错过了会议时间，则很难通过其他渠道了解和查询政策内容。扶贫人员到户宣讲作为政策宣导会的补充机制，其功能和目标在于更具针对性地为政策对象提供政策解读服务，解决政策对象的疑问，为政策对象提供诉求表达的渠道和空间。但是据大部分政策对象描述，扶贫人员数量有限，到户解读次数和时间都很不足，甚至无法实现所有政策对象全覆盖，且普遍缺乏服务意识，对政策对象提出的问题和诉求没有耐心，尤其是对特殊群体，政策执行主体普遍缺乏重视，政策宣传力度更低，导致政策宣讲流于形式，并未起到实质性的作用。政策执行主体在利益引导和利益协调中的缺位和功能失灵，无形中弱化了政策效能，加剧了教育扶贫政策对象的不公平感。

四 政策制定缺乏创新性

40多年来,我国政府改革不断深入推进,党的十九大报告提出,要进一步转变政府职能,创新监管方式,增强政府公信力和执行力,建设服务型政府。服务型政府要求政府必须创新思维和方式,优化工作流程、使用现代先进的管理手段和方法,关注民众的利益、需求和愿望,为全社会提供公共产品和服务。但是,从改革的要求和整个进程来看,服务型政府的建设还任重道远,聚焦于教育扶贫政策的制定和执行,政府和职能部门目前采取的举措仍然局限于传统的行政命令和浮于表面的说服引导,极度缺乏创新思维,从制度设计和政策规划层面体现出服务型政府提供公共产品和服务的行政效能。例如,教育扶贫现阶段的重点之一是义务教育阶段的公平性保障,但在推行"控辍保学"的政策任务时,职能部门主要还是采取命令式、短暂性的解决方案,来保证各地区的入学率、辍学率等指标达到政策要求,甚至有部分地方政府的指标数据中存在"水分",笔者在某样本县/区调研时发现,某农村地区在上学时间时仍然有义务教育适龄儿童未在学校上课,当笔者询问他们不上学的原因时,有小孩说自己已经年满16岁,初中毕业了,反映出当地教育扶贫相关部门和工作人员为应付上级考核存在引导受教育对象谎报年龄的嫌疑。若教育扶贫不从提升教育质量、激发学生接受教育的热情和积极性、增强家长对子女教育投入的信心等根源上着力,到2020年"十三五"时期"农村贫困人口实现全面脱贫,全面建成小康社会"的阶段性目标达成后,教育扶贫政策任务的紧迫性和行政压力下降,义务教育有保障的成效必将面临瓶颈甚至倒退,教育扶贫将无法实现培育和储备贫困地区人力资源、提高内生动力、带动地方经济可持续发展的目标。

纵观教育扶贫历史,国家和地区不乏创新经验且成效显著。例如,为满足初中生家庭需求,提升初中生的务农技能和实践能力,1994年国务院办公厅转发了农业部《关于实施绿色证书工程的意见》,2001年教育部和农业部专门印发了《关于在农村普通初中试行"绿色证书"教育的指导意见》,2003年《国务院关于进一步加强农村教育工作的决定》要求农村必须实施"绿色证书"教育,要求各地将绿色证书教育与多年来积累的农村初中课程改革经验相结合,满足学生及家长对初中教育的需求。国家政策出台后，各地区都积极研究制定帮助学生掌握更多农业生产和就业的新知识、新方法和新途径。云南省蒙自县（现蒙自市）1999年在全县初三学生中推行"3＋X"初中毕业与"绿色证书"双证制，X代表学生可以通过几个月的培训和学习拿到绿色证书，增强实践能力，增加就业机会。这项工作得到了当地政府政策支持，将"绿证"专业培训与地方经济发展规划紧密结合，发展各乡镇的特色产业，有效提高了当地学生的农业科技能力，是农、科、教结合的成功典范。为帮扶贫困家庭学生入学，创新方式提供经济资助，国家加强了勤工俭学的参与机制，2004年教育部、农业部、国土资源部下发了《关于加强农村学校劳动实践场所建设的意见》，按照国家精神，"十五"时期，云南省也创新举措，在农村中小学广泛开展以种植、养殖为主要内容的勤工俭学，解决农村贫困家庭学生的学习生活困难问题，要求农村中小学校充分利用政府划拨的土地和闲置空地，开展生产，向学生提供自产的农产品，提高学生营养水平，减免学生生活费，让学生"进得来、留得住、学得好"，提高"普九"巩固率，利用生活环境中的教育资源为教学提供有效的载体，通过这种方式，可以学到书本上学不到的知识，体验到教室里学不到的经验，成为促进学生全面发展的有效方式。以上两个案例的经验都表明，要提升教育扶贫政策绩效，创新政策设计和制定是十分必要且是有效的途径。

五 多元主体参与机制不完善

当前国家、市场与社会互动治理成为公共治理的主要趋势，也是一直以来我国行政体制改革的方向，同时，随着国家扶贫战略的不断深入，贫困地区的发展呈现出多维度和多元化的形态和趋势，因此，政府作为单一的政策推动主体，难以满足贫困地区人口对教育扶贫多样化和动态化的诉求和要求，教育扶贫是多元主体参与的具有集体性质的政策行动，需要政府、市场、学校、社会组织和受教育对象及其家庭等多元主体的共同参与，只有在各方顺畅沟通、理性对话和协商共治的格局下，才能实现教育扶贫政策的功能和绩效提升。但从现实情况来看，改革的推进并没有完全改变政府占据绝对主导地位的格局，在教育扶贫政策制定和实行的过程中，政府也一直对社会资源掌握着高度的控制权，社会组织与公众的力量往往被漠视甚至排斥，导致教育扶贫的政策执行主体与其他参与主体呈现彼此割裂和隔离的状态，多元主体协调参与的格局迟迟没有形成。一方面，政府依然是政策制定与执行的权威主体，并未扮演协调各方参与主体，共同提升政策绩效的角色，目前我国教育扶贫政策实施的结构依然以政府自上而下的推动为主，这主要是归因于管制型政府向服务型政府转变的成效不明显，政府的行政职能在教育扶贫政策实践中仍然存在严重的角色错位和越位，无形中排挤了其他参与主体的自主发挥空间。另一方面，教育扶贫制度设计中其他主体的参与机制不健全，社会组织与公民的参与渠道不顺畅，制约了多元主体在教育扶贫政策推行中功能的发挥，各方协同效率低下。政府部门在制定政策时往往存在片面和粗放的特征，"一刀切"的政策设计时有发生，无法全面满足各类政策对象，尤其是特殊群体的需求，而社会组织具有深入群众的自然优势，较能深入观察和体会到政策对象的细微需求，且运行机制具备较强的灵活性，能够在民主参与、民主决策方面发挥功能，充当政府主导的补偿机制。同时，当前西部贫困地区教育扶贫政策的执行模式，也并未充分发挥出多元主体在整合扩大教育扶贫资源方面的作用，教育扶贫缺乏多元融资渠道，财政手段单一，社会资本利用率低，民间资本未得到高效利用，致使贫困地区教育资源发展乏力。

六　教育扶贫资源监督体系不健全

孟德斯鸠在其著作《论法的精神》中曾指出，"一切有权力的人都容易滥用权力，这是万古不易的一条经验。有权力的人们使用权力一直到遇到界限的地方才休止。"[①] 在政策执行的过程中也是如此，要保证教育扶贫政策的绩效，保证政策的实施与其制定时预期的目标一致，在政策行为开始就对其进行跟踪监督极其重要。当前在我国西部贫困地区教育贫困治理的制度设计中，对教育资源的监督体系建设还不健全，监督主体主要可以分为权力部门和非权力部门的监督。

西部贫困地区教育扶贫政策执行过程中，权力部门的监督机制还不够完善。一方面，监督主体力量分散。贫困县/区教育扶贫政策的执行主体主要是县级教育部门，它同时受到上级教育主管部门的指导，接受县级政府的领导，也接受扶贫办的指导。在政策执行的过程中，三方监

---

① 埃利诺·奥斯特罗姆：《公共事务的治理之道》，上海三联书店 2000 年版。

督主体很难形成合力，教育部门既是政策的执行者，又是政策效果的考核者，既当"运动员"又当"裁判员"，监督行为缺乏理性视角和执行力度，发现问题的主动性不强。而县级政府的内部结构中，承担监管职责的主要是信访办公室或纪检部门，但其职责主要是针对上访人员和处理教育系统内部违法违纪的案件，而非对教育扶贫政策执行的过程和结果进行监督。县扶贫办目前承担的主要职责中包括统筹协调，整体推进扶贫开发战略，研究制定全县扶贫开发的政策、措施，并负责组织实施和监督检查，但从实际情况来看，当前处于脱贫攻坚的关键时期，扶贫压力巨大，扶贫办针对教育扶贫开展的监督检查主要是关于政策完成情况的监督监察，而针对政策过程的监督其实是监督行为的空白地带。另一方面，监督问责机制和激励机制也存在缺失。当监督主体监测到问题及收到政策对象的投诉或反馈而进行问责时，政策执行主体往往相互推诿责任，且缺乏对相关责任部门或责任人的问责机制和处罚规定，以至于政策推进过程中出现问题也难以得到解决和改善。实际经验中，曾有过县级教育扶贫政策执行主体受利己主义的驱使，出现教育扶贫配套资金截流或挪用的情况，将部门项目资金挪用到更能凸显政绩的项目中，未发挥政策预设的真正效用。非权力部门的监督主要来自社会公众、政策对象、新闻媒体等的监督，但是现实中由于信息反馈机制不健全、行政权力高度集中于政府及职能部门等原因，非权力部门的监督几乎完全处于缺位或信息不对称的状态中。

第七节 教育扶贫制度体系不完善

制度体系为政策实践提供了最核心的保障和良性运行的环境，制度体系中存在的任何一点缺陷，最终都会以政策绩效偏低而体现出来，作为西部地区教育扶贫政策的制度保障，西部地区教育扶贫制度体系中存在的问题是教育扶贫政策难以发挥其功能的根源性和关键性问题。本书通过对样本县/区开展教育扶贫政策绩效评估，深入探究了西部贫困地区教育扶贫制度体系中存在的问题，主要体现在法治保障能力羸弱和非正式制度供给不足两个方面。

一 法治保障能力羸弱

在现代化的国家中,任何正式的制度设计和运行都应当建立在法治的基础之上,当前我国在推动法治体系建设上做出了许多努力,在建设法治国家、法治政府和法治社会等方面都取得了一定成效,但教育扶贫还处在"政策治理"的阶段,2019年,教育部部长陈宝生在全国教育工作会议上提出,"要把深化依法治教"作为教育体制改革的重要内容,加强教育法律制度供给,下一步将出台行政执法体制改革的意见,加强教育执法力量,建立教育综合执法机制。"政策治理"作为正式制度建立的过渡,也应当在法治保障的环境中进行,政策本身具有临时性和短期性,常常受到决策者的个人偏好和个人意志的影响,引发政策执行与政策设计相违背等问题。受到传统的"官本位"意识影响,贫困县/区在推动教育扶贫的过程中常常会选择性地忽视相关法律法规,最终导致教育扶贫实践中权力运行不合理或教育资源分配不均衡。虽然国家和地方层面都相继制定并出台了一系列的教育扶贫制度、政策等,对教育扶贫战略进行了总体规划和分类规范,但法治保障依然是薄弱环节。现阶段与教育发展相关的法律主要包括《中华人民共和国义务教育法》《中华人民共和国教师法》《中华人民共和国职业教育法》《中华人民共和国民办教育促进法》等,但是相关法律法规中针对教育扶贫的具体规定尚存在不足,例如,国家出台了大量政策来鼓励社会力量参与教育扶贫工程,但并未从法律上明确社会中的扶贫主体在教育扶贫中的合法地位、权力及义务和职责,社会力量参与教育扶贫缺乏必要的法律依据和制度规范,导致参与主体非多元化依然是当前教育扶贫中的"顽瘴痼疾"。同时,法律体系建设也不够完备,部分教育阶段还欠缺专门的法律依据,如学前教育阶段、普通高中教育阶段等,调研中不少教育部门和扶贫办工作人员都表示,法律依据的欠缺常成为政策推进的障碍和壁垒,教育扶贫政策整体呈现出"碎片化"较强的特点,教育扶贫推动过程中会存在政策交叉或空白的情况,缺乏系统性,加之教育扶贫运行机制的基础中又缺乏法治保障,导致政策执行中阻隔和障碍太多,政策绩效受到极大的负面影响。

二 非正式制度供给不足

非正式制度是指人类在长期交往中形成的价值观念、伦理规范、道德观念、风俗习惯和意识形态等方面的总和。① 教育扶贫是一项融合了多元主体的系统工程，需要各利益相关方达成一致的治理价值共识。当前我国正处于社会转型时期，经济快速增长，利益分化日益严重，政策执行主体和客体分别受到市场化的利益价值意识的影响，常常处于只关注自身私利，还未完全达成教育扶贫共治共享的价值共识。在这样的情况下，政策执行主体与政策对象往往会形成对立，导致政策执行主体对政策对象的服务意识降低，政策对象对政策执行主体的信任基础不足，极不利于教育扶贫政策绩效的提升。调研中不少行政主管部门工作人员提到，贫困户"等靠要"思想严重，无论享受了多少政策福利，都觉得自身利益与其他群体相比蒙受了损失，常常以"耍无赖"的方式试图获取更多利益，长此以往，扶贫工作人员渐渐失去耐心，服务意识减弱，服务质量也随之大大降低。而对于贫困人口来说，长期以来形成的"当官的都贪污腐败"的标签化思维深入人心，加之教育扶贫管理体系中确实存在问题，政策执行效果不佳、落实不到位、反馈机制欠缺等客观现实更加深了贫困人口对政策执行主体的不信任感。教育扶贫政策主体和客体缺乏"共同体"意识，极大地提高了政策执行的成本，降低了教育扶贫政策的绩效。

---

① 张广利、陈丰：《制度成本的研究缘起、内涵及其影响因素》，《浙江大学学报》（人文社会科学版）2010年第2期。

第七章

西部贫困地区教育扶贫政策体系的完善

通过运行西部贫困地区教育扶贫政策绩效评估指标体系，本书深入探究了当前西部贫困地区教育扶贫政策制定和执行中存在的障碍性问题和制约因素，要提升西部贫困地区教育扶贫政策的绩效，就需要有针对性地根据上述问题提出对策建议，完善西部贫困地区教育扶贫的政策体系，从而真正彰显西部贫困地区教育扶贫政策评估指标体系的政策指导意义和实践应用价值。完善西部贫困地区教育扶贫的政策体系需要从构建教育扶贫政策的功能体系、教育扶贫政策的管理体系、健全教育扶贫政策的资源保障体系等方面予以综合考量。

第一节 构建教育扶贫政策的功能体系

西部贫困地区教育扶贫政策体系完善的核心和关键在于首先从根源上理解教育扶贫政策的价值追求和目标定位，确立教育扶贫政策需发挥的功能效用，构建教育扶贫政策的功能体系，这很大程度上决定了教育扶贫政策的顶层设计与规划是否正确、政策执行是否产生偏差、政策效果是否符合预期目标。因此，本书认为，在完善和优化西部贫困地区教育扶贫政策体系时，首先应当构建包括全类教育体系、智慧教育体系和终身教育体系的政策功能体系。

一 全类教育体系

在构建西部贫困地区教育扶贫政策体系时，要兼顾各类政策对象对于教育扶贫的价值需求，其实质是要遵循"教育平等"的一般性教育发展原则和规律。20世纪以来的科学发展论证了人与人之间智力或能力的差异实质是人的多样化的表现，在人类需求和发展日益多元的情况下，适应差异并为其提供公平的选择机会才是真正的平等。受教育权被认为是个人不可被剥夺的基本权利，在受教育对象存在差异性的情况下，赋予其教育选择的权利更应得到教育扶贫的制度保护和实践保障。"教育平等"的内涵主要包括受教育的权利平等、进入和参与教育的机会均等、教育过程中机会均等、教育结果对个人发展的影响平等和对弱势群体进行补偿等方面。基于以上原则，国际社会提出了"全民教育"的理念，全民教育是一种不同于传统学校教育的教育形态，从本质上看，全民教育是从平等理念出发对差异性的某种补偿[1]。具体来说，就是要为不同的群体提供不同层次、内容和形式的教育。同时，对处于弱势地位的群体进行补偿。因此，在西部贫困地区教育扶贫政策体系的设计中，"全民教育"的理念应该由"全类教育"的政策体系来实现，其宗旨即在于为贫困地区受教育对象提供多样性的教育层次、教育形式和教育模式，使受教育对象在教育活动中可根据自身的兴趣爱好、个性特征、现实条件和能力有自主选择的空间，从而实现受教育群体的全员参与和整体性发展。多样性是教育扶贫政策中对于差异性个体的尊重和适应，一方面，政策环境不可避免地呈现出复杂性，受教育者也具备差异性，因此教育活动必须呈现出多样性来满足不同个体的需求；另一方面，教育扶贫政策为了适应贫困地区社会不断发展，必须随之进行不断地自我完善和重组，"正是由于从我们周围的环境中产生的观念变得复杂起来，我们被迫思考，选择与总结，以便选择有用和正确的生活方式，"[2] 因此多样性和全类化可以说是教育扶贫政策体系应当实现的功能和目标。

西部地区教育扶贫全类教育政策体系的内容应包括普通教育和职业教育两翼，学前、初等、中等、高等教育各个层次，成长教育和继续教

---

[1] 劳凯声、刘复兴：《论教育政策的价值基础》，《北京师范大学学报》（人文社会科学版）2000年第6期。

[2] 查尔斯·霍顿·库里：《人类本性与社会秩序》，包凡一等译，华夏出版社1999年版。

育各个阶段，知识教育、素质教育、德育教育、民族教育和特殊教育各个维度，形成多层次、多维度、多形式、多方向的全类教育扶贫政策体系。知识教育体系方面，普及有质量的学前教育，建成覆盖城乡、布局合理的学前教育公共服务体系，实现义务教育优质均衡发展，普及高中阶段教育，形成多样化、有特色的高中阶段教育格局，建成适应产业转型、乡村振兴、产教深度融合、与各类教育协同发展的现代职业教育与培训体系，提升贫困地区学生高等教育入学比例。素质教育体系方面，需构建德智体美劳全面发展的更高水平人才培养体系，增强中小学德育教育的针对性和实效性，加强学校的心理健康教育和体育美育，重视学生的体质健康状况，健全美育教育体系，学校美育与社会、家庭美育相互补充的现代美育体系，教会学生养成良好的审美观念，培养终身受益的艺术爱好，重视实践教育，建设贫困县/区中小学研学实践教育基地，构建学校教育、家庭教育和社会教育有机结合的协同育人机制。民族教育体系方面，应从政策层面对民族教育施以规范化和常态化的管理，以多样和丰富的教育内容、教育活动、教育形式，在学校全面开展民族团结进步教育，增强少数民族学生的民族认同和文化认同，促进少数民族学生与其他民族共通共融。特殊教育体系方面，构建完善的特殊教育体系，形成布局合理、学段衔接、普职融通、医教结合的特殊教育体系，优化义务教育阶段随迁子女"同等同教"等政策，健全家庭经济困难学生的资助体系，制定特殊教育送教上门和随班就读的政策，提高残疾儿童少年教育的普及程度，为残疾儿童提供更高质量的教育。

具体来说，西部贫困地区教育扶贫政策体系中的全类教育体系，应主要包含五个方面的政策体系建设，即包括"知识教育政策体系""素质教育政策体系"和"特殊教育政策体系""民族教育政策体系"以及"劳动力技能培训政策体系"。

一是知识教育政策体系。知识教育政策体系主要包括贫困地区教育所涉及的各级各类教育与培训的制度能力、政策能力等发展能力，包括学前教育、义务教育、高中阶段教育、职业教育等阶段高水平内涵式发展的政策基础。分类来看，学前教育阶段应注重普及和普惠发展，推进"一村一幼"建设，推动多种形式办园，实现村级幼儿园全覆盖。在幼儿园管理体制上，应纳入乡镇中心学校的管理范围，由乡镇中心幼儿园负责区域内学前教育管理,通过政府购买服务、综合奖补等方式,推动多种形式办园,确保每个行政村都有一所优质幼儿园。同时出台民办幼儿园分类管理规定和非营利性幼儿园收费政策,促进社会力量参与办园。在提升幼儿园教育质量方面,制定幼儿园每日活动指导方案,推行幼儿园保教课程游戏化,创新教育方式提升办园质量。义务教育阶段应首先统筹县域内城乡一体化均衡发展,按照乡村振兴战略规划义务教育学校布局,保障学校建设用地,落实新建居住区配套学校建设,制定义务教育学校优质均衡建设标准,统一规划贫困地区义务教育教师编制标准、生均公用经费额定标准和基础设施配备标准,均衡配置贫困地区义务教育学校教师资源和条件保障。完善"控辍保学"工作机制,落实责任体系,明确政府、学校和监护人的责任,完善《中华人民共和国义务教育法》执法机制,完善辍学学生针对性帮扶机制,实现"两免一补"政策城乡全覆盖,根据不同群体及辍学原因做好分类帮扶工作。同时,重视寄宿制学校和乡村小规模学校、教学点的办学,防止学生因就学不便而辍学、失学。实施县域内中小学结对帮扶工作,提升贫困地区薄弱学校办学水平,保证边远贫困地区学校开齐国家规定课程。加强对薄弱学校的专项指导和教学常规督查,提升贫困地区中小学教学管理制度化、规范化和科学化。探索多种形式扩大和延伸优质教育资源,鼓励高等学校、教学研究机构、社会机构等参与和支持贫困地区中小学发展,通过协作共建的模式,支持学校师资培养、学科教学、文化建设等,促进贫困地区义务教育质量提升。普通高中阶段教育应建设结构合理、办学规范、教育先进的高中阶段教育公共服务体系。制定适合贫困地区普通高中发展的办学标准,推进学校课程体系和资源建设,推动高中课程改革,支持贫困县/区办好优质高中,方便学生在县域内就学。职业教育要进一步深化产教融合、校企合作的办学模式,增加职业教育专业吸引力,开展现代学徒制和新型学徒制教育模式,鼓励企业参与职业教育建设,支持职业院校办学主体与行业、大型企业联合办学,通过给予企业相应的税收减免或建立产教融合型企业认证目录对相关企业进行奖励。改善职业教育办学条件,支持职业院校改善办学、实训条件,配备实训实践基地,建立学生实习实训成本补偿机制,加强学生技术技能培养。构建贫困地区职业教育与普通教育相互融通的现代教育体系,完善学历教育与开放教育的有机结合，拓宽职业教育升学渠道，推进中职与高职、中职与本科、高职与本科的学历衔接机制，为学生多样化选择、多途径发展搭建"立交桥"。推动职业教育东西协作行动计划和滇西实施方案，优化职业教育资源配置。按照国务院关于《国家职业教育改革实施方案》要求，推动"1+X"证书制度，"1"为学历证书，"X"为职业技能等级证书，鼓励贫困地区学生在获得学历证书的同时，积极取得多类职业技能等级证书，拓展就业创业本领，缓解结构性就业矛盾。

二是素质教育政策体系。素质教育政策体系应促进全面推进素质教育，引导学生培养综合能力和创新思维。构建德智体美劳全面发展的人才培养体系，推进贫困地区学校德育体系建设，将德育融入教学过程，融入知识教育和能力教育的各个环节。定期开展学术体质和视力检查，定期发布《学生体质健康蓝皮书》，把学生体质健康状况和视力状况纳入贫困地区教育主管部门与学校业绩考核评价指标，发挥体育教育对学生体质健康的导向作用。加强体育场地场馆建设和体育师资队伍配备，保障体育教师的权益，提升体育教师的职业荣誉感，完善校园体育课规划和体育竞赛体系，支持学生参加各类体育比赛和业余训练。注重美育教育，健全美育教育体系，配齐配足音乐、美术教师，美育课程，推进高雅艺术进校园，开展公共艺术教育评估，提升贫困地区学生的审美和人文素养，帮助学生培养受益终身的艺术特长。利用学生勤工俭学基地、研学实践基地，开展不同主题的劳动教育和实践教育活动。注重心理健康教育，建设心理健康辅导员、咨询师工作室，完善心理健康教育工作机制，加强对受教育者的厌学等心理问题进行专业化疏导。

三是特殊教育政策体系。帮助困难特殊群体接受教育，制定义务教育阶段随迁子女"同城同教"政策，根据就近入学、均衡编班的原则，保障随迁子女平等享受基本公共教育服务。提高残疾儿童少年教育普及程度，建立残疾儿童发现、报告、评估、安置、实施教育等较完整的教育扶贫服务体系，通过特殊教育学校就读、普通学校随班就读、儿童福利机构和特教班就读、送教上门等多种方式，帮助贫困地区残疾儿童就学。要求普通学校积极为随班就读的特殊儿童提供个别化教育场所，制订个别化教学计划，提供针对性教学指导。统一特殊教育学校课程标准，加强康复课程建设，建立多种形态的课程资源，提高特殊教育师资的专业化水平，培养学生的生活自理能力、社会适应能力、劳动和就业能力。

四是民族教育政策体系。应建立民族团结进步教育的常态化机制，丰富民族教育的育人方式和内涵，组织多样化的教育活动，将优秀民族文化融入课堂教学，在学校民族团结进步教育中开展民族文化、历史、技艺等相关教育，传承少数民族文化，增强民族文化自信，加强少数民族地区国家通用语言文字教育。

五是劳动力技能培训政策体系。首先要加强劳动技能培训的宣传力度，培养和强化农村劳动力参与培训的积极性和主动性，提高农村劳动力对技能提升重要性的认识。其次要提高技能培训的实效性和实用性，根据劳动力需求，提供差异化的分类培训服务，满足不同群体的技能提升诉求。在技能培训能力和资源都不足的情况下，政府应充分鼓励社会力量参与劳动技能培训体系建设，与多元参与主体共同分担培训成本，从政策层面鼓励企业参与培训的积极性，采取企业订单式的联合培训模式，由企业根据自身需求制定培训方案，规划培训种类，提供农村劳动力接受培训、通过考核后可直接上岗就业的职位，实现企业用人需求和劳动力就业需求的双向满足。同时，整合贫困地区职业教育培训资源，组织拥有培训资质且办学实力较强的职业院校开展农村劳动力技能培训，充分利用职业教育现有的师资和设备等教育资源，提高劳动力培训的质量，降低培训成本。充实劳动力技能培训的师资团队，提供上门培训或现场培训，提升培训效果。此外，还需打通劳务派遣和就业培训之间的联动机制，保证劳动力的就业渠道，增强劳动力技能培训的实效性。

总之，西部贫困地区教育的发展作为我国教育整体发展的重要组成部分，教育扶贫政策设计应符合我国现代化国民教育体系的发展理念和规模，适应国家战略建设、经济社会发展和社会成员自身全面发展的需要，适应人才需求的多样性，实现为国家和地区不断输送全面化和专业化人才的功能。

二 智慧教育体系

当前经济社会发展过程中，数字经济和区块链产业发展特征越来明显，也越来越重要，为适应信息时代教育变革的发展模式和趋势，贫困地区全面推进智慧教育政策体系是提升教育质量、缩小城乡差距的必由之路，教育扶贫面临着教育扶贫组织形式和管理模式变革创新的机遇和挑战。教育扶贫应与我国教育发展保持一致，加强基于现代化信息技术的教育治理顶层设计，运用大数据来提升教育管理、决策和公共服务的能力，建立智能化的教育扶贫公共服务平台和教育扶贫数据中心，综合运用互联网、物联网、大数据、区块链和人工智能等技术，开展大数据支撑下的教育管理能力建设，统筹建设一体化智能化教学、管理与服务平台，实现数据伴随式采集信息、信息自动化分析和资源最优化配置，整合各类教育扶贫管理和教学管理信息系统，建成学校管理、决策、监测和评价等管理信息平台，发挥信息技术在督政、督学、评估、安全管理、质量监测等业务中的应用，形成科学化的教育扶贫管理、服务和决策支撑体系。智慧教育政策体系的核心是普及基于数字化、数据化、智能化的智慧教育模式，打造信息技术与教育教学深度融合的智慧教育环境，为受教育者提供高质量、个性化的教育资源和教育服务。通过实现物理环境与虚拟环境的融合，为教育者和受教育者提供不受时空限制的实时交互沟通平台，突破教育资源的地域限制和空间限制，构建数字教育资源平台，实现贫困地区与发达地区共享优质教育资源，让优质教育资源实现从经济发达地区外溢到贫困地区。智慧教育政策体系的另一功能和意义是实现个性化的教育模式，通过建设基于信息技术的智慧教育空间，增加教育内容的多样性和可选择性，让教育对象可以根据自身水平、能力和需求选择合适的教学方式和学习资源。另外，利用虚拟现实和增强现实，为受教育对象提供智能学习空间和学习体验环境等，使其接受到场景式、体验式、沉浸式学习，在获取知识的同时增强实践能力。为提升学习效果，可以利用人工智能技术，开发和引入智能教育助理，对教学能力、学习效果、实践演练等各环节进行分析和评价，为教育者改进教学提供依据，也能更及时和准确地获取学生的学习感受和反馈，建立起基于学生需求而开展教学的新型教学关系，同时分析评价结果也可融入学生综合素质评价中，丰富学生能力评价体系。在针对学校的政策设计上，应推进学校宽带网络和数字校园建设，普及网络学校空间应用，建设智能教室、数据、服务、管理为支撑的智能教育环境和教学模式。促进信息技术与教育的深度融合，开展教学数字化记录和分析，构建线上线下相结合的混合式学习、课内课外相融合的个性化学习模式，推广"双师课堂""云课堂""慕课""模拟仿真实验教学"等在线交互式网络学习，共享优质教育资源。

总体来说，智慧教育体系的建设一方面能够促进教育扶贫管理更加精准化、决策更加科学化，实现智能手段提升教育扶贫业务管理、政务服务、教学管理等方面质量和水平。另一方面通过智能化分析技术，也能够满足受教育者网络化、智能化、数字化、个性化的学习需求，向受教育者推送定制化教育资源服务，实现受教育者的个性化学习发展。

三 终身教育体系

自 1977 年以来，《学会生存》《终身教育引论》《终身教育大全》《世界教育报告：教育的权力——走向全民终身教育》等以终身教育为主题的书籍在中国翻译出版，为国内学者进行终身教育体系研究提供了理论基础[1]。终身教育提倡人的一生都应受教育，从纵向和横向两个维度都拓展教育的时空范围，终身教育体系要解决的是人在什么时间、什么地方接受教育，主张教育应贯穿人的一生，可以发生在任何场所，且其对象是所有人，而不局限于学校中的受教育者，因此要对教育系统进行优化，从而使其所涵盖的广度增加，深度增加，将传统较封闭的教育体系转变为兼具开放性和灵活性的教育体系。国际教育界对终身教育体系具有普遍的认可度，认为要"从传统的制度化学校教育体系的外围或其忽视的领域出发，不断挑战教育核心的垄断地位，提升其他各种教育形式的地位，从而拓展教育的时空范围。"[2] 终身教育政策体系构建的核心是要构建一个学习型社会，也就是以"人"为本的社会，而终身教育则应是以"人"为本的教育。

在西部贫困地区教育扶贫的政策体系中，终身教育体系的重要性和必要性也日益凸显。贫困地区终身教育政策体系主要体现在两个方面，一是畅通的人才成长路径。人才成长路径方面，应在实现职业教育提供

---

[1] 沈俊强：《中国与联合国教科文组织教育合作关系的研究——以"全民终身教育"为视角》，博士学位论文，华东师范大学，2009 年。

[2] 李小波：《从终身教育、全民教育到全纳教育》，硕士学位论文，华东师范大学，2003 年。

学历教育功能的同时，拓宽职业教育的服务面向，畅通其他有需要的群体接受职业教育的渠道，如高中毕业生、退役军人、下岗失业人员、农民工和农村劳动力等，增加渠道，培养符合国家现代化发展所需要的各级各类技能型人力资源和人才，形成直接升学、先就业后升学、工学交替等多种教育模式融合发展的教育结构。在机制保障方面，应由政府主导，形成与社会力量共享互助的终身教育模式，建立多元主体互通协作的终身教育资源供给体系，培育多元参与主体，同时完善职业技能等级与学历文凭等值认定或转换的机制，增强职业培训的权威性，为教育对象和培训对象的技能运用和职业生涯发展提供制度保障。二是完善的终身学习平台，利用好现有的公共设施，如图书馆、图书室等，加上信息化手段，创建智能平台系统，建立多终端学习平台，多维探索终身学习的路径和渠道，为学习者提供"随时随地"的学习环境和工具，形成西部贫困地区全民参与的终身学习氛围。同时还应培养受教育对象的终身学习习惯和学习能力，构建西部贫困地区终身学习的新生态，提供终身教育推广员、辅导员、兼职导师、培训师等，加强终身学习在西部贫困地区的普惠性和实效性。

近几年随着终身教育理念的不断发展，终身教育已经成为了政策标语，成为社会教育体系的一部分，西部贫困地区教育扶贫政策体系中也应当提升对这一理念的重视和运用，健全西部贫困地区终身教育的运行机制和推广平台，帮助西部贫困地区人口实现终身教育。

第二节 完善教育扶贫政策的管理体系

教育扶贫政策的管理体系是一个以教育扶贫制度为中心的系统，现代化教育扶贫管理体系构建是在以提高质量为主、满足群众多样化需求为辅的发展转型期，为了满足西部贫困地区结构优化、质量提高、能力增强和适应可持续发展的内在需求，西部贫困地区必须改革创新教育扶贫体制机制，优化教育扶贫政策的管理体系，为提供优质教育和个性化教育奠定政策基础。西部贫困地区教育扶贫政策的管理体系主要包含四个方面，即内部管理体系、监督评价体系、政务服务体系和依法治教体系。

一 内部管理体系

教育扶贫政策内部管理体系构成了包含教育扶贫政策内容的设计、政策对象的识别、政策有效执行的监督管理、政策效果反馈和后期保障等环节的政策行动系统，教育扶贫政策的核心目标是发现教育贫困问题，通过运行政策行动系统使问题得以有效解决，因此，教育扶贫政策的内部管理体系健全与否是教育扶贫政策是否能够规范执行、达成目标、实现效能的基础要素和核心支撑。

一方面，教育扶贫政策实践中需转变政府的管理方式，健全教育扶贫行政管理权责清单制度，提升教育扶贫政策内部管理的协作程度，理顺政府、学校、社会之间的关系，明确各级政府责任和管理权限。设立专门的监管部门，促进管办分离，健全管办评相互制约相互支撑的机制，形成政事分开、权责明确、统筹协同、规范有序的教育扶贫管理体制，优化分级管理体制，完善自我约束、自我规范的内部管理体制，配套科学的内部管理制度体系，建立教育扶贫发展监测机制和督导问责机制，健全督查制度，将教育扶贫现代化推进情况作为评价地方政府履行职责的重要内容。主动接受各级人大执法监督和政协民主监督，形成决策、执行、监督既相对独立又相互制约的教育扶贫管理结构，加强对政策制定和执行各环节的监督，确保政策执行过程中出现的偏差能够及时得以纠正，提升政策实施效能。

另一方面，针对当前西部贫困地区教育扶贫政策实施中运行机制不健全、管理体制缺乏协调性、政策执行缺乏统筹等问题，应健全跨部门统筹协同的管理机制，建立统筹研究解决教育扶贫重大问题的沟通机制，在政策推动的各环节各阶段，以政策为工具促进合作部门、合作区域等的沟通协同，提升部门合作和区域合作的效率和质量，推进教育扶贫现代化。还应将教育扶贫现代化纳入地区发展规划，做好地方规划与国家规划的衔接，制定阶段性实施方案，持续实施教育扶贫现代化推进工程，强化教育扶贫战略目标、政策、项目的协同规划和协同实施。

同时，应加强现代信息技术对政策体系内部管理效能的提升，利用云计算、大数据、人工智能等技术，构建统一、开放、共享的教育数据开放体系，提升管理效率，加强数据分析和运用，有效推动西部贫困地区教育扶贫政策管理和服务体系的改革发展。

二 监督评价体系

西部贫困地区教育扶贫政策的监督评价体系是政策设计科学性、政策执行规范性、政策效果有效性的重要保障机制，也是政策调整和延续的重要依据。从当前的实践来看，针对西部贫困地区教育扶贫政策实施成效的评估仅局限于"两不愁、三保障"中义务教育有保障的综合性评估，并未开展具有针对性的专门评估，导致了教育扶贫政策的制定和实施尚存在与地区发展需求和政策对象特点偏离的情况，严重影响了教育扶贫政策的绩效提升。因此，为保障政策功能的实现和政策目标的达成，完善教育扶贫政策的监督评价体系极其重要。

首先，应完善督政、督学、评估检测"三位一体"的教育扶贫督导体系，建立各级政府教育扶贫督导机构，加强对各级政府履行教育扶贫职责的督导评估，完善教育督导体制机制，保障教育督导机构独立行使职能的法律地位，在政策行动过程中，实时开展西部贫困地区教育扶贫现代化发展进程的监测评估。同时加强教育扶贫督导的队伍建设，建立督学培训长效机制，加强督导结果公开和使用，提高教育扶贫督导的权威性和实效性。还应加快促进教育扶贫评估专业化，建立科学规范的教育评价制度，针对贫困地区各级各类教育，采取显性和隐性评价结合的方式，分层分类制订教育扶贫评价的标准，形成较完整的教育扶贫评价制度和体系。为推动西部贫困地区教育扶贫内涵式发展，还需创新教育扶贫教学质量评价机制，积极推进教育质量评价标准的制订，全面改革对学校、教师、学生的评价标准和评价体系，创新人才评价方式，建立以创新能力、质量、绩效为导向的人才培养体系，实施分类管理、分类考核的教师评价，激发教师潜力，引导教育扶贫内涵式发展，促进受教育对象的知识能力增长和身心健康发展。

其次，应促进内部评价与外部评价相结合。促进学校建立质量内控机制，逐步建立多元参与的外部评价机制，健全第三方评价制度，引入市场机制，完善教育扶贫中介组织的准入、监管和行业自律制度，积极发挥行业协会、专业学会、基金会等各类社会组织在教育扶贫中的功能和作用，提高社会参与的广度和深度，鼓励社会参与教育扶贫监管。通过购买服务等方式，委托第三方开展教育扶贫政策绩效评价，充分发挥专业评估机构的功能，提高教育扶贫评估的诊断、改进和导向等功能。

同时完善教育扶贫评价资质认证制度,推进教育扶贫评估资质准入和教育扶贫评价监督管理。完善教育扶贫评价报告发布制度,强化评估结果运用,健全公示、公告、约谈、奖惩、限期整改和复查等制度,健全问责机制,提高教育扶贫政策评估的权威性和公信力。

最后,应加快提升教育扶贫政务服务水平,推进教育扶贫政务服务信息化,提升政府运用规范化标准和信息化服务等现代化治理手段推进教育扶贫的能力和水平,加强政府服务意识,推进政务公开,促进统一信息平台的建设、运行和使用推广。优化平台设计、简化使用流程、降低使用难度,增强社会公众和受教育对象对平台的使用能力和积极性,提高西部贫困地区人口对信息平台的使用频率,加强政策主体与政策客体的沟通,健全政策执行效果反馈机制,充分发挥传统媒体、新兴媒体的作用,利用好信息平台和网络平台增强政策宣传效果,发挥政策对象的监督功能,为政策对象提供反馈信息和投诉的平台,畅通投诉反馈机制,及时回应教育扶贫政策对象的反馈信息,回应社会关切,接受社会和舆论监督。提升政策宣传技术和手段,利用网络平台和线下宣传结合的方式,有效促进教育扶贫政策内容和成效的宣传,增强政策的宣传和解读。提供多渠道的政策宣传方式,让受教育对象可以随时随地了解政策信息,通过网络平台进行政策解读和政策答疑解惑。推进教育扶贫科学决策,借助大数据对教育扶贫政策的效果进行检测、整合和分析,进一步提高教育扶贫政策的精准性、科学性、合理性和可行性。建立健全教育扶贫规范性文件和重大行政决策文件的制定程序,实行出台前咨询、听证、公示等制度,对教育扶贫政策的制定、执行和落实情况进行及时评估,提升教育扶贫决策的科学性。加强教育扶贫政策研究,建设高水平教育扶贫智库,完善教育扶贫咨询机制,加强研究成果对政策实践的支撑作用。

三 依法治教体系

在现代化的国家中,任何正式的制度设计和运行都应当建立在法治的基础之上,国家在推动治理现代化的进程中,越来越强调法治体系的建设,在建设法治国家、法治政府和法治社会等方面都取得了巨大成效,当前西部贫困地区处于政策治理的阶段,是正式制度建立的过渡,也是推动教育扶贫实现依法治教的重要过程。2019年,教育部部长陈宝生在全国教育工作会议上提出要进一步深化依法治教，为当前西部贫困地区教育扶贫政策体系的构建明确了方向和目标。任何一项政策的实施，都应在法治保障的环境中进行。因此，运用法治思维和法治方式，坚持依法行政、依法治校、依法执教的理念，推进西部贫困地区教育扶贫政策的依法治教体系的构建十分重要。

一方面，要加快推进教育扶贫立法，增强制度供给，构建完备的教育扶贫法律法规体系，覆盖教育扶贫的重要领域和重要环节，研究制定学前教育法，推动修订教育法、职业教育法、教师法等。同时，完善地方教育扶贫法规体系，在具备立法基础条件下，针对重要教育领域和环节发展需求，适时地制定或修订促进教育扶贫的地方性法规，关注重点项目工程的地方配套立法，加强重大问题的单项立法，提高法规的针对性、及时性和可操作性。

另一方面，还应健全教育扶贫法律法规的实施和监管机制，强化教育扶贫法律法规的落实，推动教育扶贫权力合法有效行使，建立健全教育扶贫行政执法机制，加强教育扶贫的行政执法工作，依法查处违反相关法律法规、扰乱教育扶贫秩序、侵害贫困地区受教育者和教育者权益的行为。针对目前教育扶贫行政执法力量不足和依法行政存在体制机制障碍等问题，需创新依法行政机制，尊重教育规律，积极探索解决西部贫困地区教育扶贫热点难点问题的综合执法和联合执法机制，逐步建立高素质的教育扶贫执法队伍，依法纠正学校和其他教育机构的违法违规行为，并加大行政处罚力度，从而规范西部贫困地区的教育秩序。加强各级人大及其常委会教育扶贫法律法规执行情况的监督坚持力度，加强司法机关对教育的司法监督，发挥社会对教育扶贫执法的监督作用。构建适度普惠型教育福利制度，通过教育扶贫福利立法和地方政府有效执法，实现教育资源的有效整合和广泛惠及。

第三节 健全教育扶贫政策的资源保障体系

稳固的资源保障体系是西部贫困地区教育扶贫政策发挥功能、提升能力的基础性因素，只有在资源保障完备和全面的前提下，才能保证教育扶贫政策绩效的提升。西部贫困地区与发达地区相比，资源相对匮乏、资源保障渠道相对较少、资源供给能力相对较弱，西部贫困地区教育扶贫政策的资源保障体系在政策体系中的重要性尤其突出。本书认为，西部贫困地区教育扶贫政策的资源保障体系最核心的要素包括经费保障体系、师资供给体系和社会参与体系三个方面。

一 经费保障体系

西部贫困地区教育扶贫的核心目的在于以教育为工具，培育贫困人口的内生发展动力和能力，帮助贫困人口摆脱贫困，实现可持续发展。经济救助是我国推行教育扶贫政策重要手段，取得了巨大成效，很大程度上提升了受教育对象承担教育成本的能力和动力。但长期以来，我国的教育扶贫财政投入依然不足，公共教育经费支出比例偏小，部分教育阶段依然无法实现资助全覆盖，在2020年达成义务教育有保障的阶段性目标后，应继续健全西部贫困地区的教育扶贫经费保障体系，加大对受教育对象的经济支持和援助，使越来越多的受教育对象共享政策福利。

在教育扶贫经费投入方面，各级政府应充分把教育是"国之大计、党之大计"和教育扶贫在脱贫攻坚、乡村振兴、"一带一路"等国家战略中的重要性转化为落实西部贫困地区教育优先发展的实际行动，落实贫困地区教育规划优先、经费投入优先、资源配置优先，在教育经费投入、教育土地供给、教师编制待遇等核心资源配置时，把教育作为战略性投资予以优先支持，重视各级政府教育扶贫支出的责任，加大财政对教育扶贫的投入。健全贫困地区各级各类教育生均财政拨款制度和生均财政拨款标准动态调整机制，确保财政一般公共预算教育支出逐年只增不减，同时不断完善非义务教育培养成本分担机制，按照国家有关规定合理确定贫困地区政府与社会、受教育者或家庭成本分担比例。

在教育扶贫经费资助体系方面，进一步健全家庭经济困难学生的资助体系，不断完善资助政策，改进资助方式，提高资助水平，提高学生资助的精准度，优化家庭经济困难学生奖助学金和助学贷款政策，建立学杂费动态调整机制，最大限度地减少贫困地区受教育者及家庭教育成本及负担，逐步扩大教育扶贫政策的资助对象范围，资助重点由义务教育阶段不断向各级各类教育领域延伸，结合不同贫困地区的区域性差异和不同受教育对象的多样化需求，提供适合地区发展和受教育对象个体成长的教育资助，实施全方位的教育扶贫经费扶持，杜绝贫困家庭"因学致贫"的情况。

在教育扶贫经费管理方面，建立全覆盖、全过程、全方位的教育扶贫经费监管体系，加强政府、媒体、社会公众、政策对象等对经费使用的监督，提高经费分配和使用的规范性、安全性和有效性，提高经费使用效益。同时加强对教育扶贫经费使用的绩效评价，强化评价结果应用，根据评价结果及时调整经费投入结构。

二 师资供给体系

教师是教育扶贫发展中最重要的教育资源之一，更是保证教育扶贫质量的核心因素，优质师资的培养体系是教育扶贫能力体系和支撑体系的重中之重。因此，加强西部贫困地区优质师资队伍的建设是教育扶贫政策资源保障体系的重要内容。

一方面，要提升贫困地区教师的专业化水平。实行全员培训制度，创新乡村教师培训模式，尤其是连片特困地区的教师专业化培训，支持各贫困地区委托优质教师教育院校和师范类院校定向培养乡村教师，完善协同培育贫困地区师资的机制。建立教师培训机构资质制度，引入社会教师发展机构、教科研机构和培训机构，实现培训、教研、电教、科研、评估、监测功能的有机整合。依托教育信息化平台，建设教师培训精品课程资源库，建设教师网络研修社区和终身学习支持服务体系，提升贫困地区教师的新技术应用能力和专业素质。加强西部贫困地区教师的教育和培训，建立师德师风建设长效机制，加强师德养成教育，引导教师以德立学、以德施教，培育教师职业道德认同感和社会责任感，把教师师德表现列入教师评价考核，作为教师业绩考核、职称评审、评优奖励的重要参考。

另一方面，要多种形式增加贫困地区教师总量。从师资培养的源头着力，优化教师教育结构，扩大公费师范生培养规模，促进西部贫困地区优质师资的数量提升，建立职业院校教室与企业工程技术人员、高技能人才双向聘用机制，吸引具有创新实践经验的企业家、高科技人才、高技能人才等到西部贫困地区职业院校兼职任教，将行业从业经历作为认定职业院校教师教育能力，取得专业课教师资格的必要条件，解决乡村教师阶段性和区域性的问题。同时要着力完善教师队伍的待遇保障机制，提高乡村教师工作补贴、生活补贴等特殊岗位津贴，完善差别化补助机制，提高补助标准，扩大补助范围，提高特殊教育教师、民族地区农村学校双语教师的待遇，还要提高农村教师、特教教师、民族地区双语教师的医疗卫生、住房等保障水平，工资福利向贫困地区倾斜，多种形式吸纳高水平师资力量到西部贫困地区任教，制定政策鼓励和规范发达地区高等学校、职业院校教师通过技术创新、科技开发、成果转化等方式服务贫困地区教育发展，鼓励社会团体、民间组织对教师出资奖励，提高教师的社会地位和职业地位。此外，还要进一步完善西部贫困地区的教师管理制度，创新和规范教师配备，优化贫困地区教师编制结构，事业编制存量向贫困地区教师队伍倾斜，提高编制使用效益，加大教师编制、教职工统筹配置和跨区域的调整力度，向西部贫困地区师资紧缺的学校倾斜，健全完善贫困地区教师的职称评审制度，建立教师流动和晋升制度，为优质教师提供职业发展的空间和机会，加大贫困地区任教经历和成效在教师职业生涯发展中所占的比重。

三 社会参与体系

政府是进行社会资源再分配的公共权威，在组织、决策、信息、资源等方面拥有绝对优势，因此在教育扶贫政策体系中占据的地位无疑是主导性的，但政府绝不是唯一的主体。长期以来，我国西部贫困地区的教育扶贫政策导向一直以政府主导为主，政策实践多是自上而下的强制性推动，市场和社会的力量由于制度设计缺陷、政策供给缺失、法治保障不足、体制机制不健全等原因，难以成为西部贫困地区教育扶贫政策运行的主体，无法充分发挥其功能和效用。当前西部贫困地区教育扶贫面临着更复杂多样的需求和更富有挑战的使命和任务，政府所持资源的局限性决定了政府无法估计到每一个精细的任务分割，建立和健全教育扶贫政策的社会参与体系是西部贫困地区教育实现可持续发展的当务之急。在政策层面，必须对社会力量的参与予以重视、激励、规划和规范，构建多元主体参与的政策体系，形成多方力量协同治理的大格局。

首先，要尽快完善社会多元力量参与的引导、保障与激励机制。加快推动管制型政府向服务型政府转变，从政策层面吸引和鼓励政府、市场、社会组织等多元主体共同参与，明确社会中的扶贫主体在教育扶贫中的合法地位、权利及义务和职责，推进社会力量参与教育扶贫的法律和制度规范制定，健全社会力量参与的教育扶贫机制，构建常态化、制度化的参与渠道，明确规范和落实多元主体的职责权限，推动不同主体之间的沟通、衔接与合作。促进社会力量在教育扶贫政策实践中的功能实现，吸引社会资本的参与投入，拓宽教育扶贫融资渠道，并充分发挥社会组织深入群众的自然优势，更精准和深入地了解政策对象的需求，发挥其运行机制较灵活的特点，增加教育扶贫政策制定和执行中民主参与、民主决策的空间。

其次，要增强社会参与教育扶贫的能力。加强专业性教育扶贫社会机构建设，完善第三方参与教育扶贫服务的准入和管理机制，建立第三方机构资质标准和审查制度，促进第三方机构的有序发展，提升社会参与治理机构的专业水平和能力，鼓励有资质的教育企业和各类教育智库参与教育扶贫，加强贫困地区与发达地区的教育机构合作，将先进的教育技术和工具引入贫困地区，全面提升西部贫困地区教育扶贫专业机构的能力和服务水平。

与此同时，要在教育扶贫政府部门的主导下，发挥社会和行业的作用，实现数字教育资源共享机制，利用市场机制鼓励社会、学校、教师共同参与优质教育资源建设，建立对数字化学习产品的审查机制，加强对网络学习系统和资源的监管机制，通过政府和市场共同的力量激发贫困地区智慧教育的活力。

第八章

结 论

　　西部贫困地区教育扶贫政策绩效评估指标体系研究具有重要的理论价值与现实价值。当前我国国家战略的实施正步入下一个全新的阶段，2020年全面建成小康社会的战略目标已逐步实现、接近尾声，"一带一路"和"乡村振兴"等国家发展战略持续深入，对国家治理现代化提出了更高的要求，教育现代化作为国家现代化的重要组成部分，如何实现贫困地区教育全面发展，如何同时满足贫困地区经济社会发展对教育的整体性需求和贫困人口自身发展对教育的个体性需求，已成为当前国家治理的重要命题之一。目前，关于教育扶贫的全面评估无论是从理论研究还是从实践经验来看都相对匮乏。本书以教育扶贫政策绩效评估的视角探讨了教育扶贫和发展问题，为相关领域的理论研究和实践提供了新的思路和工具，弥补了当前教育扶贫决策、行为、评估等环节的不足之处，回应了国家战略发展的迫切需求，具有重要的理论价值和现实价值。西部贫困地区教育扶贫政策绩效评估指标体系具有科学性与有效性。本书在理论分析和文献分析的基础上构建了西部教育扶贫政策绩效评估指标体系，具有坚实的理论基础，运用德尔菲法、隶属度分析法、相关性分析法、信度效度检验法、层次分析法、标杆管理法等定量方法和定性方法结合的研究方法完成了指标筛选、权重分配和评估方法确立，极大地增强了评估指标体系的科学性和可靠性。同时，选取西部贫困地区7个样本县/区作为评估对象对指标体系进行了实证检验，更进一步地增强了指标体系的可行性和有效性，保证了指标体系在实践中能够行之有效。"软治理"理论、人力资本理论、第四代政策评估理论、"三圈"理论等对构建西部贫困地区教育扶贫政策绩效评估指标体系具有重要的指导作用。"软治理"理论和人力资本理论为教育扶贫政策绩效评估指标体系构建提供了理论指导与逻辑起点，第四代政策评估理论、"三圈"理论等政策评估理论为教育扶贫政策绩效评估指标体系的概念框架建构、评估维度确立和具体指标设计等各环节提供了重要参考和借鉴，是指标体系评估目的、评估模式、评估范式、评估机制和评估维度设计的重要指导和理论支撑。通过运行西部贫困地区教育扶贫政策绩效评估指标体系，本书对西部贫困地区7个样本县/区教育扶贫政策绩效进行全面的评估，发现并总结了西部贫困地区教育扶贫政策存在的7大问题，问题一是教育扶贫"全面系统性"发展理念不足，其中包括顶层设计中价值定位非全面性、政策制定中发展重心非系统性；问题二是教育扶贫"高质量内涵式"发展规划不足，其中包括硬件发展与软件发展不同步、城市教育与乡村教育不均衡、知识教育与素质教育不平衡；问题三是教育扶贫"需求导向式"发展模式不足，其中包括政策措施的供给与政策对象的需求不匹配、政策执行主体与客体的沟通渠道不畅；问题四是教育与就业"立交桥"未完全贯通，其中包括教育与就业衔接机制不健全、劳动力技能培训效果不佳；问题五是教育扶贫信息化程度不足，其中包括教育扶贫信息平台建设整体规划的缺失、教育扶贫信息技术基础设施建设不足、教育扶贫信息技术应用滞后；问题六是教育扶贫运行机制不健全，其中包括管理体制缺乏协调性、政策执行缺乏统筹性、政策宣传缺乏长效性与针对性、政策制定缺乏创新性、多元主体参与机制不完善、教育资源监督体系不完善；问题七是教育扶贫制度体系不完善，其中包括法治保障能力羸弱和非正式制度供给不足。总体来看，当前我国西部贫困地区教育扶贫和发展还存在复杂多样的问题，还有较大的提升空间。我国西部贫困地区教育扶贫政策体系需要从功能体系、管理体系和资源保障体系三个方面予以整体规划和完善。要构建教育扶贫政策的功能体系，即全类教育体系、智慧教育体系和终身教育体系，同时，为这三大功能体系的实现提供坚实的支撑体系，包括教育扶贫政策管理体系和教育扶贫政策资源体系等。西部贫困地区教育发展作为国家整体教育发展的一部分，承担着越来越重要的战略任务，要实现高质量的可持续发展，必须从整体上进行规划，从各层面各环节予以综合施策。

西部贫困地区教育扶贫政策绩效评估指标体系需不断得到动态完善与调整。本书构建的教育扶贫政策绩效评估指标体系存在动态性不足的缺陷，由于贫困地区经济社会处于不断发展和变化的过程中，国家和地区教育扶贫也同样呈现出动态性发展的特点，其变化会对政策评估指标体系的标准和评估维度产生重大影响，教育扶贫政策评估指标体系需要不断加以修正和调整。因此，今后的研究中必须结合发展过程中出现的新理论、新思维和新方法展开，促进西部贫困地区教育扶贫政策绩效评估更趋完善。制约西部贫困地区教育扶贫政策绩效提升的核心因素需进一步深入分析。本书通过评估体系的运行，发现并总结了西部贫困地区教育扶贫政策存在的发展理念、发展规划、发展模式、就业衔接、信息化程度、运行机制和制度体系7个方面存在的问题，但对引发问题的主要矛盾的探究还不够深入，对主要问题与次要问题的区分还不够明显，因此，对制约西部贫困地区教育扶贫政策绩效提升的核心因素的探讨和研究还需进一步加强。西部贫困地区教育扶贫研究需增强数据来源的广泛性与数据的真实可靠性。由于政务信息公开推行较晚和县级政府部门数据统计不完善不准确等原因，导致本书在进行贫困地区教育扶贫政策绩效评估的过程中遇到数据广泛性和可靠性不足的困境，笔者在进行政策绩效评估时，发现政府和相关部门在政策和政务信息公开方面存在严重不足，尤其是贫困地区政府，信息化程度较低，导致研究过程中信息来源渠道较少，指标数据值统计困难。同时，笔者在对样本县/区进行深度调研时，发现各地区各部门都存在数据不全面或不统一等问题，为此笔者多次进行沟通以获得准确的指标数据值，但仍然存在数据值不够可靠和真实的隐患和风险，这对于评估结果的科学公正产生了极大的负面影响，也对本书研究结果的准确性以及研究结论的普遍推广价值产生了不良影响。因此，在后续西部贫困地区教育扶贫的相关研究中，提高数据来源的广泛性与数据的真实可靠性极其必要与重要。

参考文献

一 中文文献

(一) 著作

［德］赫尔穆特·沃尔曼：《德国地方政府》，陈伟等译，北京大学出版社2005年版。

［加］理查德·廷德尔：《加拿大地方政府》，于秀明等译，北京大学出版社2005年版。

［美］E. S. 萨瓦斯：《民营化与PPP模式：推动政府和社会资本合作》，周志忍等译，中国人民大学出版社2015年版。

［美］阿马蒂亚·森：《贫困与饥荒——论权利与剥削》，商务印书馆2001年版。

［美］程漱兰：《世界银行发展报告20年回顾（1978—1997年)》，中国经济出版社1999年版。

［美］戴维·奥斯本、特德·盖布勒：《改革政府：企业家精神如何改革着公共部门》，周郭仁等译，上海译文出版社2006年版。

［美］弗兰克·费希尔：《公共政策评估》，中国人民大学出版社2003年版。

［美］盖伊·彼得斯：《美国的公共政策——承诺与执行》，顾丽梅、姚建华等译，复旦大学出版社2008年版。

［美］赫伯特·西蒙：《现代决策理论的基石——有限理性说》，杨砾、徐立译，北京经济学院出版社1989年版。

［美］加布里埃尔·A. 阿尔蒙德、小G. 宾厄姆·鲍威尔：《比较政治学——体系、过程和政策》，曹沛霖、郑世平、公婷等译，东方出

版社 2007 年版。

[美] 克鲁斯科、杰克逊：《公共政策辞典》，唐理斌、王满传、郏斌祥等译，上海远东出版社 1992 年版。

[美] 库巴、林肯：《第四代评估》，中国人民大学出版社 2008 年版。

[美] 拉格纳·纳克斯：《不发达国家的资本形成问题》，商务印书馆 1966 年版。

[美] 拉塞尔·M. 林登：《无缝隙政府：公共部门再造指南》，汪大海等译，中国人民大学出版社 2014 年版。

[美] 林德布洛姆：《决策过程》，上海译文出版社 1988 年版。

[美] 罗伯特·阿格拉诺夫、[美] 麦圭尔：《协作性公共管理：地方政府新战略》，李玲玲、鄞益奋译，北京大学出版社 2007 年版。

[美] 托马斯·马尔萨斯：《人口原理》，商务印书馆 1992 年版。

[美] 威廉·邓恩：《公共政策分析导论》，中国人民大学出版社 2002 年版。

[美] 文森特·奥斯特罗姆：《美国地方政府》，井敏等译，北京大学出版社 2004 年版。

[英] 鲍尔：《政治与教育政策制定：政策社会学探索》，王玉秋、孙益译，华东师范大学出版社 2011 年版。

[英] 戴维·威尔逊、[英] 克里斯·盖姆：《英国地方政府》，张勇等译，北京大学出版社 2009 年版。

安秀梅：《政府绩效评估体系研究：从政府公共支出的角度创设政府绩效评估体系》，中国财经经济出版社 2009 年版。

包国宪、鲍静：《政府绩效评估与行政管理体制改革》，中国社会科学出版社 2008 年版。

陈庆云：《公共政策分析》，北京大学出版社 2011 年版。

陈潭：《公共政策案例分析》，社会科学文献出版社 2008 年版。

陈潭：《公共政策学原理》，武汉大学出版社 2008 年版。

陈学飞：《教育政策研究基础》，人民教育出版社 2011 年版。

陈振明：《公共政策学》，中国人民大学出版社 2004 年版。

陈振明：《政策科学：公共政策分析导论》，中国人民大学出版社

2004年版。

杜育红：《教育政策的监测与评价研究——以"西部地区基础教育发展"项目影响力评价为例》，人民教育出版社2011年版。

范柏乃：《政府绩效管理》，复旦大学出版社2012年版。

范国睿等：《教育政策的理论与实践》，上海教育出版社2011年版。

方盛举：《中国省级政府公共治理效能评估的理论与实践》，云南大学出版社2010年版。

冯静：《公共政策学》，北京大学出版社2007年版。

顾建光：《公共政策分析学》，上海人民出版社2004年版。

郭巍青、卢坤建：《现代公共政策分析》，中山大学出版社2000年版。

郝克明、谈松华：《走向21世纪的中国教育》，贵州教育出版社1997年版。

何怀宏：《公平的正义：解读罗尔斯〈正义论〉》，山东人民出版社2002年版。

胡宁生：《现代公共政策学：公共政策的整体透视》，中央编译出版社2007年版。

胡宁生：《现代公共政策研究》，中国社会科学出版社2000年版。

胡税根：《公共部门绩效管理》，浙江大学出版社2005年版。

黄维民、冯振东：《公共政策研究导论》，陕西人民出版社2009年版。

黄忠敬：《教育政策导论》，北京大学出版社2011年版。

阚阅：《当代英国高等教育绩效评估研究》，高等教育出版社2010年版。

李允杰、丘昌泰：《政策执行与评估》，北京大学出版社2008年版。

林定夷：《科学哲学：以问题为导向的科学方法论导论》，中山大学出版社2009年版。

林水波、张世贤：《公共政策》，五南图书出版公司1987年版。

林小英：《教育政策变迁中的策略空间》，北京大学出版社2012

年版。

刘复兴：《教育政策的价值分析》，教育科学出版社2003年版。

刘伟东：《政策学原理新编》，哈尔滨工业大学出版社1992年版。

鹿立：《人才人口学》，山东人民出版社2010年版。

马国贤、任晓辉：《公共政策分析与评估》，复旦大学出版社2012年版。

闵维方等：《学术的力量：教育研究与政策制定》，北京大学出版社2010年版。

宁国良：《公共利益的权威性分配：公共政策过程研究》，湖南人民出版社2005年版。

宁骚：《公共政策学》，高等教育出版社2003年版。

裴娣娜：《教育研究方法导论》，安徽教育出版社1995年版。

裴娣娜、任晓辉：《中国义务教育支出绩效评价研究》，复旦大学出版社2010年版。

桑助来：《中国政府绩效评估报告》，中共中央党校出版社2009年版。

盛明科：《服务型政府绩效评估体系构建与制度安排研究》，湘潭大学出版社2009年版。

宋锦洲：《公共政策：概念、模型与应用》，东华大学出版社2005年版。

苏海红、杜清华：《中国藏区反贫困战略研究》，甘肃人民出版社2008年版。

孙绵涛：《教育政策学》，武汉工业大学出版社1997年版。

孙绵涛：《教育政策学》，中国人民大学出版社2009年版。

陶学荣、崔运武：《公共政策分析》，华中科技大学出版社2008年版。

魏娜：《公共政策》，新华出版社2004年版。

吴政达：《教育政策分析：概念、方法与应用》，高等教育文化事业公司2002年版。

萧宗六、贺乐凡：《中国教育行政学》，人民教育出版社1996年版。

谢明：《公共政策导论》（修订版），中国人民大学出版社 2009 年版。

严强、王强：《公共政策学》，南京大学出版社 2002 年版。

颜国梁：《教育政策执行理论与应用》，师大书苑 1997 年版。

叶澜：《教育研究方法论初探》，上海教育出版社 1999 年版。

于千千等：《服务型政府管理概论》，北京大学出版社 2012 年版。

袁振国：《教育政策学》，江苏教育出版社 2000 年版。

袁振国：《论中国教育政策的转变：对我国重点中学平等与效率的个案研究》，广东教育出版社 1999 年版。

袁振国：《中国教育政策评论》，教育科学出版社 2001 年版。

袁振国：《中国教育政策评论》，教育科学出版社 2000 年版。

张芳全：《教育政策分析》，心理出版社 2004 年版。

张国庆：《公共政策分析》，复旦大学出版社 2004 年版。

张国庆：《现代公共政策导论》，北京大学出版社 1997 年版。

张金马：《政策科学导论》，中国人民大学出版社 1992 年版。

周国雄：《博弈：公共政策执行力与利益主体》，华东师范大学出版社 2008 年版。

周毅：《西部反贫困研究——迈向小康》，甘肃人民出版社 2001 年版。

卓越：《公共部门绩效评估》（修订版），中国人民大学出版社 2011 年版。

卓越：《政府绩效管理导论》，清华大学出版社 2006 年版。

（二）学位论文

曹惠民：《地方政府治理型绩效评价中的公民参与研究》，博士学位论文，兰州大学，2013 年。

陈巍：《绩效评估与政府责任机制创新研究》，博士学位论文，湘潭大学，2013 年。

杜井冈：《海南省农村城镇化进程中教育移民政策研究》，博士学位论文，西南大学，2012 年。

范福兰：《我国教育信息化实证测评与发展战略研究》，博士学位论文，华中师范大学，2016 年。

高慧:《高校科技管理政策的绩效评价与优化研究》,博士学位论文,武汉理工大学,2014年。

高庆蓬:《教育政策评估研究》,博士学位论文,东北师范大学,2008年。

蒋庆荣:《协同治理视角下中国高等职业教育治理模式研究》,博士学位论文,吉林大学,2018年。

金俊峰:《云南山区"开发式"扶贫模式研究》,硕士学位论文,华东师范大学,2006年。

金强:《县级政府教育政策执行力研究》,博士学位论文,西南大学,2016年。

李凤智:《改革开放以来我国农村扶贫实践研究》,硕士学位论文,南京大学,2018年。

李君甫:《贫困地区农民非农就业中的职业教育和培训研究》,博士学位论文,西北农林科技大学,2004年。

李明:《西部地区农村贫困人口教育扶贫研究》,硕士学位论文,陕西师范大学,2018年。

李倩:《和田市教育扶贫研究》,硕士学位论文,新疆农业大学,2012年。

李小波:《从终身教育、全民教育到全纳教育——战后国际教育思潮发展历程研究》,硕士学位论文,华东师范大学,2003年。

李一男:《政府绩效评价组织模式研究》,博士学位论文,兰州大学,2015年。

李雨辰:《我国西部地区精准扶贫:理论追溯、实践现状与成效评价》,硕士学位论文,南京大学,2018年。

吕怀玉:《边疆民族地区减贫战略研究》,博士学位论文,云南大学,2013年。

苗倩:《弱势群体教育公平的政府治理》,硕士学位论文,南昌大学,2013年。

穆惠涛:《习近平教育扶贫思想研究》,博士学位论文,东北师范大学,2019年。

欧文福:《西南民族贫困地区的教育与人力资源开发》,博士学位论文，西南大学，2006年。

王贺：《义务教育学校绩效工资政策执行效果研究》，博士学位论文，武汉大学，2015年。

夏芳：《边疆少数民族农村地区扶贫开发研究》，硕士学位论文，华中师范大学，2015年。

徐杉：《教育类公益传播阻隔代际贫困的路径探究》，博士学位论文，西南大学，2017年。

杨阳：《公共政策执行的阻碍及其对策分析》，硕士学位论文，东北财经大学，2007年。

姚芬：《习近平精准扶贫思想研究》，硕士学位论文，电子科技大学，2018年。

张雷：《教育政策绩效评估的理论探讨》，博士学位论文，华东师范大学，2014年。

张猛猛：《内涵发展的多维探索：改革开放以来基础教育学校变革研究（1978—2015）》，博士学位论文，华东师范大学，2019年。

张翼：《基于特殊儿童障碍特征的我国特殊教育学校建筑设计研究》，博士学位论文，华南理工大学，2017年。

折曦：《中国农村基础教育政策的非预期性后果》，博士学位论文，中国农业大学，2019年。

周强：《多维贫困、不平等与反贫困政策绩效评估》，博士学位论文，武汉大学，2017年。

周禹彤：《教育扶贫的价值贡献》，博士学位论文，对外经济贸易大学，2017。

（三）学术论文

阿海曲洛：《西部少数民族地区教育扶贫政策绩效评估指标体系构建研究——以凉山彝族自治州美姑县为例》，《四川师范大学学报》（社会科学版）2018年第4期。

安超、王旭东：《迈向全面而科学的教育公平观——"社会学视域下公平而有质量的教育"学术研讨会综述》，《教育学术月刊》2019年第6期。

北京师范大学中国教育扶贫研究中心：《我国首部教育扶贫蓝皮书

问世》,《教育学报》2017年第2期。

曹清波:《公平视角下的少数民族教育发展对策研究》,《内蒙古师范大学学报》(教育科学版)2014年第7期。

曹鑫莉等:《教育扶贫背景下民族贫困地区学前教育发展研究——以MJ县LB镇为例》,《民族教育研究》2018年第4期。

查志远、檀学文:《教育扶贫的基层实践创新——海南省及琼中县教育精准扶贫调查》,《中国农业大学学报》(社会科学版)2018年第5期。

陈大柔、谢艳:《高校教育扶贫的问题及对策》,《教育科学》2004年第3期。

陈立鹏等:《我国民族地区教育扶贫的主要模式、存在问题与对策建议——以内蒙古、广西为例》,《民族教育研究》2017年第6期。

陈丽雯等:《以现代远程教育提升教育公平的政策支持和实践》,《现代教育技术》2018年第11期。

陈霖:《我国边疆问题与边疆治理探讨》,《社会主义研究》2009年第6期。

陈彦飞:《新时代民族教育政策的创新和完善》,《吉首大学学报》(社会科学版)2019年第S1期。

程威廉等:《我国创业教育政策发展过程、动力及思路研究》,《信阳师范学院学报》(哲学社会科学版)2019年第2期。

代蕊华、于璇:《教育精准扶贫:困境与治理路径》,《教育发展研究》2017年第7期。

邓凡:《我国新型教育政策执行模式构建的路径选择》,《华南理工大学学报》(社会科学版)2014年第2期。

杜建军等:《我国青少年体质健康教育政策的现实审视与优化策略》,《西南大学学报》(社会科学版)2017年第6期。

段会冬:《被"窄化"的教育扶贫——黎族织锦专业发展的问题与反思》,《民族教育研究》2018年第4期。

范国睿:《40年教育政策与教育改革的逻辑》,《中国教师报》2018年12月26日。

范国睿:《努力构建科学民主的教育决策理论与实践模式》,《中国社会科学报》2014年3月28日。

范永茂：《"异地高考"：倡议联盟框架视角下的政策变迁分析》，《中国行政管理》2016年第5期。

方盛举：《对我国陆地边疆治理的再认识》，《云南师范大学学报》（哲学社会科学版）2016年第48期。

方盛举：《对我国陆地边疆治理的再认识》，《云南师范大学学报》2016年第4期。

方盛举：《论我国陆地边疆的合作型治理》，《社会科学研究》2015年第4期。

方盛举：《论中国陆地边疆的软治理模式》，《云南行政学院学报》2016年第1期。

方盛举：《中国陆地边疆的软治理与硬治理》，《晋阳学刊》2013年第5期。

冯发金：《中小学生体质健康教育政策监控主体的问题、原因及对策研究》，《西南师范大学学报》（自然科学版）2017年第4期。

冯晖、王奇：《高等教育绩效管理体系探析》，《中国高等教育》2012年第7期。

付昌奎、邬志辉：《教育扶贫政策执行何以偏差——基于政策执行系统模型的考量》，《教育与经济》2018年第3期。

傅林：《可持续发展式教育扶贫：国际经验与反思》，《天津师范大学学报》（社会科学版）2019年第3期。

高丙成：《全国学前教育教研员满意度调查报告》，《当代教师教育》2018年第3期。

高耀等：《人力资本、家庭资本与大学生就业政策绩效——基于江苏省20所高校的经验研究》，《高等教育研究》2010年第8期。

耿新：《扶持人口较少民族发展政策实施现状与评估研究——基于公共政策周期理论视角》，《西南民族大学学报》（人文社科版）2017年第10期。

谷贤林：《智库对美国基础教育政策的影响——以斯坦福大学胡佛研究所为例》，《外国教育研究》2019年第5期。

郭宏宝、仇伟杰：《财政投资对农村脱贫效应的边际递减趋势及对策》,《当代经济科学》2005 年第 5 期。

郭熙保、周强：《长期多维贫困、不平等与致贫因素》,《经济研究》2016 年第 6 期。

郭晓娜：《教育阻隔代际贫困传递的价值和机制研究——基于可行能力理论的分析框架》,《西南民族大学学报》（人文社科版）2017 年第 3 期。

韩月：《教育政策负向排斥与弱势群体的政策建构》,《湖南师范大学教育科学学报》2015 年第 6 期。

郝文武、李明：《教育扶贫必须杜绝因学致贫》,《教育与经济》2017 年第 5 期。

贺武华、黄逸凡：《什么样的"工程性"政策更能保障本科教学质量？——基于国家"质量工程"和"本科教学工程"的政策分析》,《苏州大学学报》（教育科学版）2018 年第 2 期。

赫尔穆特·沃尔曼、祝伟伟：《评估结果在政治与行政管理中的（非）应用——评估研究中被忽略的一个问题》,《福建行政学院学报》2016 年第 4 期。

奂平清、王等等：《农村贫困地区教育扶贫及其对策探析》,《西北成人教育学报》2001 年第 1 期。

黄捷扬：《高考改革的史与思——兼论"高考新政"政策绩效》,《教育理论与实践》2018 年第 17 期。

黄巨臣：《农村地区教育扶贫政策探究：创新、局限及对策——基于三大专项招生计划的分析》,《贵州社会科学》2017 年第 4 期。

黄巨臣：《农村教育扶贫"项目制"：运作逻辑、执行困境及应对策略》,《宁夏社会科学》2018 年第 2 期。

黄娉婷：《当前党的执政理念下的教育政策路径选择》,《广东行政学院学报》2014 年第 6 期。

黄新华、林迪芬：《改革开放以来中国公共政策研究的知识图谱——基于 CiteSpace 软件的可视化分析》,《厦门大学学报》（哲学社会科学版）2019 年第 1 期。

暨爱民：《中国边疆地区少数民族国家认同研究述评》,《西南民族大学学报》（人文社会科学版）2014 年第 3 期。

焦玉婷：《政策工具视角下我国校外培训机构专项治理方案的文本量化研究》，《上海教育评估研究》2019年第3期。

赖秀龙：《推进农村义务教育师资均衡配置的政策构想》，《天津师范大学学报》（基础教育版）2016年第4期。

雷万鹏：《教育信息化政策研究的三个误区》，《教育研究与实验》2018年第6期。

李春玲、肖远军：《教育政策评价的概念、类型初探》，《四川师范学院学报》1995年第6期。

李德显、曾佑来：《基础教育阶段学生的终身学习学力的内涵、表征及培养》，《教育理论与实践》2018年第31期。

李芬、高向东：《内地民族班教育政策回顾与评析——基于新疆中职班教育管理的调研》，《中南民族大学学报》（人文社会科学版）2019年第3期。

李庚伦：《"一带一路"战略与中国边疆治理》，《云南师范大学学报》（哲学社会科学版）2015年第32期。

李静：《加强教育扶贫提升自主发展能力》，《人民论坛》2018年第16期。

李孔珍：《我国公共教育政策执行：影响因素、问题和路径选择》，《中国行政管理》2010年第11期。

李立国、平思情：《国际视野下的教育发展政策走向》，《国家教育行政学院学报》2017年第3期。

李伟：《坚持专业性、科学性和开放性理念实现政策评估的客观、公正与准确》，《管理世界》2015年第8期。

李伟、丁延庆：《教育扶贫效益巨大》，《人民日报》2016年第7期。

李文、汪三贵：《中央扶贫资金的分配及影响因素分析》，《中国农村经济》2004年第6期。

何丕洁：《对职业教育精准扶贫问题的思考》，《教育与职业》2015年第30期。

李文钊：《政策评估中的DID设计：起源、演进与最新进展》，《甘肃行政学院学报》2019年第2期。

李霞、李万民：《新疆边境地区贫困调查研究——以福海县为例》，《开发研究》2012年第2期。

李兴洲：《公平正义：教育扶贫的价值追求》，《教育研究》2017年第3期。

李兴洲、邢贞良：《攻坚阶段我国教育扶贫的理论与实践创新》，《教育与经济》2018年第1期。

李洋：《农村幼儿园教师特岗计划实施现状与对策》，《湖南科技学院学报》2018年第11期。

李子华：《论新时代青海藏区教育优先发展的政策转向》，《青海师范大学学报》（哲学社会科学版）2018年第2期。

梁成艾：《地方高校教育政策的价值意蕴及创新诉求——基于乡村振兴战略之视角》，《贵州社会科学》2019年第4期。

廖林燕：《云南边疆地区国家认同研究》，《云南行政学院学报》2017年第1期。

刘爱玲、薛二勇：《京津冀职业教育协同发展的政策研究》，《北京师范大学学报》（社会科学版）2017年第2期。

刘长庚、郑品芳：《论习近平精准扶贫思想对教育精准扶贫实践的指导》，《湖南大学学报》（社会科学版）2018年第6期。

刘丁蓉：《公共服务政策绩效评估理论研究》，《统计与决策》2013年第14期。

刘海滨、杨颖秀：《我国教育政策风险评估问题及消解策略》，《现代教育管理》2011年第12期。

刘骥、张又：《大数据时代背景下美国教育数据管理与公开体系建设研究——兼论对我国未来教育数据体系发展的启示》，《武汉科技大学学报》（社会科学版）2019年第4期。

刘来兵：《推进高校合作类教育智库建设转型升级》，《中国社会科学报》2019年7月4日。

刘巧虹：《中国传统文化教育政策的变迁：基于间断均衡理论视角》，《中国公共政策评论》2018年第2期。

刘天元、王志章：《贫困学子何以跨入重点大学的再认识——以连片特困地区G高中为例》，《西南民族大学学报》（人文社科版）2019

年第 9 期。

刘晓红：《教育扶贫的产出效应研究》，《西南民族大学学报》（人文社科版）2019 年第 7 期。

刘晓红：《教育扶贫的多元投入机制研究》，《西南民族大学学报》（人文社科版）2018 年第 12 期。

刘尧、姜峰：《中国西部基础教育发展观》，《教育理论与实践》1998 年第 5 期。

刘永刚：《全球化时代的国家认同问题与边疆治理析论》，《云南行政学院学报》2016 年第 1 期。

柳建平、刘卫兵：《西部农村教育与减贫研究——基于甘肃 14 个贫困村调查数据的实证分析》，《教育与经济》2017 年第 1 期。

柳友荣：《中华人民共和国成立 70 年来我国高等教育质量的政策文本研究》，《中国高教研究》2019 年第 6 期。

卢伟、褚宏启：《教育扶贫视角下农民工随迁子女教育改革——如何实现入学机会均等与教育起点公平》，《中国教育学刊》2017 年第 7 期。

鲁子箫：《农村教育扶贫的"因教致贫"困境及观念转向》，《教育理论与实践》2017 年第 2 期。

陆俊荣：《"雨露计划"执行中的不足及优化对策——以广西 X 村为例》，《中国管理信息化》2019 年第 22 期。

吕俐敏：《教育扶贫中学校的专业优势探索》，《中国教育学刊》2019 年第 1 期。

吕素芬：《云南省特殊贫困原因分析及对策研究》，《学术探索》2007 年第 5 期。

麻宝斌等：《中国现阶段教育政策公平感研究》，《天津行政学院学报》2016 年第 3 期。

马忠才、郝苏民：《民族地区基础教育均衡发展研究的进展与前瞻——教育社会学的视角》，《青海民族研究》2017 年第 3 期。

孟繁华等：《我国教育政策的范式转换》，《教育研究》2019 年第 3 期。

缪坤和：《实用型教育：边疆贫困地区经济平稳跨越的保障》，《西部发展评论》2005 年第 1 期。

缪坤和等：《实用型教育：边疆贫困地区经济平稳跨越的保障——云南省云县教育扶贫新模式研究》，《思想战线》2001 年第 3 期。

莫家豪等：《改革开放以来中国社会政策范式的转变》，《中国公共政策评论》2008 年第 00 期。

娜仁花、焦阳：《教育政策对民族文化发展的重要意义及政策建议》，《江苏师范大学学报》（教育科学版）2014 年第 S2 期。

牛宗岭：《精准扶贫绩效评估：场域绩效分析》，《湖北民族学院学报》（哲学社会科学版）2019 年第 3 期。

钮菊生、马仁标：《公共政策影响因素分析——基于政策过程视角》，《内蒙古工业大学学报》（社会科学版）2016 年第 2 期。

庞丽娟等：《新时期乡村教师队伍建设政策研究》，《中国行政管理》2017 年第 5 期。

彭忠益、石玉：《中国政策评估研究二十年（1998—2018）：学术回顾与研究展望》，《北京行政学院学报》2019 年第 2 期。

邱国良：《农村公共政策的悖论与绩效分析》，《国家行政学院学报》2012 年第 4 期。

曲铁华、王瑞君：《40 年来我国高等职业教育政策演进历程与特点》，《沈阳师范大学学报》（社会科学版）2019 年第 4 期。

阙明坤等：《教育政策制定的利益博弈与渐进调适——基于民办学校分类管理政策的分析》，《中国教育学刊》2019 年第 7 期。

任友群等：《教育信息化：推进贫困县域教育精准扶贫的一种有效途径》，《中国远程教育》2017 年第 5 期。

邵泽斌：《改革开放 40 年国家支持农村义务教育的政策经验与反思》，《教育发展研究》2018 年第 20 期。

邵泽斌：《如何对待教育政策的内在性缺陷》，《华东师范大学学报》（教育科学版）2018 年第 2 期。

石火学：《教育政策创新的要求、障碍与实现：公共政策的视角》，《首都师范大学学报》（社会科学版）2015 年第 4 期。

石火学：《教育政策伦理的构成、要求与特点》，《中国行政管理》2010 年第 8 期。

石晋昕、杨宏山：《政策创新的"试验—认可"分析框架——基于央地关系视角的多案例研究》，《中国行政管理》2019 年第 5 期。

石玉昌：《以互联网教育转型促进贵州连片贫困地区教育脱贫路径研究》，《民族教育研究》2018 年第 3 期。

宋宸刚、丛雅静：《我国精准扶贫的最优模式与关键路径分析》，《调研世界》2018 年第 3 期。

宋扬、赵君：《中国的贫困现状与特征：基于等值规模调整后的再分析》，《管理世界》2015 年第 10 期。

隋幸华：《教育政策执行偏差的主体因素及对策分析——计划行为理论视角》，《广西社会科学》2018 年第 12 期。

孙进：《德国教育政策的制定——主体、过程与特点》，《苏州大学学报》（教育科学版）2014 年第 2 期。

汤颖、邬志辉：《贫困地区早期教育扶贫：地位、挑战与对策》，《中国教育学刊》2019 年第 1 期。

汪海霞：《基于社会治理的教育政策制定的回应机制》，《现代教育管理》2015 年第 8 期。

王春城：《公共政策客体层次论及其对政策绩效评估的规定》，《江苏社会科学》2019 年第 1 期。

王红、邬志辉：《新时代乡村教育扶贫的价值定位与分类治理》，《教育与经济》2018 年第 6 期。

王嘉毅等：《教育与精准扶贫精准脱贫》，《教育研究》2016 年第 7 期。

王杰、张启德：《"互联网＋教育扶贫"校地合作模式初探——以清华大学安徽长丰教学站为例》，《教育教学论坛》2019 年第 33 期。

王莉华：《美国高等教育绩效拨款政策——两个州的案例比较分析》，《清华大学教育研究》2008 年第 2 期。

王爽、刘善槐：《乡村教师生活补助政策评估与优化——基于东中西部 8 省 8 县的调查分析》，《华中师范大学学报》（人文社会科学版）2019 年第 4 期。

王丝雨等：《社会组织参与教育扶贫的模式总结及优化建议——基于 T 公益组织周至县实践的调查》，《新西部》2019 年第 17 期。

王稳东:《开展政策绩效评价研究促进教育治理现代化》,《中国社会科学报》2019年7月4日。

王智超、申晓娇:《教育精准扶贫的关键在哪——积极解决教育资源配置的失衡》,《人民论坛》2018年第16期。

王智超、杨颖秀:《教育政策制定过程中的滞后现象》,《现代教育管理》2010年第7期。

韦武超、李菱菱:《教育扶贫助力民族地区精准扶贫的探索》,《广西广播电视大学学报》2019年第4期。

吴本健等:《深度贫困民族地区的教育扶贫:机理与路径》,《西北民族研究》2019年第3期。

吴建南:《公共部门绩效评估:理论与实践》,《中国科学基金》2009年第3期。

吴明海:《民族地区乡村教师队伍建设的观察、思考与建议》,《喀什师范学院学报》2015年第3期。

吴霓、王学男:《党的十八大以来教育扶贫政策的发展特征》,《教育研究》2017年第9期。

吴霓、王学男:《教育扶贫政策体系的政策研究》,《清华大学教育研究》2017年第3期。

吴晓蓉:《适切:我国教育政策评价新取向》,《国家教育行政学院学报》2015年第3期。

夏文贵:《边疆治理视野中的国家认同问题析论》,《黑龙江民族丛刊》(双月刊)2017年第2期。

向德平、高飞:《政策执行模式对于扶贫绩效的影响——以1980年代以来中国扶贫模式的变化为例》,《华中师范大学学报》(人文社会科学版)2013年第6期。

项贤明:《新中国70年教育观变革的回顾与反思》,《南京师大学报》(社会科学版)2019年第2期。

谢君君:《教育扶贫研究述评》,《复旦教育论坛》2012年第3期。

谢霄男、王让新:《关于农村教育扶贫问题的思考和对策建议》,《中国教育学刊》2015年第S2期。

谢治菊:《西南地区双语教育政策实施效果评估——基于利益相关

者的视角》,《中南民族大学学报》（人文社会科学版）2019 年第 3 期。

熊烨：《政策转移与政策绩效：一个"结构—过程"的分析框架》,《华中科技大学学报》（社会科学版）2019 年第 3 期。

徐迪、马子贤：《对流动人口子女义务教育政策的研究》,《教育教学论坛》2018 年第 44 期。

徐西光、衣华亮：《教育政策执行偏离的矫正策略：系统的观点》,《扬州大学学报》（高教研究版）2019 年第 4 期。

薛国凤：《20 世纪 80 年代以来我国青年教育政策发展分析》,《中国青年研究》2018 年第 10 期。

闫士展等：《"学校体育设施对外开放"政策绩效评价指标体系构建与实证研究》,《北京体育大学学报》2014 年第 4 期。

杨定玉：《精准扶贫视角下的中国山地民族教育发展问题》,《贵州师范学院学报》2016 年第 2 期。

杨瑾瑜：《政策、公共政策、教育政策的内涵及其逻辑关系分析》,《湖南师范大学教育科学学报》2012 年第 3 期。

杨九迎：《人口较少民族教育问题与教育扶贫——以云南为例》,《学术探索》2016 年第 8 期。

杨克瑞：《中华人民共和国成立 70 年来特殊教育的政策演进与法制化探索》,《现代特殊教育》2019 年第 9 期。

杨丽宏：《边疆民族地区实施高等教育精准扶贫的探索与研究》,《云南民族大学学报》（哲学社会科学版）2019 第 4 期。

杨胜才、柳劲松：《内蒙古双语教育政策绩效及影响因素——基于赤峰市的调查》,《中南民族大学学报》（人文社会科学版）2019 年第 3 期。

杨胜才等：《广西壮族自治区双语教育政策绩效研究》,《云南民族大学学报》（哲学社会科学版）2017 年第 5 期。

杨云兰：《我国改革开放以来教育收费政策发展路径与反思》,《沈阳师范大学学报》（社会科学版）2016 年第 3 期。

杨再峰等：《高校教育智库建设：服务教育的应然与实然》,《国家教育行政学院学报》2017 年第 2 期。

姚琳、李夏：《改革开放 40 年我国高中阶段教育政策的价值变迁》,《西南大学学报》(社会科学版)2018年第4期。

殷巧:《教育扶贫:精准扶贫的根本之策》,《人民论坛》2017年第13期。

余应鸿:《乡村振兴背景下教育精准扶贫面临的问题及其治理》,《探索》2018年第3期。

俞国良、李森:《我国"立德树人"教育政策历史进程的文本分析与启示》,《西南民族大学学报》(人文社科版)2019年第6期。

袁利平:《论习近平教育扶贫战略思想》,《甘肃社会科学》2018年第3期。

袁利平、丁雅施:《我国教育扶贫政策的演进逻辑及未来展望——基于历史制度主义的视角》,《湖南师范大学教育科学学报》2019年第4期。

袁利平、万江文:《我国教育扶贫研究热点的主题构成与前沿趋势》,《国家教育行政学院学报》2017年第5期。

袁利平、张欣鑫:《教育扶贫何以可能——多学科视角下的教育扶贫及其实现》,《教育与经济》2018年第5期。

臧乃康:《地方政府绩效评估的悖论及其消解》,《北京行政学院学报》2007年第5期。

曾国彪、姜凌:《贸易开放、地区收入差距与贫困:基于CHNS数据的经验研究》,《国际贸易问题》2014年第3期。

曾天山:《以新理念新机制精准提升教育扶贫成效——以教育部滇西扶贫实践为例》,《教育研究》2016年第12期。

曾天山等:《滇西智力扶贫开发精准有效策略研究》,《西北师大学报》(社会科学版)2018年第3期。

张春海:《羁绊与前行——民族地区教育政策执行过程的田野研究》,《西北师大学报》(社会科学版)2019年第3期。

张东、余冬阳:《对我国高等教育改革的反思》,《云南行政学院学报》2015年第6期。

张国强:《教育政策中的利益相关者及其博弈逻辑》,《河北师范大学学报》(教育科学版)2014年第2期。

张国献:《农村教育精准扶贫的共享困境与化解路径》,《理论学刊》2018 年第 4 期。

张华荣：《多措并举推进教育扶贫》，《人民论坛》2018 年第 10 期。

张剑：《教师工作价值理论的重大创新——学习习近平总书记关于教师工作的重要论述》，《国家教育行政学院学报》2017 年第 6 期。

张炯：《公共政策评估主体的"体制内隔离"现象研究——基于政策评估主体间的比较视角》，《安徽行政学院学报》2017 年第 1 期。

张乐天：《新时代我国教育发展与教育指标的新建构——兼谈 OECD 教育指标的借鉴意义》，《南京师大学报》（社会科学版）2019 年第 4 期。

张丽君等：《西部民族地区空间贫困陷阱分析》，《民族研究》2015 年第 1 期。

张丽敏等：《教育的公共品与私人品新分类及其政策涵义》，《新西部》2019 年第 8 期。

张露：《基础教育质量监测对我国教育政策的启示》，《现代经济信息》2019 年第 5 期。

张琦、史志乐：《我国教育扶贫政策创新及实践研究》，《贵州社会科学》2017 年第 4 期。

张瑞：《体制转轨时期教育政策创新分析》，《中国行政管理》2004 年第 4 期。

张瑞敏、龙梅：《对深度贫困地区教育扶贫的思考》，《新西部》2019 年第 20 期。

张尚、杨燕萍：《"普及高中"政策下高中教育阶段的困境与对策——基于困难家庭教育需求的调查研究》，《教学与管理》2018 年第 33 期。

张王勇：《高等教育援藏政策：成效、问题与创新策略》，《西藏民族大学学报》（哲学社会科学版）2019 年第 2 期。

张永丽等：《贫困地区农村教育收益率的性别差异——基于 PSM 模型的计量分析》，《中国农村经济》2018 年第 9 期。

张忠义、李森林：《清华大学远程教育扶贫实证研究》，《现代教育技术》2018 年第 2 期。

赵宏玉、张晓辉：《教育政策对免费师范生从教动机、职业认同的影响》，《北京师范大学学报》（社会科学版）2015年第4期。

郑长德：《中国西部民族地区贫困问题研究》，《人口与经济》2003年第1期。

郑方辉、覃事灿：《政府绩效评价周期及其实证检验》，《中国行政管理》2010年第11期。

钟裕民：《公共政策滞后：类型与特征的探讨》，《学术探索》2010年第1期。

周昆、袁丹：《学习券制度：高校贫困学生精准资助的新途径》，《教育发展研究》2018年第11期。

周平：《边疆治理视野中的认同问题》，《学术探索》2008年第2期。

周平：《论我国边疆治理的转型与重构》，《云南师范大学学报》（哲学社会科学版）2010年第2期。

周平：《我国的边疆与边疆治理》，《政治学研究》2008年第2期。

周平：《我国的边疆治理研究》，《学术探索》2008年第2期。

周晔：《何为"区域内城乡教育均衡发展"？》，《中国社会科学报》2017年3月16日。

朱德全：《西部贫困地区农村"双证式"教育扶贫模式探索》，《教育研究》2004年第2期。

朱洪革：《重点国有林区贫困：测度、特征及影响因素》，《中国农村经济》2013年第1期。

邹红军：《承认与抵制：我国普通高中多样化发展的扎根理论研究》，《中国教育学刊》2019年第7期。

（四）网络文献

DQ县人民政府门户网站，http://deqinxxgk.diqing.gov.cn/xxgk/。

http://www.sohu.com/a/208354945_118392.

http://www.un.org/zh/universal-declaration-human-rights/.

http://www.un.org/sustainabledevelopment/poverty/，2016.

https://news.china.com/socialgd/10000169/20170913/31382191.html.

MD 县人民政府门户网站，http：//www.mdx.gov.cn/。

QB 县人民政府门户网站，http：//www.ynqb.gov.cn/index.htm。

SP 县人民政府门户网站，http：//www.sp.hh.gov.cn/。

国家统计局官网，http：//www.stats.gov.cn/。

祥云县人民政府门户网站，http：//www.ynxy.gov.cn/。

云南省教育厅官网，https：//www.ynjy.cn/web。

云南省人民政府官网，http：//www.yn.gov.cn/。

中国网，www.china.com.cn/news。

二 外文文献

Ant Bagshaw, Debbie McVitty, *Influencing Higher Education Policy*, Taylor and Francis, 2019 - 04 - 19.

Atsushi Yoshikawa, Satoshi Takahashi, *Beyond Educational Policy Making*, Springer Singapore, 2019 - 03 - 14.

Bulkeley, H., "Reconfiguring Environmental Governance: Towards a Politics of Scales and Networks", *Political Geography*, 2005, 24 (8).

Daniel Kaiz, Robert L. Kahn, *The Social Psychology of Organizations*, New York: John Weley Publishers, 1978: 397 - 425.

Douglas, E. et al., *Shaping Education Policy*, Taylor and Francis, 2011 - 03 - 28.

Edward P. St. John, Feven Girmay, *Educational Policy*, Springer International Publishing, 2019 - 07 - 09.

Eryong Xue, Jian Li, *Overview of the Chinese Education Policy Landscape: A Concept - Added Policy Chain Perspective*, Springer Singapore, 2019 - 08 - 20.

Eryong Xue, Jian Li, *The Chinese Opening - Up Education Policy Landscape: A Concept - Added Policy Chain Perspective*, Springer Singapore, 2019 - 08 - 20.

F. Michael Gloth, *Suggestions for Change: Education, Policy, and Communication*, Humana Press, 2011 - 06 - 15.

Harry Daniels, et al., *Knowledge, Values and Educational Policy*, Taylor and Francis, 2012 - 07 - 26.

Henry, G. T. &Richman, D. K., "*Early Education Policy Alternative: Comparing Quality and Outcomes of Head Star and State Prekindergarten*", Educational Evaluation and Policy Analysis, 2006, 28 (1).

John H. Bernardin, Richard W. Beatty, *Performance Appraisal: Assessing Human Behavior at Work*, Noston: Kent Publisher, 1984: 37.

Kalervo N. Gulson, *Education Policy, Space and the City*, Taylor and Francis, 2010 – 12 – 16.

Lichfield, N., *Evaluation in the Planning Process*, Oxford: Pergamen Press, 1975.

Lobel, O., "*Setting the Agenda for New Governance Research*", Social Science Electronic Publishing, 2005 (2): 498 – 509.

Martin Drechsler, *Multi – Criteria Analysis for Policy Evaluation*, Springer Berlin Heidelberg, 2010 – 06 – 15.

Michael Armstrong, Angea Baron, *Performance Management: A Strategic and Integrated Approach to Achieve Success*, London: The Crownwell Press, 1986: 16.

Mitchell, D. E., "*Six Criterria for Evaluating State—Level Eduacation Policies*", Educational Leadership, 1986.

M. A. Hogg, *The Social Psychology of Group Cohesiveness: Form Attraction to Social Identity*, New York: New York University Press, 1992.

Oscar Espinoza, *Alternative Approaches on Society, State, Educational Reform, and Educational Policy*, Springer Netherlands, 2010 – 06 – 15.

Oscar Lewis, "*The Culture of Poverty*", Scientific American, 1966 (4).

Rossi, P. H., Williams, W., *Evaluating Social Programs*, N. Y., Semiar Press, 1972.

Stuart S. Nagel, *Public Policy Evaluation*, Taylor and Francis, 2018 – 08 – 13.

Yoshimi Adachi, *Guidelines for Policy Evaluation and Post – integration Reforms*, Springer Singapore, 2018 – 07 – 17.